时差

TIME DIFFERENCE

——金国明随艺录

金国明 著

JIN Guoming's Idle Thoughts on Art

By JIN Guoming

上海书画出版社

Shanghai Fine Arts Publisher

图书在版编目（C I P）数据
时差 : 金国明随艺录 / 金国明著. -- 上海 : 上海书画出版社, 2020.8
ISBN 978-7-5479-2412-9

Ⅰ. ①时… Ⅱ. ①金… Ⅲ. ①金国明－自传 Ⅳ. ①K825.72
中国版本图书馆CIP数据核字(2020)第120562号

时差——金国明随艺录

金国明　著

责任编辑　朱孔芬
审　　读　陈家红
特邀编审　朱莘莘
装帧设计　金国明
责任校对　郭晓霞
技术编辑　顾　杰
图版摄影　李　烁
排版设计　吴　芳
图版校色　赵　彧

出版发行　上海世纪出版集团
　　　　　上海书画出版社
地　　址　上海市延安西路 593 号　200050
网　　址　www.ewen.co
　　　　　www.shshuhua.com
E-mail　shcpph@163.com
制　　版　上海文艺大一印刷有限公司
印　　刷　上海雅昌艺术印刷有限公司
开　　本　889×1194　1/20
印　　张　25.2
字　　数　42 万
版　　次　2020 年 9 月第 1 版　2020 年 9 月第 1 次印刷

书　　号　ISBN ：978-7-5479-2412-9
定　　价　380.00 元
若有印刷、装订质量问题，请与承印厂联系

序

关于这本画集的序文，我也酝酿了很久，该请哪位前辈名家来撰写呢？恭请前辈名人作序文来为之润色贴金，会有更多的褒扬溢美之词罢。故在独处清静时我的脑海中常会闪过他们的名字……或许以他们的名声、地位与学术高度都会写出精妙绝伦的美文，并从不同观点和视角来赞美我的作品，我也可以借力来提升学术品位，相信这肯定会使画册锦上添花。然而每当我准备开口时，却一次次欲言又止，羞于启齿。现今，几近天命之年，心气也随之逐渐沉稳下来，更懂得一些为人处世之道，因此也不太愿意给别人增添麻烦，也就打消了这个念头。此外，我也逐渐明白了“惜力”二字，无论从哪方面来说，我都刻意地留藏了两分“力”。不是有劲使不出，而是怕使出了收不回来，久而久之“火气”自然也就慢慢地小了许多。既然本书已经是“自说自画”，那么还是自序为佳。

自从2012年开始创作油画“时差”系列后，我便萌生了著述这本书的念头，并酝酿了多年。经过不懈的努力，我将近十年来在生活和工作中的体悟用色彩和线条的形式表达于尺素之间，可谓耗费了巨大的精力与时间，此书方得以面世。本书记录了我多年来在艺术实践中的内心感受和点滴成果，有十余万文字和六百余幅油画、水彩画，也包括一些早期习作。

回望自己艺术创作的历程，以年龄划分，大致可以分为三个阶段：1.三十而立之前；2.三十而立后十年；3.四十不惑后十年。

2003年“青年美术家”丛书——《金国明油画选》（上海画报出版社出版）、2004年《国明的世界》（上海人民美术出版社出版）、2011年《梦云——金国明油画集》《梦云——薰衣草采风札记》（上海书画出版社出版），这三种画集分别记录了我三十岁之前五味杂陈的甘苦与而立之后十年的青春感悟和浪漫情怀。因此，我在《梦云——金国明油画集》画册的扉页里写上自己的座右铭：“艺术是生活的哲学——艺术从生活中来。”作为礼物，赠予友人。

我曾用“青春的记忆 · 梦云——金国明油画展”作为个人展览的名字。《时差——金国明随艺录》同样也记录了我在四十不惑之后十年里对人生的感悟

2012年10月26日在法国巴黎“花神”咖啡馆与策展人HANNA（右一）和“法国秋季艺术沙龙”主任、评论家Mpreno Pincas（右二）合影

2012年10月“法国秋季艺术沙龙”现场

2012年10月巴黎香榭丽舍大街“法国秋季艺术沙龙”开幕现场

2012年10月在法国蓬比杜博物馆欣赏夏加尔名作《埃菲尔铁塔的新郎与新娘》

与体会。曾经，我只专注于绘画创作本身，并未想过用文字来记录。直到2017年，积累了相当数量的作品后，我才开始写下一些文字，有的只是片言只语和零零碎碎的回忆与思绪，有的是我工作和学习过程中的成果展示。这本“随艺录”可以让我轻松自由地“自说自画”，虽不善文字表达，唯有言随意转，想到哪里就说到哪里了。毕竟，人生能有几个十年呢！

本书按时间顺序，呈现给大家的主要是我四十不惑之年后创作的绘画作品，并有少数作品是过往未曾出版过的习作、手稿等；而除个别需要引用举例的图文，出版过的作品与文章就不收录其中了；这可以算是我艺术人生中的又一个十年的小结了。其中可以追溯到我热爱艺术的初始，及以后在艺术海洋中找到的一座座灯塔，展示我驾驭艺术的小舟在茫茫艺海中沿着心中的航线探索前行，驶向未来的痕迹。

全书分为“梦从这里开始”“油画篇”“水彩篇”和“习作篇”等四个板块：

第一部分《梦从这里开始》中十个章节十余万的文字，主要叙述了我的从艺经历和对艺术的体会与感悟，图文并茂，内容多样，其中也穿插了一些我的生活照片和青少年时代的习作，以及近年来创作的部分水彩画作品。文中有些内容是关于我艺术活动的事件和出版编辑方面的工作实绩，虽不是作品本身，但是想呈现出一个全面而立体的我，一个不只是从事艺术创作，还和芸芸众生一样，在柴米油盐、家长里短间生活的人。现实生活并不总是像画作中那样色彩绚丽、诗情画意、无所顾忌，多的是每天努力工作的汗水和朴实无华的生活。我的创作源于质朴的生活、勤奋的工作，没有了这些，我也就不能成为现在的我了。我善于泼洒色彩，拙于行文。我的文章没有华丽的辞藻，也非字字珠玑，但我以为行文只要能简洁流畅地表达出个人的思想就是好文章，这也是我写下这些文字的初衷。

第二部分是油画作品“时差”系列、“梦云”系列、“风情·人物”等。“时差”系列是我近年来开始创作的具

2017年12月2日在新西兰基督城向新西兰总督帕齐·雷迪爵士赠送《路易·艾黎》油画图片

2017年4月21日受邀参加中国人民对外友好协会在北京人民大会堂举办的“纪念路易·艾黎诞辰120周年座谈会”

2017年4月21日　与原驻荷兰大使馆武官张继春（右一）、新西兰驻南岛总统领事谭秀甜（中）夫妇在人民大会堂合影

有表现主义风格的主题油画作品，也是我今后想要延续创作的油画题材，更是我重要的代表作品之一。作品是无声的言语，胜过任何华美的文字。走向表现主义绘画之路，是我通过长期的艺术实践后开始从量变向质变升华过程中的自觉选择。我认为“梦云”系列也是属于表现主义风格的油画作品，并非有些评论家所说的意象油画。本书选录的油画“梦云”系列中的部分作品是该系列的收官之作，而油画《梦云桥》为“梦云”系列画上了完美的句号。《梦云桥》是连接“梦云”与“时差”两个系列的精神纽带，亦是架起我而立之年与不惑之际风格转换的桥梁。“风情·人物”是我平时应景写生或因主题需要而作的油画作品。原本我的设想是出一套上、下册的画集——《时差——金国明油画》《时差——金国明水彩画》。在一年多时间的稿件整理和对全书的规格、体例和装帧形式的反复斟酌后，我决定以《时差——金国明随艺录》的体例和形式来记录前半生的艺术人生感悟和近十年来的艺术成果。

这些文字经过无数个日日夜夜，断断续续地爬格子书写，又数易其稿地调整与修改。我觉得用随笔的形式来叙述与表达，既轻松随性，又避免了内容的空洞乏味。有时光看文字或图片也会引起视觉疲劳，还不如图文相映，聊些轶事来得鲜活生动。在写作过程中，有相当一段时间沉浸在回忆里，这应该也是对自己从艺经历所进行的一次较为细致的梳理。这里剔除了我在生活、学习和工作中所发生的一些负面元素，舍弃了那些不值得去记忆的事物。人生经历中的坎坷和困顿人人有之，我认为只要拥有自信、自立、自强的勇敢之心，就会实现个人目标和人生理想。

另一方面，在自己力所能及时，在关键时刻能伸出手助人一把，使之得到快乐和幸福，也能使自己的心灵得到升华。这也比较符合我二十多年“为他人作嫁衣”的图书编辑经历，古语曰：“授人玫瑰，手留余香。”这些是我生活和学习中最美好的芬芳记忆。

第三部分是水彩画作品，这些作品大都是我在油画创作之余的所思所想。有些是我到海内外旅行时的水彩写生，

2012年2月“上海艺术新人大展”上陈佩秋先生在油画作品《我的女儿》前

2012年2月“上海艺术新人大展”开幕现场中杨振武部长(左一)、施大畏先生(中）莅临指导

2011年《梦云》新书发布会中与启蒙老师、著名油画家步欣农教授合影

2017年11月 与新西兰克赖斯特彻奇市长莉安·达尔齐尔合影

2017年11月 参访新西兰基督城路易·艾黎中文学校

2017年12月23日在北京友谊宾馆金玫瑰厅与102岁的中国工合国际委员会顾问伊莎白·柯鲁克教授交流

画面酣畅淋漓、色彩斑斓。值得一提的是近年来我的水彩画越画越大，如《秋》《枫》等水彩画高达500厘米、宽150厘米，可谓是鸿篇巨制。趁现在精力旺盛时多画些，以免到了年老力衰力不从心时留下遗憾。著名山水画家孙信一先生说有时他也吸收我的水彩画特点，画一些轻灵欢快的山水画作品，一个字“嗲”！他们都认为我的水彩画有中国画的水墨韵味。不过我认为中国画不能画得像水彩画那样，这样就失去了中国画的笔性。然而画西洋画却可以中西合璧，吸收中国画的笔墨特点。有人说我的水彩画有点像美国画家波洛克的“滴洒法”，他的抽象绘画随意之间隐藏着戏剧性的偶然效果，激情四射而且充满了色彩的自由、张力和狂野。而我的水彩画是具象的，且带有油画特有的造型、色彩与技法特点，色彩明快响亮、斑斓绚丽，光影闪烁迷离。加上我长年在上海书画出版社、朵云轩工作，在其中耳濡目染，多少汲取和融入了中国画的笔墨气息。我也经常观摩书画家们的笔会，参与他们的创作过程，久而久之也从中“盗”了些“仙气”，自然而然地加以提炼运用到个性化的水彩画写生与创作中了。近代著名画家陈师曾说：“不在画里考究艺术上的功夫，必须在画外看出许多文人之感想……知画之为物，是性灵者也，思想者也，活动者也，非器械者也，非单纯者也。”因此艺术家既要具备扎实的色彩造型能力，又要富有诗意的文人笔墨情趣，这也是我的水彩画创作区别于其他画家水彩作品的原因之一。我用笔肯定，不拖泥带水，笔意盎然，气韵灵动；我从不死抠局部和刻意制作，完全是把握好画面的整体感和节奏韵律，写实中又有写意感，追求浓郁的诗情画意。列夫 · 托尔斯泰说：“艺术不是技艺，它是艺术家体验了的感情的传达。”为此我也常常在画好后配上一些诗句，以表达我作画时的心情和感受。当绘画成为一种情愫，那么它将会成就你的梦想；当绘画成为一种习惯，那么它将是一种永恒的事业。时常心存敬畏，心存阳光：感恩、惜福、舍得！

第四部分是我青年时代的一些习作。这些作品以前从未出版过，并且是占用我大量时间研习所得，一幅幅几十个小时的素描作业凝聚了我大量的心血。还有些是课堂上我为学生示范的课徒稿。另有2004年我为学林出版社出版的著名作家、编剧海飞的小说《花雕》创作的十余幅插图原稿。2014年《花雕》被改编成电视剧《花红花火》。也正因为年轻时受过较为系统和扎实的基础训练，才造就了我现今可以自由地表达出心中的所感所悟。正如罗曼·罗兰对艺术的理解：“艺术的伟大意义，基本上在于它能显示人的真实感情、内心生活的奥秘和热情的世界。”我把这份青春的记忆仔细地梳理了一番，她们是我从艺之路的起点，是我的精神家园。

近年来我重生活、勤创作，在艺术创作上基本是两耳不闻窗外事，完全沉醉于自我的艺术世界中“闭门造车”，并时刻鞭策自己要珍惜时间，尽可能地多创作出令人满意的艺术作品，同时也自然回避了许多世间的纷繁琐事。一分耕耘，一分收获。而我最大的收获是积累了数量众多的作品，其中也包含我编辑出版的艺术图书等。仿佛所有流逝的时光都可以在其中找到脉络清晰的痕迹，由此我也从中得到了心灵上的慰藉。

比起十年前踌躇满志和率真浪漫的我，如今更趋于现实和忠于自我。这个十年过得很快，却也很漫长，从逻辑上来说这确实矛盾。因为，稳定安逸的生活就会使我感觉到日子过得很快；一晃十年又稍纵即逝，一想到在这十年间马不停蹄、锲而不舍的艺术创作，心中就会升腾起一种别样的漫长感。这也是我精力最旺盛和最重要的十年，其间我把以往创作了十年的“梦云”系列顺利地演绎为“时差”系列。一切都在自然而然中发生和演绎，这与其说是绘画题材和风格上的转换，不如说是我思想境界上的蜕变与升华。

在本书付梓出版之际，藉此向支持和喜欢我作品的人们表示衷心的感谢！并把此书献给我敬爱的父母，以及我亲爱的妻子和女儿！

是为序。

金国明

2020年4月15日

2011年8月28日在思南路107号金国明工作室举行《梦云》新书发布会

2015年12月在思南路107号画室中创作

2019年9月22日在北京培黎职业学院，与中国工合国际委员会副主席宋振东（中）、中国工合国际委员会顾问伊莎白·柯鲁克教授（右）合影

2018年在越南美奈白沙滩观日出

2018年湖州长兴全家福

2017年12月16日在刘海粟美术馆与导师俞晓夫教授合影

目录

梦从这里开始

第一章　梦开始的地方

一、稚趣童年

人到中年，我心中常萦绕着一个念头，想把青年时期的手稿与习作整理成册，几近天命时不知不觉地竟也动起了追忆青春的念头。青春的记忆是多么的美好，那青涩率真，那怀春浪漫，那情真意切，都是那么的亲切自然！而今这一切都已成过往云烟，如黄鹤一去不复返了，留下的唯有只言片语和些许图像资料，让我在夜深人静之时重温昔日的美好。时断时续的片段影像忽隐忽现，朦胧间我仿佛又看到了那个在一望无际的金色麦浪中追逐着云朵与太阳影子的阳光少年；恍惚中似乎又见到了小溪边上那只五彩斑斓的锦鸡，待我俯身捕捉时却突然发出“噗”的一声响，直射天空飞向远方……偶然间我翻出一张四十多年前的老照片。我小时候的照片并不多，原因是我非常害怕照相。20世纪70年代的照相馆大多还是用“海鸥牌”老式手动大型落地式方形箱式照相机，闪光灯是用镁及氯酸钾的混合粉末作为闪光燃料，使用燃烧镁的方法来发光的，所以称为镁光灯。摄影师一手拿着玩具逗我笑，另一手握着橡皮球的手动器，不经意间只听到“嘭”的一声响，冒出一团白色的烟雾，连带闪光，每次都会把我吓哭。最好的一张是1973年父亲抱着我拍的黑白相片。儿时的照片，仅有几张，弥足珍贵——泛黄的照片里述说着旧时光。

追梦　纸本水彩　110cm×40cm　2016年

五六岁时，我热衷于收藏各种各样的塑封年历卡片，看到新华书店里有新出版的就买，一二分钱一张，有1977年的《我爱北京天安门》、1978年的《少数民族》《十大元帅》等，至今我还留存有《少数民族》《我爱北京天安门》等年历片。原来我的爱美之心和收藏爱好早在童年时代就已经萌芽。

小时候父母一直说我肠胃虚弱，平时要注意饮食习惯和保养。确实如此，一直到青少年时期我每年也会发几次胃病，特别是到了冬天或吃了油腻之类不消化的食物后就会胃胀气。我依稀记得五六岁时患过两次急性“肠套叠”，疼得满地打滚的情景，被送到北京西路的儿童医院后，医生拿出打气筒往我的肛门里打了几下就不疼了，医生说回去后能放屁就算通气了。随后父亲顺便带我到天津路的“浴德池”里“汏浴”，刚一进门，只见那赤膊的老头凌空抛过来两块滚烫的毛巾：“接牢！”“混堂”里人头攒动非常热闹。搓搓背，惬意啊！一身热汗后毛病也好了。然后用滚烫的热毛巾擦干身子，舒舒服服地躺在外厅的休息区，就着若干茶水点心，十分惬意地享受着计划经济年代里的幸福生活。那时购物都要凭票，如粮票、肉票、油票、布票、香烟票等。有一次家里买了几条带鱼，洗好后切成块状，再浸蘸上酱油放在竹篮里晾在窗口上。晚上大人准备油煎带鱼时发现带鱼少了，我大呼小叫：“谁偷带鱼啦！”突然“呼”的一声，一条黑影蹿上屋顶。抬头一看，哇！家养的小黑猫嘴里叼了块带鱼飞快地逃走了。我身小灵活，翻身上屋顶便追了上去，那年月这可是难得的美食啊！

说起小黑猫，那可是我最喜欢的小伙伴了，一直陪伴我度过了难忘的童年时光。记得有次邻家的一只大公鸡站立在大树旁的粪缸沿口上，只见小黑猫蹑手蹑脚地撅起屁股靠近蹲下，忽的一下就扑了上去，然而鸡飞了，它却掉进缸里了，我赶紧冲过去把它捞起来往附近的小河里扔，哎哟！一条小溪都臭了半天。

那年月每当逢年过节人来客往是非常热闹的，跟着大人走亲戚时都会先去商店买水果篮、鸡蛋糕点等礼品。那时的水果都装在镂空的篾竹篮里，一只“麦淇淋”蛋糕在亲朋好友之间互相送来送去，一来二去等到想要吃时打开一看都发霉了。还有在公交车

暮归　纸本水彩　110cm×40cm　2017年

上买车票或到商场、布店里购物等，营业员都会把钞票用夹子夹好——“噼里啪啦”声不绝于耳！只见钞票快速从挂在高处的绳子上滑到收账台，随后收银员迅速把发票夹上，又一阵“噼啪”声传到营业员手里，这也算是当时商店里收银的方法。虽说当时的生活条件比较艰苦，但是在父母百般细心地呵护下也倍感幸福和温暖，每每想到这里，我便情不自禁地热泪盈眶。最难忘的当然是昔日上海的寒冬腊月，几乎年年有大雪和零下冰冻的日子，下大雪时就算撑着油布伞，穿着再多再厚的老棉袄、老棉鞋也无济于事，直把人冻得钻心刺骨簌簌发抖。江南的冬季是凛冽刺骨的，但水乡的温情并没有因为寒冷而失去她特有的灵气。过春节、闹元宵、放烟火、扔鞭炮、捉迷藏、打弹子、斗蟋蟀，童趣盎然。犹如鲁迅先生在《从百草园到三味书屋》中所描述他童年时在家中后院与学堂里玩乐的场景：“不必说碧绿的菜畦，光滑的石井栏，高大的皂荚树，紫红的桑葚；也不必说鸣蝉在树叶里长吟，肥胖的黄蜂伏在菜花上，轻捷的叫天子（云雀）忽然从草间直窜向云霄里去了。单是周围的短短的泥墙根一带，就有无限趣味。油蛉在这里低唱，蟋蟀们在这里弹琴。翻开断砖来，有时会遇见蜈蚣；还有斑蝥，倘若用手指按住它的脊梁，便会“啪”的一声，从后窍喷出一阵烟雾。”那份天真烂漫的情感历久弥新，回味无穷。2016年7月27日，我在永嘉路的画室里有感而发乘兴画了一幅125厘米×154厘米的水彩画《百草园》，以此来纪念我多姿多彩难以忘怀的金色童年。

在每年的冬、春两季里，由于年幼气血不足，我那双被冻疮溃破的小肉手始终是肿肿的，又痛又痒。尽管如此，天性顽皮的我依然会从寒冷刺骨的小溪里捞起厚厚的冰块，噘着小嘴用麦管对着它吹出一个个小冰洞来，这确是无比欢乐的事情！我喜欢冬季的白雪，喜欢寒冬的凛冽，更喜欢冬天的高洁。一片冰清玉洁，令人心驰神往。

1976年，全国发生了惊天动地的大事件：中国三大伟人先后逝世、唐山大地震和粉碎“四人帮”。那时民众拿着五颜六色的竹竿彩纸旗游行的激昂场面仍然记忆犹新！7月28日唐山大地震

飞翔　纸本水彩　110cm×40cm　2016年

后，社会上一直传播江浙沿海要地震的消息，一时草木皆兵，人心惶惶，如同电影《致我们逝去的青春》里描述的场景一般。母亲不知从哪里听到风声，便把我领到她厂里两层楼的宿舍里“避灾”，说这个钢筋水泥楼牢固。母亲在单位里因为勤劳，也算是个“红人”，曾做过两届上海县人大代表，平时工作特别繁忙，因此在单位里有宿舍。晚上楼道里灯火通明，有一次我听到一阵蟋蟀的鸣叫声后便蹲在钢窗下墙缝里寻觅，猛地站立，头便撞上了钢窗角，眼冒金星，顿时起了一个大包。哎！小时候的顽皮致使头上不知磕出过多少个大包血疙瘩哦，那火辣辣的疼痛至今难忘。夏天我听着杨柳树上“天牛”的利牙磨出吱嘎的声音，又害怕被它咬着，便把它的牙尖剪去一半，然后牵线放飞……顽皮的我一天到晚就想着怎么去玩，譬如钓鱼、捕青蛙、捞虾、捉知了、扑蝴蝶等。而红烧蟛蜞、老黄瓜、茄子、丝瓜炒蛋和红烧田鸡、小龙虾等上海本帮菜也就成了我最爱的美味佳肴了。

1976年9月9日下午，年轻漂亮的“大辫子”老师跑进教室对着我们哽咽了很久后突然放声痛哭：“毛主席逝世了，怎么办啊！”老师悲痛欲绝的样子令我们非常悚然和震撼，好像天要塌了一样，一下子全班都哇哇地哭将起来，我还纳闷是怎么回事呢！放学路上小朋友们互相监督：戴上黑纱，今天谁也不许笑。从那以后老一辈无产阶级革命家们陆续开始陨落逝世，哀乐声几年不绝于耳。

我们金家三代的媳妇都姓周，正可谓机缘不浅。就在这一年，我的奶奶周林珍和姑妈金锦度也病逝了。我从小与奶奶生活在一起，她非常疼爱我，中风后长期卧病在床饱受折磨。白天，父母上班，他们为了避免学龄前的我溜出去玩耍闯祸，便把大门锁上了，让我与奶奶待在一起，等母亲下班回来后才开门。现在想来那是一段晦暗的日子。我的叔叔十六岁时就参军当了飞行员，我父母扛起了家里所有的责任，边工作边服侍老人，求医看病，还要带两个孩子，非常辛苦。父母终年劳碌，没有福运享受到今天这样安逸美好的生活，想想真挺遗憾的。

小学一年级我读了三学期，最后仍为五年级毕业。我原本进的

云中漫步　纸本水彩　110cm × 40cm　2017年

是1977年春季班，读写的是第二次简化字，有不少还是异体字。1978年前我国实行春季招生制度，自1977年开始恢复高考、普及九年制义务教育。当时中小学生为了适应九年制教学的内容，再读半年，同时为了让入学新生与再读半年的学生班级同步，遂改为夏季招生入学。其实当时我还是很羡慕高年级同学能戴上“红小兵”的塑料臂章的。1967年国家取消“少先队”建立“红小兵”，1978年又取消“红小兵”恢复“少先队”。后来老师发给每个学生几张类似报纸大小的简体字表，让我们从拼音开始读写。

一年级时，我去了离家很远的学校上学。放学后，常常等待父母傍晚下班后接我回家。我坐在父亲的自行车后座上，抬头望着星空遐想，黑丝绒般的天幕慢慢张开，繁星闪烁起调皮的亮眼睛。偶尔有一两颗流星划过天际，我便兴奋不已。到家时，天已经全黑了，父母忙着开煤球炉生火煮饭，遇到阴雨天气，湿漉漉的煤球点燃后，升腾起袅袅青烟，呛得人睁不开眼。有时没办法了，父亲就在院子里用瓦片搭一个土制小灶头，拾些干柴来做饭。晚八点准时开饭，吃的也简单：咸菜豆腐、炒蛋、青菜或丝瓜蛋汤，但在我看来这些都是美味佳肴。拿起筷子，喇叭里便传来“嘟嘟嘟”的整点报时声，“东方红，太阳升……”接下来进行新闻播报。饭后我开始写作业，那年月家家户户常会停电，母亲就点上一根长长的白蜡烛，我趴在小桌子上，在昏暗又闪烁的烛光下继续做功课。

读到小学二年级，我每天花一个多小时独自步行五六公里回家，一直持续到三年级转学到家门口的小学为止。每天放学回家后第一件事就是淘米做饭，那时仿佛自己一下子长大懂事了，就想着为父母分担点家务，以此来感恩家庭的温暖，日复一日……每到周末就与邻家小伙伴们偷偷溜进附近钢铁厂里去喝冷饮水，顺便再到废钢车间的露天堆放场上去找宝物，这些可都是从全国各地收来的废钢烂铁，什么东西都有，不少还是真家伙，比如断剑、朴刀、机枪弹夹、炮弹壳、弹珠轮盘、各种机器零件等。因此那时手里有几件真器并不稀奇，譬如我用捡来的弹珠轮盘制成滑板，用铁钩推着铁环玩“滚铁圈”。有一次家门口马路边上洒落了一些带水草植物的化石，我也捡了许多带到学校里分给同学们。那时马路旁堆着一

布拉格之恋　纸本水彩　110cm × 40cm　2017年

些很大的水泥管子，相互叠加了两层，这也成为我平时爬上爬下玩打仗游戏的庇护所。有次我捡了许多小石子躲在水泥管子里练习“打靶”，看到大卡车驶过就扔过去，结果不巧有一块石头丢在了老司机的头上，只见司机捂着脑袋下车大呼小叫地来抓我，吓得我连哭带嚎，最后还是由母亲出面打招呼。这种让父母擦屁股的烂事儿在小时候经常发生——闯祸坯！怪不得老人常说男小囡很难养。

1982年春天，母亲骑着自行车带我去电影院看《少林寺》，此情此景历历在目，从此我也迷上了武侠，练武术、气功等，不过后来武术没练成，倒是练了几年童子内功，外息止，内息生，这对于我青少年时期的智力与体格的开发都有较大影响。我自五六岁开始就有严重的晕车现象，以致每次学校组织春游或秋游活动时就像会要了我的命似的，从不敢乘车出远门。直到十五六岁后每次乘车有眩晕时就运气压下，以后就慢慢彻底好了。否则长大后我怎么能海阔天空自由自在地周游世界呢？

往事如烟，岁月留痕。只有数不完的童真逸趣，说不完的孩提往事。著名作家冰心在《繁星 · 春水》中写道：“童年啊！是梦中的真，是真中的梦，是回忆时含泪的微笑。”念昔时生物空灵，树木葱郁，空气清新，碧空万里。春夏秋冬，望蓝天白云之变幻景象，夜晚仰望星空，任由那流星划过天际。留恋儿时那连绵的金色麦田，那潺潺流淌的小溪，那锦鳞欢愉的身影，那家严慈母的怜爱，那可爱又淘气的小黑猫，更挥之不去的是童年的记忆。这就是我的芬芳年华，童年的光影，我的神奇之梦，一个青春不灭的梦境。

二、心存阳光

2014年6月15日是西方的“父亲节”，我在思南路的艺术空间里画了一幅全开尺幅（110厘米 × 80厘米）的水彩画《向日葵》。这让我想起了20世纪70年代与父母生活在一起的岁月。小时候我喜欢在嘉道年间建造的老屋院子篱笆周围种上一排排向日葵、蓖麻、丝瓜等。从播撒种子开始便慢慢地观察它们的生长，当葵花含苞欲放时也到了初夏时节。晨曦太阳刚露脸时，葵花便抬起头自觉地面朝太阳，从东到西，乐此不疲。我喜欢抚摸向日葵那毛茸茸的带有细刺的茎干，喜欢捧着向日葵的脸微笑，喜欢闻

枫　纸本水彩　500cm × 154cm　2017年

着它散发出来的淡淡清香。而我的童年时光也在父母的呵护下过得阳光明媚。秋天葵花籽成熟，颗粒十分饱满。我摘下花盘，与父亲一起用手剥下葵花籽，随后便看着父亲支起大铁锅并放些粗盐粒、糖精片等，用铁铲开始“哗啦啦”地炒起葵花籽，不久空气中弥漫着葵花籽特有的清香，而我也迫不及待地抓起第一把新鲜喷香的葵花籽，倚在墙角边享受这春夏劳动的成果。

1936年出生的父亲金进福是个厚道人，善于江南丝竹。早年曾在上海船厂、大中华橡胶厂、上海吴泾化工厂工作，直到最后在上海求精电器厂退休。我从小就爱趴在他背上到处串门。每月一次的理发是我最开心的事，因为每次理完后他就会带我到饮食店里点上一两“锅贴”解馋，那个锅贴肉鲜皮儿香脆，吃得满嘴流油心满意足。有次在理发店里，有人带了竹笛起哄要父亲吹一曲。这是我第一次听父亲吹笛，因为在那个年月是低调行事的，这也是父亲从不教我的原因之一。而曾祖父金子莲就读私塾九年，精于江南丝竹，方圆数十里授徒无数。江南的风土和人文孕育了丝竹之音的细腻婉约，成为江南人挥之不去的乡音和乡愁。我也为之心驰神往，以前家中的抽屉里都是老旧竹笛、折扇，客堂里还藏有栓红缨的长枪、大刀等。父亲说他的堂祖父文武双全，尤善轻功，穿上钉鞋环绕大瓷缸边沿走步却一丝声响也无……

直到今天我坐在理发椅上面对明镜时，脑海中还是经常会浮现出我儿时的模样来，谁能想到昔日那个调皮捣蛋鬼长大后竟也成了艺术家。然而令我悲伤遗憾的是父母并没能看到我今天所取得的成绩，他们在我青年时代便永远离开了这个世界。子曰：“君子务本，本立而道生。孝悌也者，其为仁之本欤？”因此我即兴画了这幅《向日葵》，是为纪念他们的养育恩情。《大学》所云：“为人君止于仁，为人臣止于敬，为人子止于孝，为

炫　纸本水彩　360cm × 154cm　2017年

人父止于慈，与国人交止于信。”如今自己也已为人父，深知父亲肩头的责任。可喜的是我的女儿也非常喜欢吹笛子，不过她吹的是西洋长笛。从小到大，女儿几乎每晚睡前都要让我给她按摩。看着她幼小的背影，眼前总是会浮现出儿时父亲驮我在他背上的情景。真是人生代代无穷已，江月年年只相似。我非常珍惜这份天伦之乐，但愿爱女也能像我一样，心底永存这份美好的童年记忆！

现今的我依然会在绝大多数的时间里沉浸在自我封闭的状态中，思考着这个复杂而多元的世界，孜孜不倦地做着自己喜欢的事情。我承认我的情感世界非常丰富，所欲表达的语言和方式也极其繁复。作为艺术家，我始终认为自身所要表达的思想一定要符合社会与普罗大众的审美取向，这也是我创作的思想基准。因为，没有深厚的文学艺术修养与深刻的生活积淀是画不好画的，没有良好的道德品行更是出不了佳作的，没有坚持不懈的努力与勤奋也必将功亏一篑，没有健康阳光的心灵必定会误入歧途走向深渊。不断地实践与学习，不断地思考与反省，不断地坚守自己的理想，这样才能成就大器。然而成功是相对的，当你觉得成功的时候，其实离成功还有相当一段距离；当你高高在上成就非凡时，或许已到了下坡路的拐点，高处不胜寒了。因此唯有反复实践、反复体味生活所带来的各种乐趣，心存阳光和善良，时常拥有一颗感恩的心，也许你会变得阳光灿烂起来，由此离真正的成功也就不会太遥远了。

1985年7月摄于上海市洪山中学（初中毕业时部分师生合影留念，左一为英语教师王树刚、左二为班主任丁志文老师）

秋　纸本水彩　500cm × 154cm　2017年

第二章　游艺寄情的青春记忆

一、青春的记忆

1.壮志凌云

青春的记忆，青春的悸动，青春的梦想！我的青春跨过了一个世纪，是际遇，是巧合，是天时，是地利，是人和！我是青春一代的艺术家，所表现的俱是青春的题材，或青涩，或浪漫，或甜蜜，或惊颤，或幽静，或纠结——是我的所感所悟！

从小我就梦想成为一个画家。对绘画的喜爱与生俱来，我到处涂涂刻刻，抹抹画画。在粉笔头上用小刀刻出各式脸谱；用铅笔在客堂间的石灰墙壁上画卧牛，栩栩如生的形象引得邻家小伙伴沈福生惊讶地追着我问是不是我画的。

20世纪80年代初，我读初中了，有一次上美术课时国画家陈辉老师对大家说："我发现你们中间有一个绘画新秀！"因为我的美术作业完成得非常出色。至今我还保留着自己十四五岁时用钢笔描绘的线描人像，前几年发在"微信"上后得到了众多专业人士的称赞。

从那时起我便暗暗立志，此生欲与艺术相伴。我四处拜师学艺，走街串巷到处写生。1987年，上海戏剧学院的李玮教授带着我们二十余位在企事业单位工作的基层美术爱好者一起去绍兴写生。坐着"乌篷船"，从柯桥一路到柯岩，再从绍兴返回。途径杭州，驻足西湖，继续写生，中午我与两位画友在楼外楼饭店里小酌一番，乘兴而归。我背着装满画稿的画夹，闻着泥土的清香，呼吸着清新的空气，浑身洋溢着幸福。我非常享受与大自然融为一体的美妙感受，走起路来也是一蹦一跳的，非常欢快！从那时起，我的心

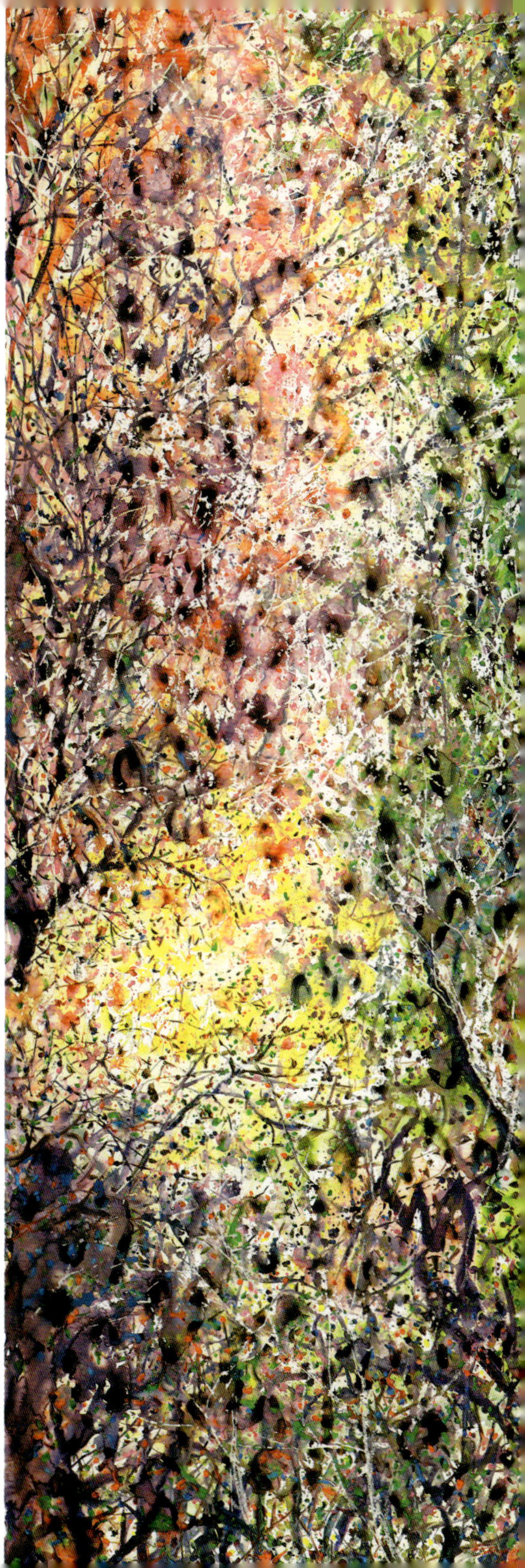

幻　纸本水彩　440cm × 154cm　2017年

便深深地扎进了散发着清新芬芳之气的田埂和乡野中。大自然是我灵感的源泉，铸就了我质朴灵动的艺术气质。

2017年春，我有缘与比我年长十二岁的画友吴伟富先生重逢，心情甚是愉悦。至今我还清晰地记得，1987年6月27日，我与吴伟富相约在人民广场乘长途汽车到上海青浦朱家角写生。那天骄阳似火，我们开始写生，日头到了中午，老吴实在忍不住去买了顶红色太阳帽戴上，我嫌难看就不要了。小镇家家户户屋顶上竖着电视天线，也算是当时江南水乡中具有时代特色的一道风景线，密密匝匝煞是好看，就连在画面上也不得不把它们添上。午饭时花几块钱就可以吃得满嘴流油，有鱼有虾的。清晨炊烟袅袅，有乡音浓郁的叫卖声，有挑着新鲜蔬菜的农人村妇，浓郁的乡土气息令人回味无穷。那一派幽静清新的江南水乡风情至今仍在眼前浮现。而如今的朱家角随着社会经济的飞速发展而改造变化后，已全然找不到昔日江南水乡那种幽静馨香的韵味了。

小桥流水人家，晨曦袅袅炊烟鸟语花香。夜晚蛙声一片，蛐蛐长吟。犹如莲花一般的纯净乡间，如此清新而自然。追忆少时在朱家角、南汇、嘉定、西塘、绍兴、柯桥、周庄、常熟、无锡、杭州等地采风写生的岁月，感慨无限。少年立志，磨砺性情，坚韧的品性始终伴我健康成长——迎接未来。

昔日上海大世界青年宫、青少年艺

江山如画　纸本水彩　300cm × 154cm　2016年

校、工人文化宫等地都曾留下我拜师求艺的足迹与汗水。当时我有幸得益于上海大学美术学院副院长、油画系主任步欣农教授和上海戏剧学院李玮教授的教诲和指导，由此打下坚实的绘画基础。20世纪80年代中期，我的启蒙老师步欣农教授把我领进了艺术之门。记得先生那时身板非常硬朗，人称“大步”先生。岁月荏苒，一晃三十多年，先生已八十一岁了。2012年他到我思南路的工作室小坐，心情甚是舒畅。见到“大步”先生，让我想起了过去的点滴光阴，而其子步如雷在美国也早已成为著名油画家，收了不少学生，得了许多艺术奖项。

偶尔翻出了那个年代的老照片，我情不自禁地感叹着青春岁月的美好。想起1984年全家幸福地一起坐在“飞跃”牌黑白电视机前收看央视春晚节目的情景——张明敏演唱《我的中国心》：“长江长城，黄山黄河，在我心中重千斤，无论何时无论何地，心中一样亲……”顿觉一股暖流涌遍全身，如电击一般的震颤。

2.求知若渴

1988年4月15日，我十八岁生日，那天我身着黑色西服在卢湾区打浦桥的人民照相馆拍了两张黑白照片，留下了弥足珍贵的青春之影。同年我的三幅作品素描《拉奥孔》、水粉静物《蟹趣》和水粉风景《上海外滩》参加了在上海美术馆举办

青山绿水　纸本水彩　300cm×154cm　2016年

的“第二届上海美育节美术、书法展览”，这是我参加的第一次省市级美术展览，也是作为我自青少年时期以来坚持学习绘画的首次汇报成绩，给予我极大的鼓舞与信心，同时也坚定了我追求理想步入从艺之路的初心。

历史上几乎大多数画家的艺术经历都是丰富多彩、曲折艰辛的，对我来讲也是如此。可以说我年轻时的从艺经历是极其坎坷与困顿的，这种经历似乎与20世纪五六十年代出生的人如出一辙。命运如斯，十七八岁的我青涩懵懂，不善言语，从中等技术学校毕业后进入上海第三钢铁厂机动处做了一名技工，也早早地在生活中得到了磨砺。虽然外表看上去年轻得像个“童工”，但是我却持有上海市劳动局颁发的铆焊专业中级（四级）证书，那时我的月薪已超过一百元，而一般的初级或学徒工才几十元，这在计划经济时代已经非常好了，连老师傅也不能小瞧我。当时人们根深蒂固地认为知识是无用的，知识无用论在当时非常流行。当他们知道我想做画家的理想之后，有些老师傅好心劝我：“你还在瞎折腾什么？等你成老师傅了就是八级技师！”“我想成为画家，这是我的梦想，这难道可笑吗？”机动处的领导也知道我的特长，处里团委书记也时常叫我帮忙出黑板报等。有时我到厂工会美工组去找工人画家王生南老师讨教与观摩作品，有缘的是二十多年后他也成了我组稿的作者，真可谓是良师益友。当时的我，每天闻着呛鼻的气味，与乙炔和氧气瓶打交道，枯燥无味的机械轰鸣和电花飞溅的日子并没有磨灭我心中的理想。大多数的同龄人开始谈婚论嫁，生儿育女奔小康，求稳定，并不高谈理想与未来。然而我对生命的感悟和敬畏就是在那样的峥嵘岁月中生成的。培根说：“知识就是力量。”唯有求知学习才能改变人生命运。

前两年，我看了一部电视剧《我们的80年代》后非常感动。20世纪80年代与我同龄的青工们在北方大钢厂中的生活故事让我产生了强烈的共鸣。回忆起三十三年前曾在有几万人的上海大钢厂中工作与生活的场景，那是多么的亲切自然，犹如身临其境一般。2017年岁末，我又看了一部电影《芳华》，文工团的文艺兵大多生于20世纪60代初，他们的芬芳年华故事引人入胜，尤其在

海上惊梦　纸本水彩　110cm × 40cm　2017年

对人物刻画和人性的演绎与思考上都是可圈可点的。我出生于1970年，经历过那个特殊年代，感受颇为强烈。记得在1984年左右，从小一起的玩伴李小强复员了，他告诉我："刚入伍就上前线了，所在连队里几乎都'光荣'了，北方兵最勇猛，'光荣'也最多。我因水土不服患重病一直在后方医院里治疗，否则你也看不到我了。"他只比我大六七岁，却过早地经历了一场生与死的战争洗礼。1987年央视春晚上由一级战斗英雄徐良与歌手王虹合唱的一首《血染的风采》传遍了祖国大地……想起那年春节，大家在车间里排队领年货，分发大青鱼和红肠的情景；那满身油腻的白色帆布工作服、藤编安全帽；那可以切割厚钢板的乙炔、氧气割刀和梦中经常显现的点火时乙炔管回火爆炸的幻境；那绚丽飞舞的焊花飞溅入皮肤后的痛楚；那火红滚烫的焊条掉进"大头"皮靴里时的尖叫与刻骨铭心的疤痕。记得站在钢板上感受着36伏的弱电流通过全身的刺麻感和欣赏着平炉钢花喷溅时迸发出的璀璨光芒，以及不顾一切地走进大学和逝去的青春悸动……所有的这一切困顿与迷惘激发起了我对未来美好人生的向往，让潜在的求知欲在内心深处逐渐地积聚膨胀，促使激情四射的血液沸腾起来去加倍地努力学习，以此冀望能改变自己的人生境遇和轨迹。

3.追逐梦想

这种人生经历是难能可贵的，我庆幸在那个时代和那种十分艰苦的环境中得到了锻炼，磨砺了钢铁般坚韧不拔的意志。直到如今我还会偶尔在梦中听见"哐哐"作响的金属撞击声，并在高耸宽阔的钢厂车间里往返穿梭着。至今我还记得白天上班和晚上去夜校补习功课的情景，可以说那段时间为了美好而纯真的理想真的比较"拼"！儿时那种强烈的求知欲和"画家梦"的情结莫名地驱使着我向艺术一步步靠拢。当我向父母提出了我的想法与梦想时，父亲沉静了很久才抬起头对我说："我们支持你的梦想！这个危险的工作，或许真的不适合你，你还年轻有希望，也

云蒸霞蔚　纸本水彩　110cm × 40cm　2017年

有权利去追求梦想。”须知在20世纪80年代中能在几万人的大厂工作，那是何等的“吃香”和荣耀。1988年11月，我慎重而坚定地把辞职信递交给机动处的处长，表达了我要考大学的想法和理由。因为当时只有做了“待业青年”后，个人档案材料才能退到所居住的街道，并可以报考大学。处长很惊讶：“你是我们这里第一个提出辞职的员工！”为了梦想我下了很大的决心、付出了高昂的代价，退赔了2700元培养费才换来“自由身”。那时还是“万元户”的时代，这笔巨款可是当时一个家庭几年的积蓄，父母的全力支持成就了我的梦想，让我受益终身。已无任何退路可言的我每天通宵达旦地在家复习功课以应对会考。由于要参加高考，便到永嘉路上的中国中学报名参加“高复班”学习。谁曾想二十八年后，我的女儿也在这同一座校舍里读初中（现为上海市第二初级中学校区），并且我的艺术空间也位于永嘉路文化广场边上，这难道不是一种机缘巧合吗？功夫不负有心人，最后我一路过关斩将连续通过了政治、历史、地理等三门高中会考，4月的美术高考和7月的文化高考。20世纪80年代末我终于以上海前三名的专业成绩考进了上海师范大学美术系。那天我去南市区高校招生办公室拿录取通知书，回家途中恰巧碰到了我的中学美术老师陈辉先生，这位点燃我心中梦想的国画家非常高兴地握着我的双手，祝贺我取得的成绩。站在横渡黄浦江的渡轮上，我揣着刚收到的录取通知书，抬头望着黄浦江上展翅翱翔的海鸥，思绪万千。

情景再现，青春无悔……

二、青春之恋

1. 青春悸动

2001年夏季，当我在新疆喀什卡拉库里湖骑着马、远眺着帕米尔高原、欣赏着海拔7546米高的“冰山之父”慕士塔格峰与色彩变幻无常的高原湖泊时，豪迈之情油然而生。一边感受着浓郁

云起山峦　纸本水彩　110cm × 40cm　2017年

的塔吉克族风情，一边回味着昔日那斑斓绚丽的熟悉的光影——那是多么的自豪和幸福!

2014年，我作为上海师范大学校友会理事很荣幸地受到了母校的邀请，我的油画作品参加了“纪念母校60周年大庆暨美术学院校友艺术展”。2017年11月12日，我被上海师范大学美术学院校友会续聘为第二届常务理事。20世纪80年代末，是大学校园让我们这些出生于60年代末至70年代初的“天之骄子”相聚在一起，每个人都充满着对未来的憧憬与对知识的渴望。有顺境，有逆境，有欢乐，有痛楚，然而留下更多的是激情。三十年后我们又从四面八方聚拢在一起，如果用坐标来记录每个人的生活轨迹，那么我们早已将“地球仪”涂抹得满满当当，红红绿绿，金光灿烂；三十年后我们又回到原来那个充满青春活力的原点，一切还是那么美好。生活还在继续，聚散离合，更让我们珍惜当下美好又幸福的春夏秋冬，让我们的青春岁月永驻心间。想起三十年前的我还是那般青涩，青春还是如此美好，那种青春的悸动至今仍令人难以忘怀。想起我第一次踏入校园时是如此的清新而富有朝气，第一次进美术系办公室见到的是著名画家谷岚教授和张培成教授，第一次在操场排队指挥的是任丽娟老师，第一次进教室迎接我们的是年轻的班主任赵建人老师，第一次教我们色彩的是著名油画家贝家骧老师，第一次教人体解剖课的是俞云阶先生的爱女俞歌老师，第一次教人体课的是著名油画家王向明老师，而今我还保留着第一幅人体油画作品。我怀念那逝去的青葱岁月，留恋在上海师范大学的点滴光阴。有青春，有朝气，有喜悦，有遗憾，有失落……硕士生导师、美术学院的院长、著名油画家徐芒耀教授和俞晓夫教授等的授课和教诲至今历历在目。道器变通！我还是坚持走自己的路，因为技术是为思想服务的。莎士比亚说：“青春时代是一个短暂的美梦，当你醒来时，它早已消失得无影无踪了。”艺术要耐得住寂寞——坚持与开拓是我不惑之年后的主要方向，梦醒后还是一个梦，我相信我的梦是多彩的，不为变而变，一切顺其自然。

日出　纸本水彩　110cm×40cm　2017年

2.青春理想

1989年11月13日，我的一首超现实主义的诗引起了大学同窗们的强烈兴趣：

《天上有一个月亮》

地球本来就是圆的，我偏说是方的。

天上本来就只有一个太阳，我偏说世界有无尽。

最后，大自然把我狠揍一顿。

不慎！跌了一跤，失声说道：“哦！天上有一个月亮。”

恍惚间我的视线渐渐地模糊起来，仿佛回到了1989年的金秋时分……那年我们正值青春年少，十八九岁的你我相遇了。是命运使然，是机缘巧合，注定我们会相聚在一起，共筑一个梦，共创同一个青春理想。那年我们见证了历史事件的风云变幻，那年我们有“天之骄子”的美誉，那年我们有无尽的想象与创造力。

10月9日，在那个初秋晴朗凉爽的清晨，我们背着行囊从四面八方赶来，跨入梦寐以求的上海师范大学美术系，然而我们所见的并没有像电影《致我们逝去的青春》里描述的那样有学长引路。不过我们却非常期待大学生活的林林总总，期待有一份属于自己的情感体验。所以我们男生都很努力地去学那粗犷而又蹩脚的舞步，穿梭于沪上各所大学校园的舞池。羞涩是我们的弱点，因此我们得到的大都是没有结果的爱情故事。没有故事不等于没有激情，我们那滚烫躁动的心灵早已融入了那远逝的青春岁月。曾有谭欣同学“抛砖引玉”的故事，还有“东三”宿舍美术系与中文系学友“火并”摇滚乐的事件，那震耳欲聋的崔健摇滚乐至今还会在耳旁回响。记得我们用镜子折射对面东四女生宿舍窗口的“黄衣服”女生，引来校卫队的盘查；我们每天走在东部大食堂的小径上欣赏美少女的绰约风姿；我们把自行车改装成花里胡哨的艺术车；我们在东部校园陶行知塑像边搞所谓的“纪念凡·高”的行为艺术；我们在画室里的欢声笑语——青涩、反

旭日　纸本水彩　110cm × 40cm　2017年

叛、自我、孤傲糅杂在一起。更想念我们钟爱的一毛钱一个的汤包和美味点心，以及我们外出写生时那无穷无尽的浪漫时光。这就是我的大学，这就是我们青春浪漫永不言悔的风花雪月，这就是我们20世纪80年代大学生的风采。三十年同窗之情，此景真，此情浓！不管当年彼此有何芥蒂，而今都成为美好的回忆。俄国哲学家维萨里昂·格里戈里耶维奇·别林斯基说："青春在人的一生中只有一次，而青春时期比任何时期都更强盛美好。因此千万不要使自己的精神僵化，而要把青春保持永远。"回忆不是初衷，是追求真、善、美！因为我们依旧是属于那个时代的"天之骄子"。

3.憧憬未来

20世纪90年代我的创作具有超现实主义与表现主义的风格，青春的悸动与活力左右了我的思维方式。1990年元旦，我回家过节期间灵感闪现，创作了四幅类似铜版画效果的具有超现实主义风格的钢笔画手稿"世末惊星"系列（1999年"时代风采·纪念上海解放五十周年美术作品大展"参展作品），不久便放在上海师范大学西部校区的橱窗栏里展出，受到了师生们的赞誉，当时刚留校不久的胡亚强老师就站在我的画前赞不绝口。随后我又画了不少类似的手稿，大多发表在《国明的世界》一书中。这些手稿在今天看来，我仍然觉得是得意之作，从中可以看出我后来的创作思维模式。那年我绘制的巨幅水墨纸本设色《凡·高像》后来挂在上海师范大学学思桥边的陶行知雕像旁，与同学们一起搞所谓的行为艺术，结果被美术系领导点名批评。这是否就像现在流行的当代艺术？这幅纸本彩墨对我来说意义深远，2018年元月我把这幅画重新修复并托裱在簇新的亚麻布上打算长久保存，还刻意把此幅作品放在本书的最后一页，作为永恒的纪念。而实在可惜的是，在1996年搬家时我把一些自认为不满意的油画给烧毁了，其中有数张大幅的油画创作以及一些肖像油画习作等，如油画《存在者》应该都是较好的大幅作品；还有些作品借给别人后一去不复返了，期待将来再相见，因

学思湖　纸本水彩　80cm × 28cm　2016年

为它们记录了我的那段精神世界和生活经历。1990年12月17日我为油画《存在者》作序：

终于在那天与你相见，不久，又都各自离去。

为什么？为的只是失去的那一部分？

可怜的人，难道你有不朽的功绩？有天生的能量？

也许你会使万物生灵在一瞬间消失。

听！红色的恐怖又在原始森林里歌唱。欢笑声，

催起了我乞求的声音。发狂！真的要发狂！

音乐，又在耳边吹起阵阵刺耳的吱嘎声，忽而又泛起了软绵绵的肥皂泡沫。

远处，蓝蓝的天空飘起了朵朵白云。

还有那金黄色的月亮，点着了繁星，那是力量的象征。

不管怎样对我，我都会接受，也会傻傻地说一声“不在乎”，其实空灵的心席卷了全身……

现实，回到云层中，那里有叽叽喳喳的小鸟，有魔鬼的茅草屋。而只有在那里，我的灵魂才能得到抚慰，才能体现一个有灵魂有思维的人。终于在那天，在一个偏僻的角落里，你我又相遇了，但是无言的冷漠替代了一切。不为什么，因为那是一个远远的地方，一切都很陌生，也终于在那个昏沉沉的夜里，我逃脱了……

这些无厘头的文字具有达达主义的思维模式，这种思维模式对当时的我影响颇大，由此我创作了一系列的具有超现实主义思维的油画作品。

1990年，我们这群怀着美好理想与憧憬的大学生去安徽歙县、黟县、太平湖、齐云山等地写生。住的是五毛钱一晚的民宿，吃的是健康环保的农家小菜，想起吴刚同学嘴馋，顺手拿了农家旅店碗橱里的一碗红烧牛肉，大家你争我夺抢着吃的情景。回沪路上，途经嘉定南翔，大家几乎花光了所有的零钱，除去车钱后，用剩下的买了几两小笼包，只能一人一个充饥。弥足珍贵

晨曦　纸本水彩　110cm × 40cm　2016年

的是，我保留下了一张当时在嘉定古漪园内拍摄的同学集体照，使这份友情、这份青春记忆得以永久清晰地留在我的思绪中。至今我还十分留恋那挥之不去的青春时光——山色青翠烟雾缭绕，飞鸟翻飞银鱼腾跃。

1991年，学校安排我到南市区敬业中学实习，当年1977年左右出生的初中生到今天也已过不惑之年了。1991年5月31日与同学们临别时，初二班的班主任戎丽菲老师和全体同学送给了我一本签名的相册，扉页上用钢笔工整地写了一位同学的一首长诗：

《担心》

你，你担心那走上讲台的第一步是否笨拙可笑；

你担心那激动的红晕是否会不安地跃上你的脸；

你担心那歉意的第一句话是否发颤；

你担心那五十四双雪亮的眼睛中的你是否太嫩。

每一次的担心，都在五十四双眼睛里找到了火一般的答案；

每一次的担心，都在五十四个笑容里找到了迷你裙般美妙的答案；

每一次的担心，都在五十四句话里找到了月光般柔和的答案；

每一次的担心，都在五十四个身影里找到青松般挺拔的答案。

别担心，那眼睛回答你，第一步总是笨拙可笑，但第一步便亭亭玉立了；

别担心，那笑容回答你，激动的红晕虽然滑稽那也是纯真的表白；别担心，那话语回答你，别怕那发颤的嗓音，因为它也是起步的节奏；别担心，那身影回答你，你一点不嫩，因为你永远英俊，潇洒！

敬业中学周哲婧书

1991年5月31日

真难以相信，一个初二学生会写出这么好的诗，每一次看到这本相册，我真盼望有朝一日能见到他们，寻找那五十四双

紫霞　纸本水彩　110cm × 40cm　2016年

眼睛里所期盼的答案。

时光飞逝，昔日的“巨龙”公交车换成了“中运量”车。如今只有中华路、大兴街附近仍保留些许老南市的旧貌……其实青春的记忆早已在那时就留下了深刻的印象。在那个年代我们充满了对未来的憧憬，青春的悸动让每一个生活在那个时代的青年都有所感触。几多风雨几多愁，蓦然回首，我依然伫立在青山绿水间，坚守着那充满理想主义的艺术之梦，而属于我的青春之歌也发端于昔日那忘不了的点滴情怀。恋旧是本性使然，而今我在不经意中竟也寻找到了青春的源头。

在2011年9月16日的上海艺术博览会上，著名油画家黄阿忠教授在我的集子上欣然题道：“苟日新，日日新，又日新！”周培德教授题写：“祝国明艺事发达，画艺日新月异！”著名旅美油画家陈逸鸣先生则写下“后生可畏”四个大字。著名旅美画家徐健国和画家王邦雄教授看了我画册上的这些手稿并题字。徐健国先生题：“清、真、趣、奇，读国明手稿有感。”王邦雄教授题：“诗与思。”他们非常欣赏并解读了我20世纪90年代的绘画作品，认为我的手稿很有价值，鼓励我不要放弃努力，继续创作。

2014年3月15日于上海师范大学东部学生宿舍前89级美术系同窗合影

1996年9月20日“'96荷兰阿姆斯特丹皇家音乐厅管弦乐团访沪演出”上海主办单位策划团队合影

爱在深秋　纸本水彩　110cm×40cm　2017年

三、青春之歌

1.初出茅庐

20世纪80年代末，做了“天之骄子”就算是抓住了人生最大的机遇之一！紧跟上时代发展的步伐，从此我也顺理成章地迈出了艺术人生的第一步。我大胆自由地做起艺术梦来！我喜欢做“梦”，而“梦”作为创作主题一直延续至今。我自诩在考进大学时的绘画技巧已具备彼时美术学院高年级的水准了，尤其是通过学院的刻苦训练和努力学习后，我的基本功也打得越发扎实了。自以为在社会上闯荡过，不自量力地做起青年画家梦——狂妄自大、青涩自恋是通病，为此也吃了不少苦头。不过做画家的梦想依然强烈，艺术活动也开始小有成绩，逐渐参加了一些上海市美术家协会举办的美术大展。大学毕业后我继续到上海大学美术学院、中央美术学院、上海油画雕塑院进修学习，我的素描、油画人体写生等均达到了较高的水准，也经常受到老师的关注，如廖炯模、步欣农、章德明、金纪发、黄阿忠、姜建忠、李朝华等。当时我画了许多油画写生，其中静物《红石榴》在2004年我的画册出版后，得到了著名油画家杨参军教授的赞扬，《美术报》的著名策展人谢海对我说：“杨参军看了画册后说这哥儿们画得太好了！”那时我的画风还是具有新古典主义的学院气息，细腻、写实，每幅油画作品所付出的心力相当多。

1992年，我的油画《何叔衡——还看今朝》参加了“纪念毛泽东延安文艺座谈会上的讲话发表五十周年暨上海美术作品大展”(上海美术馆)。时年二十二岁的我创作的这幅画很新颖，运送参展作品那天我花了二十多元叫了辆夏利出租车把画送到南京西路的美术馆收件处，不巧在搬运时画面被碰了一下，画面局部有点刮“花”了，我很焦急地向美术馆的学术部主任胡志荣先生借了油画工具当场修补。也很有缘分，2016年10月，刘海粟美术馆推荐我、胡志荣（2000年已病故）、陈逸鸣、黄阿忠等六位上

江南秋韵　纸本水彩　110cm × 40cm　2017年

海油画家参加“直面冲击——长三角地区当代油画作品学术提名展”。彼时之景历历在目，精神上的追求难能可贵。

然而我亲爱的母亲刚看到我初出茅庐的成绩时便因病去世了，病情发展得很迅速，让我无法面对突如其来的变故，这使我一度压抑与悲痛万分。用了八年的时间，我才走出失去母亲的悲伤心境。至今仍令我非常愧疚和后悔的是在母亲生病期间我涂掉了给母亲画的油画头像写生。只因父母抱怨我把脸画得太黄，像生病的样子一般。母亲为此而伤心不已，责备我不该涂掉。或许我的人生注定会留下些遗憾，如此才能使心智逐渐成熟起来，可以从容地面对社会现实，养成独立生存的能力。陪伴母亲最后的日子是我一生中最难受煎熬的时期，难舍难分，身心俱疲。直到临别时为母亲穿上鞋袜送她走的那一刻，顿觉万物皆空。再回首，母亲那慈祥的音容笑貌永驻心头。世间母子连心，这是最纯真炙热的感情。世界著名艺术大师俄罗斯画家马克·夏加尔在他的自传中写道：“我们的内心世界就是真实，可能还比外面的世界更加真实。把一切不合逻辑的事称为幻想、神话和怪诞，实际是承认自己不理解自然。毕加索用肚皮作画，我用心画画。母亲对我的爱之伟大让我不得不用我的努力工作去验证这种爱是值得的。如果生命无可避免地会结束，我们活在其中，就应该用爱与希望为它上色。”

忆起与母亲朝夕相处二十二年间的日日夜夜，心中不免又是酸楚万分，我把这份对母亲的眷恋和爱深深地埋在了心底。夜深人静时翻开了我1992年10月31日晚上的日记：

《叶》

母亲突然走了，没有留下什么。

我要爬上乌云，想再看她一眼。

但，眼里只是模糊的一片叶子，缓缓地飘下来，落在我的脚旁。

母亲在的时候，给了我太多的爱。而今总算是留下了一些，因为您要我成为巨石！

红叶情浓　纸本水彩　110cm×40cm　2017年

而我，已经向它靠近的时候，您却只留下了那片叶子，带着忧虑！带着遗憾！走向那不属于我的天地间。

妈妈！您听见吗？儿子要与您讲许多讲不完的话，有永远说不完的心事。

而今每天忍受着孤独，只能对着天空，站在地平线上，呼唤您，妈妈！

请您放心吧，我会拾起那片叶子，植根在我的心坎里，让它生根开花！因为那是您给我唯一的遗产……

至今我都不敢多看这本日记，勾起了太多的辛酸往事。母亲离开我二十八年了，读至情深处，潸然泪下。

2.坚定信念

1993年，我创作的油画《世纪惊星》入选“第四届上海青年美术作品大展”（上海美术馆）。油画《冲击波》也是我当时的代表作之一，我足足花了三四个月才完成此作，画面传达了我当时的理想与激情——艺术之梦。近三十年来，我在发展、在变化、在奋进，相信《冲击波》的余波必将贯穿我的一生，也许再过三十年后回看这些作品时我依旧心神荡漾感慨万千。

同年初春，我精心创作三个多月的油画《大红气球飘呀飘》参加了“’93上海油画大展”。画面隐喻了我当时的心绪和境遇，青春年代的我渴望出国深造，终因家境变故而无法实现。中间的皇帝形象寓意自我，背后的飞机轰隆作响令人浮躁不安，中西方的文化冲突影响着我的思维方式，矛盾与探索的精神使我的青年时代充满了变数。

时逢上海经济建设发展初期，可谓日新月异，年年换新貌。参加由全国、省级美术家协会主办的画展是当年我们这些年轻画家争相追求和向往的事情，这也是由当时的社会体制和环境所决定的。当时入选画展固然很荣耀，但是要把画作运到美术馆却是件费力的事。昔日请表姐夫顾建华帮忙一起用“三轮车”来回搬

暖秋　纸本水彩　110cm×40cm　2017年

运作品送展的情景至今还历历在目。每当画展开幕后大家便会蜂拥进入展厅找自己的画，没有选上的大都灰溜溜地撤退走人。当我在画展上找到自己画的瞬间，那种喜悦之情溢于言表！因为我们还年轻，没有任何背景和人脉，只能靠自己的作品去打动评委，没选上是家常便饭，懊恼牢骚几句后又回去继续努力了。所有的动力就是对艺术的热爱，当然也更想获得社会的认可。但是不管选上或没选上都要经历送作品和退件，有时为了节省搬运作品的车费，许多参赛者都是扛着作品挤公交、骑三轮车或干脆步行，像蚂蚁搬家一样，热闹而激情，那场面可真是一道豪迈而又壮观的风景线。

艺术创作回归本原。所谓的官方主题创作有它存在的理由和目的，有些人无比热衷，有些人不屑一顾；所谓的专家评委也是站在个人的角度挥挥手决定某些人或作品的命运。几十年后我才明白，当时那些评委也很想出名，所以会出现评委作品基本可以选上全国美展，而把有限的入展名额占掉七八成，剩下的奖项或机会则往往给了他们熟悉的人。这也是我不太愿参加一些官方举办的诸如纪念类的主题性展览的原因之一。我认为坚持自己的个性才是艺术的真谛，艺术创作的目的不是为了展览，只要喜欢艺术就自由地创作，自然就是最好的心态。因此我们需要去寻找更高的看点来审慎评判艺术的真正价值。

芬芳年华热情似火的岁月孕育并激励着我们年轻一代。当年我们对艺术的理解与热情是多么质朴，对美好生活的渴望与追求是多么热烈，对冲破自我向往精神自由的激情是多么高涨。这种看似非常幼稚的心灵独白，埋伏的却是个人内心深处的潜意识，留下的是一份追求心神畅游的艺术渴望。

3.否极泰来

年轻人搞艺术首先要考虑生存问题，经济不能保障，再有信心和动力也会动摇。所以我为了生存需要，毕业后也曾做过上海市新南中学美术教师、报社美术编辑、广告策划等。1993年，由于上海市第一师范学校美术组的袁贤平老师辞职，上海第一师范学校校长龚佩佩委任时年二十四岁的我来接手95(5)美术班的美术专业课教学任务，主要教素描、

终南归隐　纸本水彩　154cm × 50cm　2017年

色彩等美术专业课。当时美术组有沈泽民、田柏昌、丁军、袁勤华、陈虹等老师，其中陈虹是我的大学同学。我在该校只教了95(5)美术班一届，当时学校教学楼内布置的水粉画等大都是我指导学生所绘。1994年下学期学校组织并委派我与班主任林峰、袁勤华等带领班级去周庄写生一周，至今我还留存了一张去周庄写生的集体照。1996年我在德语培训课上碰到了林峰老师，原来是学校公派他去德国访问学习，又过了好多年听说他辞职经商了。袁勤华老师一直有联系，后来做了上海市教委的美术教研员。丁军老师去了加拿大，陈虹进了华山美校。岁月蹉跎，有缘的是在2015年这些学生竟然联系上了我，大家见面后都十分激动，其实我们彼此的年龄只相差四五岁。现今他们都已过了不惑之年，大多也成为沪上中小学教育部门的中坚骨干，如曹刚是上海市教委中学语文教研员、特级教师，黄方芳是普陀区兰田学校的政教主任，侯玲玲是中福会《少先队活动》杂志的执行主编等。

当年的经济条件比较艰苦，教师的报酬很低，上一节课的课时津贴只有五元，也就一碗排骨面的行情。油画《滕王阁》《假面》和“穿梭”系列等就是在当时的条件与背景下创作的。其中1994年画的油画《假面》参加了2012年的“法国秋季艺术沙龙”，这也充分说明了我这一时期的创作水准。1994年我的作品《穿梭No.1》《盲流》参加了在上海展览中心举办的“’94上海首届中华艺术博览会”，送画时还遇到了画展组委会的策展人、比我大六岁的油画家马杰。他也是上海大学美术学院油画系的第一届毕业生，现今在上海应用技术大学任教。他对我的作品非常赞赏，后来把我的《穿梭No.1》印在画展的宣传页上，如今我还保留着这张宣传页。当时展览后我把这两幅画赠送给浦东新区政府收藏了，虽然给了收藏证书，但是时间久远了就始终惦记着，期待将来有缘能再相见。

1994年我从上海市第一师范学校的美术教师岗位走出，来到复兴西路上的一家由上海市人事局创办不久的《人才市场报》做了美术编辑，主要负责报纸的版面设计，当时的美术编辑都是将手绘排版设计样做成“黑稿”，再照相制版。报社是市人事局下属单位，在复兴西路46号里的一幢老洋房内办公。那种感觉与20世纪80年代的电视剧《编辑部的故事》差不多，印象比较深的是每天晚上

秋山　纸本水彩　110cm × 40cm　2016年

六七点钟都可以吃到上海弄堂阿姨烧煮的点心或饭菜。那年春节的报纸首期改版套了红版，我的油画作品《红石榴》登在了贺春版上，其中还有我向上海大学美术学院章德明老师组稿的《仕女》油画作品。晚上10点我到东湖路的《青年报》摄影记者雍和先生那里取几张第二天要发稿排印的新闻照片，再折回到复兴西路46号的报社门口，看到总编陈明石先生与编辑部主任董克宏先生都站在门口等我。“过年了！”总编递上一份加班费。翻开我任美术编辑时的几十期样报，依旧弥漫着一丝淡淡的油墨香。往事如烟，二十多个春秋似流水。昔日报社工作的经历是我艺术人生路上宝贵的财富和经验，而如今我多少还是留存了一些当年初生牛犊不怕虎的影子，这也为我三年后进入上海书画出版社做图书编辑打下了基础。当年做图书都是先画版式样，然后剪刀加糨糊制作成原稿样，审稿结束后再照相制版进入印刷流程。有了电脑后，剪刀加糨糊的编辑加工时代就逐渐成为历史了，估计这个手艺活今天的新编辑都不会做了。上海书画出版社已退休的画家、编审华逸龙一直说：“小金出道、成名早，是非常年轻的老法师！”

1995年我为陈香梅女士画了一幅油画《和平使者——陈香梅》。我的叔叔金进奎是1959年新中国空军培养出来的开战斗机的特级飞行员，从事航空事业四十二年中荣立一次“二等功”、四次“三等功”（如在中越自卫反击战中荣立“三等功”），曾经挽救歼教一六战斗教练机（6000米高空撞上大雁安全落地）等五架飞机，包括B—747大型客机、伊尔—14军用飞机、福克—中型客机2239号、歼六型战斗机等。他曾创下中国空军史上十个记录，如第一个试飞空对空导弹、歼六火箭弹，第一

临冬城　纸本水彩　154cm × 70cm　2016年

个四发四中的飞行员和飞行二十九年、正团职指挥十二年间空军安全史上第一人。他与“飞虎队”将军陈纳德的夫人陈香梅女士友谊绵长。1995年他带我与陈香梅女士和哈夫曼先生在上海海外联谊会见面，还有上海大学校长钱伟长等，并陪同钱校长出席了由陈香梅女士赞助的“唐锐鹤雕塑展”，以及参加了由“陈香梅基金会”组织的相关慈善活动，还请了汪道涵、龚学平等题字。几十年来，香梅女士作为和平使者为中外友好四处奔波。现在我还保留着她签名的数本传记图书和许多合影照片。2018年3月30日，陈香梅女士因中风并发症在华盛顿家中逝世，享年九十四岁。

我走出国有事业单位体制后，从1995年开始便参与一些大型活动的宣传策划工作，如“’96荷兰阿姆斯特丹皇家音乐厅管弦乐团访沪演出”“八运会——名车展示行”“’98上海旅游节”等大型活动项目。1996年我参与策划组织了中国文化部、上海市文化局主办的“’96荷兰阿姆斯特丹皇家音乐厅管弦乐团访沪演出”，当时的人民大舞台作为访沪主办方投资250万元，承办单位是中国对外演出公司、上海文化实业公司演出中心。整个宣传策划、接待等由我和原交大昂立集团的总策划朱天明先生、人民大舞台的行政部主任陈剑文女士等承担。陈女士比我大两岁，她告诉我中央美术学院的著名油画家冯法祀教授是她的长辈，我们合作很默契。我们住延安西路上的文艺宾馆，半夜两点还在“市印三厂”的“海德堡”印刷机旁，凌晨把刚印好的宣传海报拿到宾馆后就累得躺在沙发上睡着了。演出前夕在五星级酒店华亭宾馆宴会厅举行了盛大的欢迎晚宴，9月20日晚在上海万体馆的演出获得圆满成功！当世界著名指挥大师里查多·夏依先生收起指挥棒谢

东湖　纸本水彩　154cm × 70cm　2016年

幕后，我便在后台走廊里恭候他，他非常高兴地在原版照片上签上大名。这张照片保存至今已经二十多年了，一段青春留痕弥足珍贵，我始终认为从头至尾能参与组织策划这样的演出活动是我一生的荣幸。

由于人事局编制未能解决，我离开了《人才市场报》。在1996年至1998年间，我几乎每天都要进出交通大学校园，穿梭在幽静的校园间，走进包兆龙图书馆内的东大信息中心工作。那些年我曾参与策划制作了全国数十家知名企业的品牌营销媒体计划书、上海电视台“市场300秒”和东方人民广播电台“市场热线”等广告宣传片，积累了较强的广告和媒体策划经验。甚至有些著名企业如“汇丽地板”等厂商承诺每月付我高额薪酬，为他们按季度撰写“媒体计划书”……披露这段鲜为人知的工作经历，也隐藏着我很多的人生感悟，培养了我坚持与忍耐的毅力，而那段难忘的人生经历令我受益终身——“梦回1996”。每当我路过上海交通大学门口时，突然间那曾经逝去的芬芳年华又仿佛在眼前闪现。

1998年9月，原上海电视台一台副台长赵抗卫先生离职后做了新大陆广告公司总经理，他叫我做的两份策划书《我为浦东献片绿》《陆家嘴金融中心区景观灯光及广告规划管理方案》得到了浦东新区政府的肯定，因此我的创意策划也曾为浦东开发做了些贡献。后来他把我推荐给上海旅游局活动处的章谟德处长，市旅游局决定由我来画“’98上海旅游节”的宣传漫画，结果一稿便通过市领导的审查，不久便整版刊登在1998年10月12日《文汇报》第12版上，这段经历让我至今回想起来还非常自豪。在“2011年上海艺术博览会”我的展位

报春　纸本水彩　110cm × 50cm　2017年

上又巧遇赵抗卫博士（现为上海对外文化交流协会会长），他送了我四个字："刮目相看。"是啊，二十年前的我还非常青春稚嫩，他哪里想得到昔日的我今天会以如此的状态生活在艺术天地里。这幅保存如新的漫画原稿也许将来可以进历史档案馆，它也是上海腾飞发展的历史见证物；二十年后的我逐渐成熟起来了，幸福快乐地走在我的艺术人生旅途中……

磕磕绊绊，一直到1998年末才获时任上海书画出版社·朵云轩社长的祝君波先生青睐，把我招进了上海书画出版社从事图书编辑工作，这样我又重新回归到国有体制内。长期在体制外飘荡，时间久了就会有求稳定的想法，机遇与抉择有时会改变人生轨迹。然而就连我自己也没想到这一做竟有二十多年了，甚至还可能会做到退休。而在职场中的那些风雨变幻就似浮云一般，不会去回味咀嚼。通过长期的积淀历练，我的职称晋升到了高级，可以去美院做兼职教授了。我觉得这一切都是为了生存和事业发展的需要，我想每个人单打独斗闯荡社会或多或少都会经历一段彷徨期，但无论怎样我还是相信一句古语："塞翁失马，焉知非福。"条条道路通罗马，只要认准方向勇往直前，都能闯出一片天地。

彼时的上海书画出版社·朵云轩人才济济，编辑们多为海上著名的书画家，我在这样一个拥有百年文化积淀的单位里与一群蜚声海内外的书画名家们一起工作是幸福的，更是幸运的。也许这才是吸引我在此工作这么久的关键因素。能在这个人才辈出的书画家群体中成长和发展是我艺术人生的重要经历之一。我相信这个艺术群体的崛起与传承不是无缘无故发生的，它是一种具有浓郁海派文化的

天平山　纸本水彩　154cm×70cm　2016年

历史底蕴所依托的文化群体效应，我能融入其中是福运造化，耳濡目染中受益匪浅，汲取了更多的艺术营养。

4.青春梦想

“梦”是我始终追逐的创作主题，“追梦者”于我是最恰当不过的了，这也是著名美术评论家徐明松先生在评论我的文章中经常念叨的词语。20世纪90年代的我是中国新表现主义的追随者，为了实现我做画家的梦想，我付出了青春岁月，创作了一系列具有超现实主义思想和运用表现主义手法相结合的油画作品。当时父亲也很难理解我：“画了那么多又有什么用，又不好当饭吃，你该考虑成家立业了！”1997年的一天清晨，父亲脸色苍白地推开我的房门说要去医院，我急忙叫了出租车到瑞金医院急症室，医生诊断为“急性心肌梗塞”，必须马上住院。不一会儿人就不行了，医生叫我马上到急症药房去买一支7500元的德国链激酶(SK)，我拿着处方单以百米赛跑的速度冲出去，买好后又折回交给护士快速打下，到底是进口名贵药，父亲慢慢缓过来了，第三天便由名医会诊做了心脏支架手术。十多万元的医疗费也曾使我拮据了好久，而疾病的折磨也使本来很健壮的父亲变得瘦骨嶙峋弱不禁风。

1999年2月18日大年初三子时，天寒地冻，父亲终究还是倒在家中的大床上了。那一刻我才真正深刻地感悟到了生命的真谛与意义，古人云：“树欲静而风不止，子欲养而亲不待。”七年间我目睹了父母相继离世的情景，经历了与父母的生离死别后，我对生命的理解和感悟更为深刻了——淡泊明志，随遇而安。“不以物喜，不以己悲”，淡化了对一些事物的欲望。

根据传统风俗，“白事”过后百日内可办喜宴。1999年6月6日我大婚之喜时，同事、著名书法家、编审戴小京老师写了一幅书法对联给我：“芝兰同结百年寿，琴瑟永谐千岁乐。”篆刻名家、编审茅子良老师送了我一对他篆刻的昌化鸡血姓名章，庄新兴老师也为我治了一对结晶白芙蓉姓名章，邵琦教授赠我一开山

秋红　纸本水彩　110cm×40cm　2017年

水画。刚从总编办公室调来的青年女编辑朱孔芬捧了一束鲜花也赶来静安宾馆表示祝贺。《朵云》杂志副主编、美术史论家、编审舒士俊老师赠予我一块黄宾虹纪念馆开馆纪念铜牌，铜牌镌刻的日期正好是1999年6月6日。后来我请出版社的刘荣虎先生用“挖裱”的精湛技艺把戴小京老师写的对联装裱好。一份份有特殊意义的纪念品，我非常珍惜，把这些友情永久地留存在心底深处。2000年戴小京老师叫我画幅人体画，我也悉心创作了一幅水彩《青山浴女》给他，所幸当年请摄影编辑李顺发老师拍了反转片后才得以留存影像，并编入本书，是为纪念。

同年我的油画《火跃》参加了“’99上海青年美术作品大展”，1994年至1998年上海的画展比较少，也许是大家都热衷于上海的经济发展，相应的文化活动却减弱了许多，像样的画展也不多。这是新一届青年美展的开始。上海曾在1985年至1993年举办了四届青年美展（我参加了1993年第四届），如今仍活跃在上海的名家大都是从这里走出来的。同年又参加了“时代风采·纪念上海解放五十周年美术作品大展”，为此上海教育电视台《诗与画》栏目专门采访拍摄并播出了我的第一部纪录片《西方技术·东方之魂——金国明绘画作品》，记录了我二十岁至三十岁间的青春岁月和艺术人生。另外，我出色的工作表现也得到了大家的认可，没多久便被提拔做了第三编辑室主任，主持编辑室的日常工作，这在当时人才济济、书画名家林立的编辑队伍中也是比较鲜见的。2000年，前任编辑部主任邵琦先生（现上海师范大学美术学院教授）在离职到中国美术学院设计学院做教授前对我说：“小金，在书画出版社工作手里一定要有本事才能立得牢站得稳，否则会被看不起。本来想带你一起走，考虑到你高级职称还未解决就作罢了。”这句话很中肯，没有金刚钻，不揽瓷器活。因此我觉得自己走进艺术与艺术出版领域是自然而然的，总结下来就是：一靠天赋、二靠勤奋、三靠机遇、四靠坚持，天时地利人和缺一不可。

2001年我搬到上海市肇嘉浜路“衡园”的新房，便邀请了戴小京、吴瓯夫妇和江宏夫妇、庄新兴夫妇、茅子良夫妇、邵琦一

梦乡　纸本水彩　110cm × 40cm　2017年

家和李琼老师等来我家做客，至今我还留有他们送的水晶果盘。

同年7月16日至24日，单位公派我到香港参加“2001香港书展”，世界各地的图书集结会展让我们大开眼界。一同前往的有时任副总编的周兵和总编助理汤哲明等，还有朵云轩古玩公司的陈勉先生、刘金旺先生。其间我们还一起喝早茶，去了在半山的“九华堂”看字画。回归不久的香港还是非常吸人眼球的，我们也在南丫岛体验了一番香港郊外的海岛风情。一切是那么的新鲜，港剧中看到的许多街景跃入眼帘，大有似曾相识之感。然而十几年来又陆续去了几次后就发觉香港在各方面已开始不尽如人意了。2017年单位里把当年因公往来香港、澳门特别行政区的通行证还给了我，这让我重新回味起了而立之年的雄心壮志和幸福时光。

生命因为有了人生际遇而变得更有意义，绿地因为有了阳光而显得更有生机，红花有了绿叶而出落得更加妩媚。让我们从容地去面对暴风骤雨、阴晴圆缺，热情地拥抱属于你的阳光、草地、鲜花、云彩，坦然地去接受大自然所赋予的一切吧！或许会有出乎意料的幸福来眷顾你。古罗马哲学家马库斯·图留斯·西塞罗有句名言：“人生的跑道是固定的。大自然只给人一条路线，而这条路线也只能够跑一次。人生的各个阶段，都各自分配了适当特质：童年的软弱，青春期的鲁莽，中年的严肃，老人的阅历，都各结出自然的果实，须在它当令的时候予以储存。每个阶段都有值得人们享受爱好的事物。”

青春之歌，情愫梦绕；青春似火，炽热得发烫；青春似水，一去不复返；青春如梦，新奇异彩……青春是彩色的，斑斓绚丽；青春是黑白的，丰富变幻。拥有的已逝去，留下的是结晶，像舍利子般地闪烁发光！唐代孟郊《劝学》云：“击石乃有火，不击元无烟。人学始知道，不学非自然。万事须己运，他得非我贤。青春须早为，岂能长少年！”

清明　纸本水彩　110cm × 40cm　2017年

第三章　永远的追梦者

一、十年一梦

随着新世纪的到来，我的生活逐渐摆脱了往日的阴霾和不幸的境遇，并且紧跟上了时代的发展节奏，也算是抓住了人生重要的发展机遇。生活的舒适安逸逐渐赋予了我浪漫主义的情怀，“梦云”系列就是其中的代表作品之一。而立之年我做起了青春浪漫的梦来，我开始创作油画“梦云”系列，这一画竟不可收拾，至2012年此系列作品收官时竟达二百五十多幅，可以说坚持不懈的“十年一梦”成就了我的艺术之梦。一件事做一辈子是非常困难的，坚持显得尤为重要。一幅画画了十年且还没画完，也是难以想象的。或许我比较固执，或许我还意犹未尽，或许时候未到。然而未完成的终会要有个结果。

著名山水画家邵琦教授在评论文章《依旧做梦》中的开场白说：

曾经说过金国明的画，那时他画的也是梦境；现在快十年了，再来说金国明的画，他画的还是梦境。作为一个画家他可以孜孜不倦、一如既往，只是难了作文的。十年，一如既往，便可以用坚持一词了。其实，坚持对画家来说本不是一件值得说的事情，在今天却变得难能可贵了……金国明的一如既往，是用他的画来说的；因而，他的画在他一如既往的陶冶涵泳下，纯粹了许多，也纯净了许多。这正应和了俄国作家果戈理所说：“艺术家的一切自由和轻快的东西，都是用极大的压迫而得到的，也就是伟大的努力的结果。”

青风　纸本水彩　110cm × 40cm　2017年

在2003年9月10日的"上海春季沙龙"上中国作家协会副主席叶辛先生在我的个人画册封面上题字："创新是当前时代最大的文明！"2011年我把它收录到了《梦云——金国明油画集》中。当我把新出的画集寄给叶辛先生后，他打电话告诉我："小金，画册收到了，非常好！比上次的画集有变化了，画展有空我会去看看的。"人类社会最大的文明在于有创造力，所有的一切准备与过程都是为了最终的结果，唯有如此才是最具生命力的。在步入不惑之年，我用了一个"逗号"来小结以往的青春年华，因此《梦云》的出版只是一个"逗号"，《时差——金国明随艺录》的出版是"分号"。我的艺术人生里不存在"句号"，假如有的话也只有"省略号"……

2005年10月26日，我的代表作品《国明的世界——梦云系列No.14》在巴黎东郊的巴黎花园参加了世界著名的第216届"法国艺术家沙龙"。成立于1881年的法兰西艺术家协会（巴黎大皇宫）举办的"法国艺术家沙龙"是规格很高、影响深远的官方展览，20世纪初一些印象派大师等就是在这个展览上落选后才举办"落选沙龙展览"（今"法国秋季艺术沙龙"）的。当主办方得知我来自中国上海时，他们说："从画面中可以折射出中国青年艺术家的激情和活力。"三十五岁时我能走进世界艺术中心的巴黎，这是我做梦也没想到的，可以说这是我艺术人生中的第一个辉煌。我曾在《梦云》画集中述云："虽然藏家日益增多，媒体与机构也时常关注，但我不为之而窃喜，保持本色与本性顺理成章地成就了我的创作行为和形态。20世纪70年代是我冠上的符号，而我愿做一个健康向上的心灵完美的'70年代画家'，尽管离真正的艺术家的标准还很远，可是我还是愿意终身付出——精神、气质乃至绘画作品的人文化。用画面语言向人们表白对话的含义——形式多元而广义。诚然，反映人文精神是我对话的主题与本意，梦可以清晰明朗，也可以含混模糊；或激扬高歌，或低吟浅唱；时而幽雅宁静，时而飞扬跋扈。因此我的画面需要充满生气与灵气。另外我要强调的是——拒绝原创作品的再复制，因为我没那个能力把刚做的或曾经做的'白日梦'拷贝下来，在我

淀山湖畔　纸本水彩　110cm × 40cm　2017年

看来记录只有一次，痕迹不能再现，也不可能重复，也许我要寻求的是新鲜的感觉。”

2006年我在著名策展人赵丹虹女士主持的顶层画廊举办了个人画展，为此上海教育电视台《诗情画意》栏目播出《追梦者——金国明油画展》专题片，并接受中国台湾东森电视台采访，引起了人们广泛的关注，全国众多媒体相继报道，影响深远。上海大学美术学院的马琳博士在我的个人展览前言中描述：

金国明是位非常勤奋和极具潜力的青年艺术家。他受过严格的学院派教育，有着相当的绘画功底。自20世纪90年代以来，他创作了大量的艺术作品，有数百幅作品为海内外机构和知名人士所收藏，特别是近年来他十分投入地追逐探寻着属于自己的绘画语境，《国明的世界——梦云系列》便是这一时期代表。“梦境”一直是金国明乐于表述的主题。此次展出的作品，是他近期创作的一批新作。与其早期作品相比，他的表现形式已不甚相同，在艺术手法与表现角度上有了新的突破。他运用手中的画笔，从容而用心地去描绘女人、鲜花、小径、楼宇、湖泊、沙滩、蓝天和白云……画中的人物都似梦里梦外一般。这里没有躁动与不安，而是安详与宁静，犹如涓涓细流，沁人心脾。他在努力追求一种超越世俗的禅境与田园诗般的典雅。在他作品的平静里，展示着丰富的内心世界。这也是他的作品引人注目、耐人寻味的地方。

中央美术学院博士、画家胡继宁先生在他的日记中写道：

星期五的晚上应邀参加了朋友国明兄在上海顶层画廊画展开幕派对，在这样的季节，上海的夜晚异常魅惑和躁动，月夜、霓虹、啤酒杯、香烟、脂粉、吊带衫，处处情涌动，年轻需定力！国明的展览就开在这样的夜晚。展览名称：“追梦者金国明油画展”。国明走的是表现主义，喜欢表现梦境般的世界，没有传统条条框框的束缚。我比较欣赏国明的想象力和画面的轻松，对于绘画有时难有既定的标准去评判，但是对于学院派绘画存在“审美疲劳”的今

天高任鸟飞No.1　纸本水彩　110cm×40cm　2017年

天，我们呼唤充满个性和想象力的优秀作品出现。

那么何谓“梦云”？战国楚宋玉《高唐赋》：“昔者先王尝游高唐，怠而昼寝，梦见一妇人，曰：‘妾，巫山之女也，为高唐之客，闻君游高唐，愿荐枕席。王因幸之。’去而辞曰：‘妾在巫山之阳，高丘之阻，旦为朝云，暮为行雨，朝朝暮暮，阳台之下。’”后以“梦云”指美女，也指幽会之事。

仰望碧空，风月无边。纸鸢飞翔，魂牵梦萦。阳光灿烂的秋日，金黄闪烁的光斑，摇曳多姿的梦幻……云里看云，雾中梦云，即是我心中的“梦云”。

十岁时我自命不凡，十六岁时天生我才，十七岁时大炼钢铁，十九岁时做天之骄子，二十五岁时壮志凌云，三十岁时才华横溢，三十五岁时名扬海外，四十岁时成“上海文化新人”、志存高远，五十岁后回归自然……梦中自有梦中梦，我的未来不是梦，我的“梦云”“时差”必定成器，我的青春永不消逝。

1.《梦云系列NO.111》

这是我“梦云”系列的代表作之一，青春的记忆伴随我十多年的“梦云”主题创作。十年磨一剑，且意犹未尽，坚持与努力是开花结果的必然选择。“70后”是青春阳光的一代，作为个体而言，我坚持架上绘画艺术，坚持传统，是我艺术观的取向——健康、青春、阳光。

2.《梦云系列No.119》

画面中不失活泼意趣的形象，让人浮想翩翩，青春美丽的少女形象非常健康，没有任何晦涩感。黑灰色的装扮富有时代气息，给人以清新而朦胧之感。我所表达的是一种对美好生活的向往，青春的形象在阳光的沐浴下熠熠生辉，时时透露出轻松愉悦的心情——我快乐并歌唱着，我时尚并欢愉，我就是你生活中的一朵云彩。

雪霁知春　纸本水彩　110cm×40cm　2017年

3.《梦云系列No.169》

沐浴在春天的阳光雨露中，我依旧走进泰康路的画室，做我喜欢的“梦”，体会我每天汲取的灵感与甘露。有时我走在泰康路那具有浓郁法式里弄风情的艺术街上感受着莫名的孤寂，也许在默默地享受着独来独往和风里来雨里去的乐趣的同时，一幅幅油画作品才能应运而生。

4.《2003年的一个秋日午后》

这是我2003年创作的油画，一种强烈的意识流思绪通过表现主义的手法宣泄出来。2006年曾被一位藏友买去，在上海莫干山路50号的太阳虹画廊里挂了半年，后来他提出要换一幅其他的，最终我还是直接把买画款还给了他，如今很庆幸这幅油画没有流出去。

5.《我的天空》

生命礼赞，星光璀璨——画面里的人物原型是我的同学。画面运用写实的表现手法和通过超现实主义的空间处理，表达了我对艺术梦想的追求、对生活的渴望以及对人生的理解。我的天空晴朗明媚，我的世界缤纷灿烂。《心经》云：“舍利子，色不异空，空不异色，色即是空，空即是色，受想行识，亦复如是。”

6.《里斯本的百年葡式蛋挞店》

百年朵云轩的文脉传承使我在耳濡目染中得到发展与升华，对于我来说是个难得的学习机会，中西合璧是思想与思维方式的中和，思维的飞跃自然而然促成了个性化的创作趋向。当我踏进葡萄牙里斯本著名的百年老店时，被眼前所发生的一幕感染了，油画《里斯本的百年葡式蛋挞店》应运而生。

红云　纸本水彩　110cm×40cm　2016年

7.《我的女儿》

2009年开始创作的“我的女儿”系列是我情之所至的主题油画，我认为能真实反映出个人情感语言的作品就是精彩的。我用画笔自由地抒发爱情、友情、亲情，这是我艺术语言的本质与基调。有小爱才会有大爱，只有在生活中去体验实践并感悟人生，才能有更多的收获。小时候我读鲁迅的《闰土》，其中捉麻雀的故事很吸引人。曾经我也有一次捉到五只麻雀。自从我养了一对八哥后，阳台上引来了不少麻雀偷吃玉米粒。我对女儿说：“让我们一起捉麻雀吧！”翌日清晨，一只饥饿的小麻雀飞来，迫不及待地进入了伏击圈觅食，猛地一拉绳子便罩住了，女儿乐得笑哈哈，玩了一会儿后就把它放飞了——金色的童年记忆瞬间定格在了彼时彼刻。每年的圣诞节我都会跟女儿说：“晚上圣诞老人会到家派送礼物，你要什么呢？”小孩子很纯真，就早早睡下了，因为她认为只有在梦里才能收到礼物。每一个人都有美好的童年，也许这个圣诞情结也会伴随她一生。

我对女儿说：“艺术除了天赋之外，更重要的是勤奋和坚持。没有飞蛾扑火的精神是不成器的，做任何事都一个道理，这是一种与生俱来不可磨灭的精神。”

8.《欧陆风情——比利时布鲁日》

这是2010年画的油画作品——始建于中世纪的比利时布鲁日位于比利时西北部弗兰德平原，有“小威尼斯”之誉。“BRUGGE”是荷兰语“桥”的意思，城内河渠如织，游船穿梭，大小桥梁交错贯通。而河道两旁，风景如画，一座座中世纪的建筑掩映在绿树丛中，处处荡漾着那旖旎的鳞波。

望月　纸本水彩　154cm × 60cm　2016年

9.金爵迎春——全国当代油画名家作品展

2006年新春画展集合了二十位画家作品，其中有王劼音、俞晓夫、庞茂琨、谌北新、徐福厚、白羽平、段正渠、黄阿忠、何珏颖、金国明、刘曼文、莫雄、谢中霞、杜璞等。

著名美术评论家徐明松先生在2007年2月5日的《解放日报·朝花》第15版上评论道：

金国明是内向而寡言的人，然而在画里，画家无处倾诉和宣泄的情感和思想往往袒露无遗。于是，国明绵密的思绪和丰沛的情感便在画布上随着跳跃的笔触律动。这里既有躁动不安的青春期充满幻想的勃勃热力，又有历经岁月而归于平和的思想沉淀。所以，当遍览国明这些年的画，这种分野似乎成了他创作状态明确而生动的两大色块。弗洛伊德曾经读解了许许多多梦者的游踪，艺术家则是一个个沉溺于梦境的梦游者，金国明就是这群梦游者之一，他的行迹落在画布上，印上了深刻的记录。追梦者国明援引了达达主义诗句“梦醒后还是一个梦”，是一个恰切的注脚。

10.上海春季沙龙

从2003年开始我每年参加“上海春季沙龙”，直到2008年“上海春季沙龙”落幕。在2004年的“上海春季沙龙”上有一对穿着时髦的欧洲女郎在我的展位前对着《国明的世界——梦云系列No.17》油画作品“叽叽咕咕”了很久，其中一位说画面上的这只金毛狗就是她家的，一模一样，连神情都像。原来我把她的狗牵到画布里来，藏进我的梦中了！我也很愉快地对她说：“那画面中牵着金毛狗的青春美少女就是你哦！”

11.“风景·风情”全国油画展

2006年至2008年，我的“梦云”系列连续三届参加了中国美术家

暮光　纸本水彩　80cm×28cm　2016年

协会主办的“2006年首届‘风景·风情’全国小幅油画展”“2007年第二届‘风景·风情’全国油画展”“2008年第三届‘风景·风情’全国油画人物展”。上海市美术家协会的卢金德先生为我写了好几篇评论文章，他说：

金国明的油画“梦云”系列几度入选“风景·风情”全国油画展，这是十分令人欣喜的。中国油画经历了开放三十年，人的心境随着社会的开放与发展越来越亮堂。金国明的油画色彩与题材是十分和谐的，十分现代。他为我们描绘了人们所关注的本性的和谐主题，最自然美的共同家园，人与自然和谐相处的生活，牧歌田园式的抒情。现代人追求的艺术化的美在金国明的作品中得到了体现。

12.媒体报道

自从1999年上海教育电视台《诗情画意》（436期）播放了《西方技术·东方之魂——金国明绘画作品》后，又有关于我的四部纪录片问世，如2003年上海教育电视台《诗情画意》（1024期）播出《永远的荆棘鸟——翩然金国明的斑斓世界》，2006年上海教育电视台《诗情画意》（1097期）播出《追逐梦想的舞者——释读金国明油画》，2008年和2012年由上海电视台分别采访拍摄并播出关于我的两部纪录片《十年一梦——金国明的油画世界》《画布里的梦游者——金国明》，完整地记录了我这十几年的心路历程。数十年间我也陆续参加了近百次的各类美术展览和被媒体数百次采访、报道。2010年3月27日《美术报·画家周刊》刊登2009年度中国优秀艺术家排行榜（油画排行榜500名），我非常荣幸地入选其中。

二、穿越与重现

有时候我会突然想起过去发生的一个片段、一个情景，就好似电影艺术里常用的蒙太奇表现形式一般，穿越与重现，由远及近恍然如梦。抑或是我的思维像活火山般的活跃，抑或是我始终在追寻

晚秋白桦　纸本水彩　110cm × 40cm　2017年

儿时的梦境与情趣。这或许符合我做艺术家的身份，也符合我从艺三十多年来那与生俱来的艺术天赋与跳跃性的思维方式。曾记得在大学时的一个早晨，我与著名油画家贝家骧老师一起走进学校时，他说："金国明，你画得蛮好的嘛！"话别竟然已近三十年了，至今也未曾谋面。记得2002年在上海师范大学读研时向著名油画家王向明教授求教，他看到我画了两天的一幅油画习作《小薇》后用沪语说："画得已经蛮'结棍'(厉害）了！"记得2010年我到著名油画家徐芒耀教授在土山湾美术馆的画室组稿，正巧赶上他在创作大型油画《新四军》："小金，你是我学生，画得也别具一格，相信你也会闯出一番事业的。"还记得2005年我在上海油雕院高研班进修时，著名油画家俞晓夫教授对我说："小金，你还是蛮会画的，也有较强的创作能力！"当时也是上海油画雕塑院的韩连国老师到出版社找到我说："俞老师叫你来画画！"后来我就去了油雕院，俞老师看到我就非常高兴……我在画人体或人物时喜欢带有个人风格面目的写实画法。确实我的画风与老师们都不像，平时闲话不多，个性使然只顾自己"闷"头画画，有点独行侠的味道，我也不羡慕其他师兄弟们精湛的写实技艺，因为我就是从写实中走出来的。不过我始终觉得技巧可以习得，而个性化的思维方式与风格才是自己的，符合个体气质特征的作品才是自己所需要的结果。我认为学习绘画艺术可以是多方位的，身临其境去感受才能有所感悟！用耳朵去"听"，用鼻子去"闻"，用眼睛去"触摸"，这样才能学到门道。然而要在这个浮躁的尘世里保持心平气和是难能可贵的，或许我的内心比较清高超然，从起点到终点再归零，这样的人生轨迹适于自然规律。每段机缘都有它存在的意义，而幸福就在今天。

三、解惑"心性"

2011年9月，我的新书《梦云——金国明油画集》《梦云——薰衣草采风札记》由上海书画出版社出版发行。2011年8月28日下午在上海思南路107号1009室举行新书发布会，可谓嘉宾云集。著名画家王劼音、步欣农，上海市书法家协会副主席张伟生，九三学

春暖　纸本水彩　80cm×28cm　2016年

竹熊　纸本水彩　110cm×40cm　2016年

社上海市委宣传部部长詹咏，教育报刊总社社长仲立新，中国艺术品网CEO陈强等社会各界朋友参加。《生命日记》的作者、复旦大学于娟老师生前曾受到我的捐助，因此她的丈夫赵斌元先生代表家属特地前来表示祝贺和感谢！新书的出版离不开制版设计、编辑加工、校对和印制等的辛劳，我十分荣幸地请到了良师益友、审读室的朱莘莘老师担任《梦云》的责任编辑，她不辞辛劳逐字逐句地审读，致使图书更臻完美。还请资深技术编辑杨关麟老师精心制版设计、校色处理和印制，到最后印刷时我与杨老师在上海青浦区中华商务印刷公司的印刷机旁监制。《梦云》出版后，其装帧设计及印制工艺得到了中国新闻出版总署司长等领导的高度赞赏，荣获“第六届上海印刷大奖精装画册出版物铜奖”。

2011年11月26日下午，金国明油画作品赏析活动在上海御华山大厦的高级会所内举行，此次赏析会是12月11日在刘海粟美术馆举行“青春的记忆·梦云——金国明油画展”的一次预展交流活动，会上艺术家、收藏家、企业家欢聚一堂，欣赏着艺术精品并互相交流。

11月下旬，我在刘海粟美术馆举办大型个人展览的前夕，著名旅法油画家方世聪教授为我鼓劲：“小金，画家的技巧是一方面，但最重要的是要有感性和‘练心’，心性的表现才是目的，要把自己心中的所想画出来。人生时间不多，精力有限，就更要格外珍惜每一刻。这就像一颗橄榄核，两头尖，当中鼓出，而艺术家的最初也是从一个点开始，在过程中慢慢丰富厚实自己，最终累积经验，回到最后想要的结果。我在法国十五年，画了不少画，画得却很慢，画慢也很难的，但不好太急，坚持对于画家来说比较难做到。2006年11月29日，刘海粟美术馆馆长张培成和廖炯模教授、徐芒耀教授等来宾一起观摩乌克兰人民艺术家米哈伊·顾依达的现场写生表演。我打电话给俞晓夫，他说他早就看过了，画得蛮好，就是概念化。我去看了后，结果确实像俞晓夫说的那样，还是没有摆脱苏联时代的那种灰色调，色彩也概念化。因此，平时还是要多看些经典的书，不要样样都看，这样没有精力，要把更多的精力放在绘画上。画家要做到画得慢与快是矛盾的，自己慢慢去体会吧。”话语中肯，情真意切，使我获益匪浅，也让我感受到了一个长者对于晚辈的关怀。他又说：“小金，你的画展我会来的。你要接受场外的声音，画展上人家都会说好，其实这是假象。画家讲的闲话要少，要让画面说话才是高级的。大画家大多是老实的，所以老实是品行，是好事。风格不是一朝一夕形成的，是自然流露的。平时要多虚心接受人家的批评，这样就会有方向性地去吸收长处。”德高望重的艺术家给我上了深刻而有意义的一课，得此解惑，“心性”也就豁然开朗起来了。

说起我的“老实”，有个小故事。《梦云No.74》是我参展“具象上海2006——聚焦70”的油画作品。展览结束后挂在延安中路某画廊展出，不久该画廊主持对我说这幅画被他送给所在军区饭店的领导了，我当然相信了，既已如此，碍于多年朋友的情面也就不再追究。过了很多年后在“微博”上有位美籍华人对我说有一幅《梦云》在他台湾的家里，原来这幅画是他在画廊里买的。近代思想家梁漱溟在《中国文化要义》中说：“所有反省、自责、克己、让人、学吃亏……这一类传统的教训，皆其社会构造的事实作背景而演成，不可只当它是一种哲学的偏嗜。”后来想想老实或许是一件好事，吃亏也是福，难得糊涂。因为画还在有缘人手里保存得好好的。其实我更关心的是我的画被喜欢的人保管好，就像嫁出去的女儿一般心有所系。我想人到中年应该是沉稳有力了，不要计较得失与否。无欲则刚，自然为佳。莎士比亚有句名言：“无论一个人的天赋如何优异，外表或内心如何美好，也必须在他们德性的光辉照耀到他人身上发生了热力，再由感受他的热力的人把那热力反射到自己身上的时候，才会体会到他本身价值的存在。”

四、文化新人

1.青春的记忆·梦云——金国明油画展

2011年12月由刘海粟美术馆主办的“青春的记忆·梦云——金国明油画展”在上海刘海粟美术馆隆重开幕，展出了我在2005年后创作的七十余幅“梦云”系列油画作品。以自己心中之梦，以油画

惊蛰　纸本水彩　80cm×28cm　2016年

作品系列抒发“青春梦幻”的再现。画展场面宏大，整个大厅和外厅布满了我的画作，时任上海市委宣传部的新闻发言人陈启伟和文艺评论家郦国义、张立行、徐明松及著名画家王劼音、陈逸鸣、黄阿忠等嘉宾三百余人出席了开幕式。画展反响甚佳，刘海粟美术馆专门邀请评委会评审收藏我的油画。经美术馆艺术委员会评选《梦云系列No.177》被刘海粟美术馆收藏（收藏证书编号：1661）。上海电视台纪实频道《收藏》栏目还专题采访我，并拍摄了一部片名为《十年一梦——金国明的油画》的纪录片。片中的著名旅美油画家陈逸鸣先生谈到我时如此说：“国明与我很有缘，2005年我的画室搬到泰康路25号，不久国明也来了，我俩经常串门探讨艺术，国明是一位非常有天分的勤奋的画家……”

我认为无论个人的风格如何变化，基本功的练习必不可少，没有娴熟的技巧，就无法表达自己的思想，没有技术的支撑就没有写意和表现的境界。其实我的“梦云”系列画得并不快。我没有兴趣复制，因为我画的东西很难复制，那种激情迸发的灵感所留下的痕迹是刻骨铭心的。

2.上海文化新人

2011年我更是十分荣幸地登上了由上海市委宣传部指导、《文汇报》主办的“上海文化新人榜”。报道上了《文汇报》头版，此后得《新民晚报》《解放日报》等报刊相继报道，还被编入上海人民出版社出版的《上海文化新人榜》一书。这是我艺术人生中的第二个辉煌点！以下内容摘自2011年《上海文化新人榜》《文汇报》吴越采访报道：

《2011年上海文化新人榜——金国明：梦的三段论》

上榜理由：油画家，作品五次入选全国油画展。2004年获“全国优秀青年艺术家提名奖”。2005年在巴黎参加“法国艺术家沙龙”获铜奖提名。2009年获“全国优秀艺术家”称号并列全国油画排行榜前500名。作为上海书画出版社资深编辑，编辑出版三百余种

云雷婴啼　纸本水彩　110cm×40cm　2016年

美术类图书，曾获上海“银鸽奖”。

问答金国明

问：过去十年最高兴的事？

答：2005年参加世界知名画展“法国艺术家沙龙”，是唯一的中国画家；同年爱女出世，可谓双喜临门。

问：未来十年最想做的事？

答：通过新闻出版的平台为美术爱好者做好嫁衣，弘扬中国传统文化，出精品图书。开拓与坚持自己的艺术风格，创作出更好的艺术精品。

问：最享受的事？

答：开阔视野，采撷世界各地的风情，记录大自然中美的瞬间。

问：从业路上希望得到什么支持？

答：家庭的支持最重要，还有专业领域中前辈的关怀与扶持、社会各界所提供的宽阔平台。

金国明以“开会”的心情和我见面，他从挺括光亮的西裤口袋里掏出一叠巴掌大的纸片，照着纸上念，念得还不大顺溜。冒出来的词儿也都斟酌得很，像在总结汇报。临走前他把那叠纸片留给了我，诚恳地笑，说他不善言辞，把想的都写了下来，给我做参考。我忍不住问道：有没有人说你不像画家？他不紧不慢答道，有，还很多。那神色，与履历照片上初出道的单眼皮少年一样平静。

不知道金国明在他的田子坊画室里是否也这么中规中矩。五楼是田子坊里最高的楼层了，放眼望出去是他熟悉的红屋顶，好天气里，晴空瓦蓝，鸽子呢哝，咖啡烘香，熙攘游客织出暖暖市声，这让他在愉快中微醺。细雨斜时，一片静寂里，他又像是回到了浦东一户清代嘉道年间的老宅，那是他出生和度过童年的地方。他的习惯是即兴起画，拾起画笔，毫无预设地画下第一道油彩，慢慢建构，渐渐成形，密疏点染，意象往来，像骰子在碗底打转，最后转出个什么来，他也是看到才知道。

打开他这十年的画集，宛如窗边小诗般青春浪漫的气息与他的本人形象又发生了进一步的反差。画中人往往是一位高挑苗条的年

天高任鸟飞No.2　纸本水彩　110cm × 40cm　2016年

暴风雨　纸本水彩　110cm×40cm　2016年

轻女子，一头长发永远在阳光和风中飘着，骑着自行车，荡着小舟，采着野花，一个个明快、鲜艳、愉悦的梦，时间像是也睡着了，只有梦中的眼睛轻轻眨着。这组画了十年的主题，金国明命名为“梦云”系列。

一路走来，无论画什么，金国明说：他画的都是梦。往前看，少年金国明是以儿时熟悉的田野芬芳、水乡阡陌入“梦”的，由于受到中国“85新潮”的影响，他的梦做得少年老成。十七岁那年到绍兴柯桥写生，遇上一位浙江美术学院的老师也在速写，他刚想凑上去问问，对方就不客气地赶他走。这次刺激在金国明心中泛起的“冲击波”至今还在，他立志要从“业余”转为“专业”，第二年便辞去技工的岗位去考大学，为此付出近三千元的培养费，是某大型钢铁厂第一个主动辞职的职工。

考进上海师范大学美术系，开始做起了另一个梦。20世纪90年代的金国明，是以一系列怪诞、现代、超现实的形象入“梦”的，并赢得最初的声名。他给我看1993年的一幅产生过影响的作品：画中描绘着皇帝、宫女，也有拉二胡的洋人、吹笛子的圣母，众人背后有一架飞机的巨大投影，“传递着不稳定的、紧张的情绪”。为什么会变？金国明倒是很坦然：“一个画家的生活状态变了，他的画也会变的。”

金国明也不隐瞒，进入21世纪，他凭灵感抓住了经济发展的机遇，人生的境遇也由此突破了常规的发展，搬进了市中心的公寓。也就是从那时起，他画起了和以前迥然不同的梦境。“我轻松，我愉悦，我自由地做起了一连串美妙的浪漫的梦来，似南极洲的彩虹与霞光。”金国明说，他不知这个甜蜜温馨的梦什么时候结束，但他要尽力完整地记录。

这十年里，金国明像他的无数同龄人一样，在而立到不惑的路上尝到了事业上奋斗的成果和物质生活的提升。他的画也本能地记录了这一代人精神世界的物转星移——说是褪去了青涩也好，说是经济基础决定上层建筑也罢，他们的梦已变了一番景象。对照金国明的家庭照相簿，便可解开这些梦的秘密：长发高挑女子是他的妻子，嬉戏的少女是他的女儿；梦境的背景中常常闪现的屋宇是他心中的田园世界。2005年，金国明的作品入选“法国艺术家沙龙”，展方就评价说，他的作品青春浪漫，反映了中国“70后”生人的艺术和艺术理想。

金国明说他的“梦云”是眷恋当下的美好，也是隔着辛苦路回望曾经的青春。今天的画笔，终于可以从容淘洗出记忆中的昨日，似那般透明，单纯，蓬勃，如花开漫野，水流自在。他开玩笑说，几次画展开下来，发现四十到五十岁的中年女性最能感受他的“梦境”，对他画中青春的感觉“非常地向往”。

画了这么多年的“梦”，你究竟做不做梦？金国明碰到这个问题竟然有些不好意思，他说他没有神经衰弱，但经常做梦。“有好几次，梦中的天空上有极漂亮的画，我在梦中很赞叹，想着，醒来一定要把它们‘倒’出来，可是每次醒来都忘了。”他也做白日梦：这样的梦，要是每天做一个就好了。

六岁的女儿在作文里写道：“有时候我觉得爸爸很可爱。”

2011年12月31日结语：今天是2011年的最后一天，今年是值得回味的一年。我花了九个多月时间编辑出版了《梦云》画集，12月11日在刘海粟美术馆开了个展，并有幸荣登“上海文化新人榜”。这里我衷心感谢许多支持和帮助我的朋友们，是你们伴我走过2011年，新年伊始，我祝愿大家身体健康，共同开拓2012年的辉煌！

3.上海艺术新人大展

2012年元旦寄语：抛却凡尘琐事，天真也许未必是稚嫩，浪漫也并非日夜相伴，人与人之间可否回归淳朴，或许坦然、自然、悠然是最好的诠释。2012年我的梦想是多积善缘，沉淀性情，凝练心境，回归自然。

2012年2月10日，上海新春的第一场雪凌空飘下，昨晚还在怀念去年的大雪，今日竟然神奇般的灵验了。前些天画了两幅雪景的油画，看来天地与我心有灵犀。窗外树梢上的雪渐渐积起，与女儿一起堆雪人的时刻非常开心。2012年是我艺术人生中重要的一年，这一切犹如幸运之神降临一般，是天意。

2012年2月20日星期天的冬日阳光明媚绚丽，我和太太带上女儿到刘海粟美术馆去看“上海艺术新人大展”。我作为上榜的“上海文化新人”，参加了由上海市委宣传部指导、《文汇报》主办的“上海文化新人展演展示系列活动”之一的“上海艺术新人作品大展”。我选送的是尺寸为120厘米×200厘米的油画《我的女儿No.1》《我的女儿No.2》《我的女儿No.3》和220厘米×140厘米的油画《上海田子坊风情》，因此女儿在画里画

午夜惊雷　纸本水彩　110cm×20cm　2016年

外融为一体的场景，颇为引人入胜。或许二十年后再回首看这些瞬间的影像，我相信其中那令人心动的青春痕迹依旧感人，由此我的期许也将会变得更为持久。开幕式上时任上海市委宣传部部长的杨振武、副部长陈东与著名书画家陈佩秋、施大畏先生等莅临指导。时年已九十岁高龄的陈佩秋先生亲临展览现场，堪称是最耐心认真和最“挑剔”的观众，环绕展厅一圈却足足走了一个多小时，在每一幅参展作品前她都久久驻足，细细观看，还不时躬身将头凑近作品一侧的标牌，看看作品的名称和作者的名字，然后侧过脸来与身旁的作者亲切攀谈。这些足见市领导和老艺术家对扶植上海文化新人的关怀和支持。《文汇报》评论：“投一束光给初开的花！在文化艺术的百花园里，有许多‘追光灯没照到’的区域，许多人在寂寞中创造价值。甘于寂寞是奉献者的境界，但媒体不去关注、不向公众介绍他们创造的价值，那是失职。”

“薪火相传的美好前景——《上海文化新人榜》新书首发式暨青年文艺人才座谈会”在文新大厦举行。两代上海文化界的六十多位佼佼者汇聚一堂、热烈对话，彼此交流成长的经验、困惑和期望。他们说：“今天的文化新人将来就会是文化名人。”当时出席人员大都是全国著名的文化名人，如陈佩秋、施大畏、毛时安、奚美娟等。我的作品得到了社会各界的专家学者们的好评，相关媒体报道频出，并被编入上海人民出版社出版的《上海文化新人榜》一书中。

4.对话与共振——首届全国九省市艺术联展

2012年2月25日，我作为被《新闻晨报》推荐的上海画家代表之一参加了由全国九家主流媒体——《都市快报》《成都商报》《华商报》《南方都市报》《山东商报》《新闻晨报》《楚天都市报》《现代快报》《华商晨报》联合发起的“对话与共振——首届全国九省市艺术联展”。展览在淮海西路370号红坊国际文化艺术社区内的上海城市雕塑艺术中心揭幕。随后还将在济南、武汉、杭州、南京、沈阳等地继续巡展。

欧陆风情——奥地利维也纳　纸本水彩　154cm × 50cm　2016年

5.金国明油画展

2012年4月初我应“外滩22号”策划运营的上海美国商会总裁朱梅生先生的热情邀请，在那里做了个人画展。这是1906年建造的“沙逊大厦”，经过两三年的整修已焕然一新，浦江两岸的时尚繁华与百年的历史沧桑浑然一体，仿佛每一块石壁、台阶都能述说出一段动人的风云往事。13日，参加“外滩22号”晚会派对时巧遇华东师大设计学院院长魏劭农教授，好久不见的老魏很有决断力，当场与老板谈妥了将在这里举办学生毕业展的事情。

五、走向缤纷世界

1.法国秋季艺术沙龙

2012年10月23日上午8时，我携带油画《假面》与太太、表妹周秀环、诸勤夫妇从位于法国巴黎协和广场的康朋路旅馆出发，前往香榭丽舍大街大皇宫旁的“法国秋季艺术沙龙”展区。一大早从世界各地赶来的艺术家云集于此。整个路程只有十分钟，办好相关手续后开始布展。不辞劳苦不远万里从上海带去的镜框居然被告知不能用，原来法国的沙龙展中为了公平起见而一般不用外框装饰，这也是法国沙龙展的传统。因为豪华镜框并不适合周围的环境，所以只好随俗从简了。

24日晚上5时30分，第105届“法国秋季艺术沙龙”开幕，香榭丽舍大街门口已人头攒动开始排队进场。法国人喜欢凑热闹，看画展却非常体面，穿着考究，先生、夫人和小姐们个个时尚、摩登，这种对艺术尊重和热爱的态度是国内观众所无法比拟的，这骨子里由内及外的气质，学也学不像。画展里的作品风格迥异、精彩纷呈。法国人海纳百川，喜欢个性化，他们十分看重作品的观念与创意。首先我要感谢帮助我报名参展的老朋友法籍华裔画家孙信一先生，他是陆俨少、乔木的弟子，画得一手好山水，也精通《易经》。我就是用他在巴黎的家庭地址及支票到大皇宫的法国艺术家

紫云金龙　纸本水彩　110cm×40cm　2016年

协会报名的，经过半年多的等待，得知被法国艺术家协会评审团严格评审后胜出，并十分荣幸地被法国艺术家协会邀请参加晚宴。作品也刊登在展览画册中的表现主义名家栏里，得到了法国艺术家协会和各国参展艺术家们的褒扬与好评。这是我艺术人生中的第三个辉煌点。

这个一年一度的艺术盛会是在法国雕塑家罗丹和画家雷诺阿等人的倡导下，于1903年10月31日创办的。其最初目的是为落选法国官方绘画展览的艺术家提供展示作品的机会，以后逐渐成为推动法国现代艺术和发现艺术人才的重要活动。一百年来，为众多各种风格和流派的艺术家提供了展示作品的机会，使他们能得到公众的认识和认可，也让公众分享他们对世界和时代的艺术理解。这些展品一般由三十七位著名艺术家组成的评审团，以无记名投票方式从数千名候选人提交的作品中选定，基本反映了世界现代艺术的水平。早在2005年我便参加了著名的法国官方画展“法国艺术家沙龙”。我能有幸参加这两个著名画展或许是幸运女神赐给我的恩泽。

我的参展油画作品《假面》是1994年创作的，寓意丰富且具哲理的思想：人生会遇见许多人，每个人都戴了形形色色的面具，其实内心世界都不敢表露出来。人性有美好与丑恶，人与人的交往情感也不同。有的人像孙悟空那般会七十二变；有的人长着一副鬼脸，但是心地善良仁慈；有的人面桃花，但内心虚假冷酷。

2.“花神”咖啡馆

在巴黎期间，应法国著名艺术策展人Hanna之邀，我携夫人于2012年10月26日晚19:30与原“法国秋季艺术沙龙”主任Mpreno Pincas教授在咖啡馆见面。在法国巴黎，那些其貌不扬的小咖啡馆或许曾经是毕加索、达利、莫奈、肖邦、伏尔泰甚至拿破仑经常光顾的地方。徜徉在巴黎的“名人咖啡馆”之间，法国辉煌的文化、艺术与历史似乎触手可及。地处塞纳河左岸的“花神”咖啡馆是著名的咖啡馆之一，1865年开始营业，毕加索、萨特、布雷东等都在那里喝过咖啡。那天我带了两本个人画

山居悠远　纸本水彩　110cm×40cm　2016年

集赠送给他们，Mpreno Pincas教授非常仔细地翻阅了我的两本画册，对其中表现主义的画作大加赞赏，同时对我的人体油画写生作品很感兴趣，肯定了我的艺术实力与绘画技巧功底，并希望我创作新作品报名参加他组织的“大皇宫艺术沙龙展”。最后他期待我再创佳作：“金国明的艺术成果指日可待，艺术无偏见，我们更看重艺术家的个性与创意思想。”

这家著名的咖啡馆是过往艺术大师与各地艺术家们交流聚会的地方，许多艺术家都喜欢在这里喝咖啡聊天。现在，由Hanna朋友的女儿经营，咖啡馆菜单上的画作是她小时候的作品，确实很有艺术才华。Hanna感叹道：“她没有坚持下来，要不然到今天肯定很有成就，所以坚持艺术之路是很艰辛的，走自己的路难能可贵。”

3.艺术家的摇篮

漫步在法国巴黎充满艺术氛围的Quartier le Marais(马黑区)，它位于塞纳河右岸，西起蓬皮杜现代艺术中心，向东延伸至巴士底广场，堪称巴黎最古老和现代时尚相融合的区域。那种幽静和强烈的人文气息是任何地域都无法比拟的，看那粗粗细细的盘亘交错的线条是多么有张力，自然而强烈的逆光和近乎墨色的团块间闪烁着灵动的光斑，若隐若现中透出些许中世纪的建筑物；那种穿越历史的痕迹和划过天空的流星，使我一度陷入一种深深的莫名的思绪与情感之中。在参观法国蓬皮杜艺术文化中心时，我拜读欣赏了夏加尔的名作《埃菲尔铁塔的新郎与新娘》，因为我喜欢他的作品，他的精神世界与梦幻色彩，真是我的所思所想。夏加尔（Marc Chagall，1887－1985）是现代绘画史上卓越的大师。他的画中呈现出梦幻、象征性的手法与色彩，“超现实派”一词就是为了形容他的作品而创造出来的。

极少主义是20世纪60年代流行于西方的现代艺术流派，包括绘画和雕塑，其主要影响还在于雕塑方面。极少主义以色彩的自然属性平涂构成，简单明了，排除引起幻觉的艺术手法。然而我们国内有许多艺术家还在追随各种流派，并在不同的地域与各自领域中

听海　纸本水彩　110cm×40cm　2016年

独霸一方，压制天才与人才。走出去看看那些世界级艺术大师，原来你什么都不是。我曾在意大利拿坡里博物馆参观20世纪初大师作品时惊奇地发现“十字”系列、“狗”系列等作品早已经存在。我们不妨到美国纽约曼哈顿MoMA艺术中心与巴黎蓬比杜艺术中心去看看，所谓的当代中国著名画家的作品与大师作品相似的有多少?如我在巴黎蓬皮杜艺术文化中心看到赛·托姆布雷(Cy Twombly，1928–2011)的一幅巨大油画，标签上写“1962”，巨大的画面中有一只线条潦草的飞鸟。赛·托姆布雷是美国著名的抽象派艺术大师，1928年4月在美国弗吉尼亚州出生，原名埃德温·帕克·托姆布雷，他的抽象作品往往是将潦草书写、素描、词汇、涂鸦和油画相结合。然而中国云南一画家画的《鸟》与大师作品极为相似，曾拍出一百多万元人民币的价格。我真不敢相信我的眼睛是否已穿越时空，当许多中国当代画家夜郎自大并以抄袭或偷换国外大师作品为荣时，你们应该警醒自己的行为了！借鉴与学习是可取的，但是完全的照搬照抄则是要不得的！抄袭与复制更是当下最为卑劣的手段，需要人们去反省与思考。林语堂在《生活的艺术》中有句名言：“在艺术作品中，最富有意义的部分即是技巧以外的个性。”

走向世界艺术的中心是我梦寐以求的，初出茅庐的我能有幸参加2005年“法国艺术家沙龙”和2012年“法国秋季艺术沙龙”，内心欣喜异常。知晓世界艺术史的专家学者们都知道，这是世界美术史上著名的历史悠久的艺术展览，许多艺术大师都是从这里名扬世界的，因此法国是备受世界各国艺术家推崇的艺术中心，也是艺术家的摇篮。作为当代中国艺术家能在巴黎作为法国区参评入选参展的艺术家是荣耀的：“难道幸运之神真的会如此眷顾于我？”

这一系列的成绩，在别人看来确实是非常幸运，其实我想这应该是几十年来自身的努力与坚持不懈所酝酿发酵的厚积薄发罢了。以下摘自2012年由上海市文艺评论家协会张立行副主席的评论：

假面　布面油画　55cm×40cm×2（双联画）　1994年
2012年参展第105届“法国秋季艺术沙龙”

“70后”的青春记忆——谈金国明“梦云”系列油画作品

一代人有一代人的青春。就一个群体而言，一代人的青春虽有其共同的特质，而落实到具体的个人，每个人的青春又呈现出不同的风貌。

与其他年代的群体相比，“70后”可以说是十分幸运的。他们既没有像他们的前辈那样遭遇过匮乏物质的窘境，也不如他们的后辈为寻找到一个合适的生计需要付出如此的心力。他们成长于一个承前启后、千载难逢的变革转型年代，似乎每天都会有无数出人意料的大把的机会找上门来。只要有才华，肯努力，生活总是会还以他们丰厚的回报，成功的概率远远大于失败的可能。因此，他们的青春少了些许生活羁绊的痕迹，多了不少浪漫奔放的激情，显得更为多姿多彩。

作为1970年生人，金国明本人的经历恰好十分典型地印证了这些“70后”的青春特征。从工人、艺术院校学生到出版社编辑、油画家，金国明一路顺风顺水，步步踏准：得奖、成名（“上海文化新人”），刚迈入壮年之列，已在画坛上闯下一片“天地”。有时候，苦难固然是艺术的财富，但是，顺境也会令画家对艺术有一种超越功利的纯粹的追求。

金国明从步入而立至不惑之年间创作的“梦云”系列油画作品，按照画家自己的话说是“对过往青春的回忆”。这些作品的基调是温馨、浪漫、抒情的，入画的无论是少女、风景抑或建筑，似乎都罩上了一层梦幻般的色彩，予人以美不胜收、浮想联翩的审美愉悦。很显然，画家以他纯熟而丰富的艺术语汇准确地将他深藏在画面中的幸福感传递给了观众。这种幸福感，既属于他那已经过往的青春，也属于他如今渐入佳境的艺术人生。金国明这组“梦云”系列油画作品虽然是以他早年如火的青春岁月为题材，但是放笔画去，却是如此内敛，纯粹，冷静，不矫情，有回味。因此，他通过作品所表达的这种对青春记忆的幸福感才更厚实，才更具有艺术的说服力和感染力。恰如著名评论家徐明松先生所言：“金国明艺术上懂得收了，真正开始成熟了。”

云海梯田　纸本水彩　110cm × 40cm　2016年

第四章　绚丽的梦幻时空

一、时差之旅

2012年秋，我“时差”系列的第一幅油画作品诞生了。十月份我游历了美国纽约、波士顿等东部地区，回沪后的第二天就又马上飞赴法国巴黎参加第105届“法国秋季艺术沙龙”。反复交替的时差切换竟然硬生生地把我拉回到了20世纪90年代我的表现主义与超现实主义的思维模式中，这不仅仅是生理上的时差反应，而且是在精神层面上的时差转换与更迭，冥冥之中让我唤醒了“梦云”时代的那种青春浪漫的梦境。《时差No.1》的诞生纯属偶然，偶然也随之成为必然，回归本原与激情，随之第二幅、第三幅《时差》便自然而然地应运而生了。从数百幅“梦云”中走出来，重拾起20世纪90年代的内心世界，新表现主义的图式将开辟我新的艺术旅程——我的“时差”不是梦，追逐曾经的今天和未来的梦想是欢愉而有意义的。然而系列作品的创作过程是漫长而寂寥的，因为每幅作品所阐述的主题内容不一，所耗费的心力更是不言而喻的，要在纷繁嘈杂的都市空间里保持静谧之心是难能可贵的，抑或这也是一种别样的都市生活吧。其实“时差”系列每幅不尽相同，各有特点，表现形式手法多元，应时节境遇或情绪的波动等因素而随性所致。然而每一幅所呈现出来的内容景象却似我在不同时间和不同心境里所做的白日梦一般。三十多年的创作习惯使我在直面空白的画布时会产生一种亲切感和神秘感，我会直接而清晰地看到空白画布上所闪现的稍纵即逝的形象，随之凭记忆快速地勾描下来，也许这就是所谓的灵感吧！或许白天的冥想也会带来灵感，天马行空，任性而为。我认为让作品说起话来才是高级的，能和瞬间流逝无可复制的“心性”对话

秋归　纸本水彩　110cm × 40cm　2017年

是最具意味和永恒的。“时差”系列的一切似乎来得顺其自然，是与生俱来的潜意识，是时空的交错与心境的碰撞，是有意与无意的对白和思绪。时空轮回或许能超越一切想象力，也许就是打开未知世界的钥匙。而每一次华丽的转身，都是璀璨而炫目靓丽的——梦中春山不见人，一抹春风笔下情。在阳光灿烂的春风中翩翩起舞，三十余年艺术生涯如一日，心比天高，性如磐石。艺术从生活中来，艺术是生活的哲学。

二、精神与品格

寄情于山水之间，寄情于精神和品格之上。能与稍纵即逝的无可复制的心灵对白，这才是隽永可贵的。再回首，恍然如梦，一生何求，尽在青山秀水中……有时晚上我会梦见自己所绘的作品，非常绚丽美妙，但一觉醒来就完全忘记了画面的构图和内容。但凡在我精力充沛和激情昂扬时，灵感也将随之喷涌而出，面对空白的画布，我思如泉涌，挥洒自如，每当画面的雏形初显时便一鼓作气直至完稿。这也许是让我从“梦云”之梦蜕变到“时差”之梦的理由和契机，由内及外让我重新审视自己——心灵澄澈，万物灵动；心无旁骛，静谧自省。随着时间的推移和心境的转变，每幅作品的意境也不尽相同。我想表达的是一个浪漫温馨的梦境，在自由想象的空间里神游，开辟一个崭新的五彩缤纷的世外桃源。当我画完“梦云”系列的收官之作《梦云桥》后就顺理成章地提醒自己：“接下来的岁月里要画‘时差’系列了，这是跨越我十年来‘梦云’系列组画的桥梁。十年前创作此系列，一反我在20世纪90年代激情而光怪陆离的表现主义风格。十年后伴随着青春感悟，由‘时差’系列重拾起了我的表现主义思绪。是生活的感知，是岁月的沉淀，是梦幻中的醒悟，心中逸趣跃然画布之上。能表达出我与生俱来的原始初衷的思绪才是我想要的作品，让作品说起话来是高级的，而无可复制的心性才是永恒的。时空轮回或许超越一切想象力，也许是打开未知空间和未来世界的钥匙。”

满园春色　纸本水彩　110cm × 40cm　2016年

国明的世界——梦云系列No.14　布面油画　100cm×80cm　2005年　参展"2005年法国艺术家沙龙"

记得著名画家王向明老师在二十五年前对我说的一段话："一个画家不怕没人关注，也许十年或几十年，贵在坚持！当人们看到你满屋子的作品时，那么你就会走得更远。"可以说今天这个目标我已经实现了一半，创作了数千幅作品。

著名美术评论家、画家邵琦教授说："当今没有人可以靠一幅画或一个展览而一夜成名，只有滴水成渠才能成功！"心若飞翔，无限光芒；志存高远，意守平常。

当今在纷繁嘈杂的都市里要坚守与保持静谧之心是不易的。有一些画家哗众取宠地寻找社会热点搞些所谓的艺术，凑热度，不管好坏，只要谁出名了就去画他，以此博取大众的视点，热衷于追星式的行为艺术，像"狗仔队"般用画笔代替相机。虽有从事艺术之名，事实上却真实反映出他们的急躁与虚荣。纵然他画得技巧很高超，画面很震撼，但我认为这还是不可取的。艺术家的行为是一世的修为所得，要有鲜明健康的个性和自我，心如明镜、返璞归真才能出佳作。

著名画家苏剑秋先生在2012年的《新民晚报·夜光杯》栏目中写了一篇关于我的评论文章：

梦把心牵住

2012年“上海书展”上，偶遇去年荣获“上海文化新人”的画家金国明，得知他将于10月下旬前往法国巴黎参加“法国秋季艺术沙龙”，真为他高兴！

金国明从油画专业研究生毕业后，一直活跃在油画创作的舞台上，可以讲收获颇丰硕果累累。每每读到他的油画作品，便会产生一种莫名的向往，这种向往令人开启想象的空间，是梦境，是纯粹，是精神焕发。绘画作品的成功要素是触及人的灵魂，也许金国明正是这样早早地领悟到绘画与心灵世界间的内在沟通。

油画艺术与中国画在精神层面上本质里是互通相融的。中国画讲究意到，油画则必须情到，金国明深知油画艺术作为外来画种，处理恰当叠加中国传统文化涵养，照样可以画到意出情致。我真佩服他的耐受力，想想也是，这么多人在拨弄画笔，各种流派纷呈，守得住的人必成大器。他的低调成就了作品的高格。2005年他首次参加“法国艺术家沙龙”画展就受到法国艺术家协会的褒扬，今年又一次以佳作入选世界著名的“法国秋季艺术沙龙”。

在过去的十年中，金国明游历欧亚大陆徒步旅行写生，怀着对艺术的追求，兴奋愉悦，当然也吃了不少苦，回头想想都是值得的。当重新回到画室，面对架上油画创作，我看出他又是异常的淡定冷静，其实他是个十分“内敛”的人，面对利益诱惑他泰然处之。他是一个对艺术十分有讲究的人，这也是我喜欢他作品的理由。

金国明的作品宁静悠远，艳而不俗，他的思绪热闹纷呈，而他的内心很是寂寞，这才是金国明与作品要告诉我们的真正内涵。

上　心乡　纸本水彩　27cm × 39cm　2013年
中　早春二月　纸本水彩　27cm × 39cm　2011年
下　故乡　纸本水彩　27cm × 39cm　2014年

值得一提的是，2013年1月网上有位“音画”创作者天成先生看到《新民晚报·夜光杯》中写我的文章后就谱写了一首歌曲在网上发布：

《他怀揣艺术追求》——他勾画一片传统民居，映衬着几座现代高楼。绿树环绕的上海田子坊，风情万种跃然在眼眸。啊！岁月蹉跎，梦依旧。他耐住寂寞，苦度春秋。往日徒步旅行欧亚写生，只因怀揣艺术追求。他描绘一幅美丽社区，思念着几多亲密好友。红瓦铺盖的上海田子坊，温馨无限洋溢在心头。啊！前途坎坷，爱依旧。他淡泊名利，拒绝引诱。如今挥笔创作都市形象，已然取得辉煌成就！

万仞之巅，高瞻远瞩。无论荆棘与坦途，无论严寒与酷暑，无论愉悦和惆怅。这是一种宣泄，一种情怀，一种境界，一种精神，一种品格。

三、博观而约取

著名画家王劼音教授曾经对我说：“小金，要画一些人家看不懂的东西。”我深知这句话的内涵和信息量是非常大的，因此寻找到自己合适的语言是关键，善于取舍和坚持突破才是明智之举。

2016年我作为上海师范大学校友会理事受邀参加校庆活动，在校园里碰到美术学院的著名油画家刘大鸿教授，他非常热情地握着我的手说：“我一直看到你在美术专业杂志上发表作品，长年累月坚持下来不容易的，多努力！”

回首往事是多么地开心和亲切自然！因此，与其说是而立之年我做了一个青春浪漫的充满理想与追求的黄粱美梦，还不如说是步入不惑之年的我在梦醒之后又做起了一个时空多元的繁复冗长的立体之梦。坚持与忍耐的意志不断地激励着我向前走……不惑之年的我已梦想成真，而梦醒后又有一个梦。“知天命”的我又做起了中国艺术家的梦，做起了走向世界的梦！追逐曾经的、今天的和未来的梦想是欢愉而有意义的……

紫藤　纸本水彩　110cm × 40cm　2016年

如今的我正在慢慢地蜕变，像蚕蛹一般破茧而出，化作轻盈绚丽的彩蝶，飞向天空。生与死，快与慢，进与退，光与影，稍纵即逝……生命的意义在于有创新精神，善于捕捉辉煌的瞬间，或闪耀，或澎湃，或激情，或沸腾，在天马行空中像苍鹰一般地翱翔，在波澜壮阔的大洋中就似海豚般无拘无束地游弋、穿梭着。这绝对是一个艺术家倔强而自恋的独白，独自享受着编织梦境的乐趣和过程。因为光怪陆离和古灵精怪的梦境世界里有我的梦想，追逐梦想，放飞性情，直视自我的内心表白。我深信所有的一切不会无缘无故地出现，从来就不曾后悔，从没有过多的奢望，从不求深情的知音。只有出现在生命中的七彩云霞，令人神往，并沉浸在个体自我的陶醉之中无限遐想。深信只有辛勤耕耘与坚守梦想，才能唤出一片彩霞。

我的“时差”系列系灵感所赐，无拘无束。从“梦云”系列中热情洋溢的浪漫主义情怀逐渐切换至梦幻般的时空转换的“时差”系列中，一切都是那么自然而然地演绎变幻着。而“时差”系列将是我未来的下一个辉煌和艺术主旋律，以此奏响华彩乐章，开启艺术之门；犹如一段奔放不羁的摇滚乐，或轻吟，或激荡，或抒情，一切源自内心深处，来自生活感悟。黑格尔说：“艺术的价值就在于借助外在物质形式显示一种内在的生气、感情、灵魂、风格和精神，这就是我们所说的艺术作品的意蕴。”而“时差”系列的未来将组合成一部规模宏大的交响乐！演绎表现主义的精神与品格，踏上梦幻绚丽的时空之旅。

持之以恒，积淀性情，博观而约取，期待厚积薄发的那一刻。

2019年10月16日于上海师范大学美术学院做专题讲座

法国圣米歇尔山　纸本水彩　154cm×50cm　2016年

第五章 艺术从生活中来

一、拥抱自然

2013年，我担任了《海派百年代表画家系列作品集》中《刘海粟》一书的责任编辑。图书出版后的某晚，我与海派书画名家陆康、张伟生和刘海粟爱女刘蟾老师小聚，听陆老师惟妙惟肖地描述了海粟大师对他经常说的一句话：“自然点啊……”声情并茂地再现了大师的点化之语。我被深深地震撼了！这仿佛也是对我说的，隔代相传，受益匪浅！确实在生活中有时我还是太拘谨了，或许这影响到了我的创作风格，崇尚自然首先要从小处着眼，以小见大的道理还是明了的。今后，我仍将会一如既往地创作自然界中美好的事物。我也十分享受感悟艺术和迷恋于生活中所带来的那种自然成趣的状态，这或许已经成为我的一种生活状态和习惯吧。

2012年，五一假期我太太带着女儿驱车至上海松江郊区游玩，从乡间农家觅得若干丝瓜秧苗，傍晚我便把丝瓜秧种在阳台的花盆里。居于“钢筋水泥”城市中的我会常想起小时候的那种乡野情趣。在我的记忆中最喜欢的两道上海本帮菜是“丝瓜炒蛋”和“红烧茄子”，那是回味无穷的小时候的味道。每当春风拂面时，家里的庭院中央总会留出一块泥土种上几棵丝瓜秧，待夏季阳光明媚时摘下几根时鲜的嫩丝瓜，炒上一盘喷香的“丝瓜炒蛋”来。因此我非常喜欢丝瓜淡淡的清香味儿，喜欢看嫩黄色的鲜花蕊，更喜欢满园的草绿色。宋朝杜北山诗云：“数日雨晴秋草长，丝瓜沿上瓦墙生。”待到黄花蔓藤缠绕瓜熟时，再随着思绪回味起这番“野趣乡情”——这又何尝不是我记忆中儿时的水乡情结？

瑰丽上海　纸本水彩　110cm × 40cm　2017年

艺术的灵感源自自然界中各种情趣的体验，艺术家要走进自然，并在生活过程中不断实践和磨炼。因此，我从周游世界各地开始，体验大自然中的各种不同的风土人情，从中汲取艺术灵感和养分。时间一长便会有胸中有景、笔下生景之境界。

1.七彩云南

2012年4月中旬，我去了云南省的昆明、大理、丽江等地，印象中的云南与现实总有些许差别，不太适应干燥的亚热带气候。我对昆明与大理的最初感觉与神往源于金庸先生的《天龙八部》，如今旅游业红红火火刻意斧凿修饰，昔日的茶马古道却难以修旧如旧，历史遗存缺失古韵矣！大理的山连绵不断，大理的白云神秘梦幻。丽江是近年来文人骚客隐居或度假的栖息地，它仍旧像虞美人一般妩媚，傍晚华灯初上时，震耳欲聋的酒吧风情街却十分令人难忘。玉龙雪山那雄伟的飒爽英姿是如此的楚楚动人，远眺更是赏心悦目。我就在山脚下写生，静静地思考并飞速地记录着刹那间的感觉。苍鹰在空中盘旋翱翔，而我恬淡的心绪也为之绵延悠远起来。

2.美国之行

2012年10月，我踏进了世界上最具声望的位于美国纽约市曼哈顿城边高地的哥伦比亚大学（Columbia University）校园，感到无比激动与好奇。寻觅着校园里的一间间教室，观察着来来往往的学生。想象着若能在哥伦比亚大学艺术学院里听一堂课该有多好啊！

纽约的繁华令人炫目。当我走进世界上最杰出的现代艺术收藏博物馆之一的The Museum of Modern Art时，被如此宏大的展览空间震撼了，我们一层一层地参观19世纪以来的绘画和雕塑作品，这里有多达十余万件的藏品，尤以早期现代派艺术大师的作品为最多。我们又去了大都会艺术博物馆，欣赏了馆藏的欧洲13世纪至20世纪的绘画，以及埃及、美索不达米亚、伊朗、埃特鲁斯坎、希腊、罗马的陶器、壁画、雕刻和其他工艺品，还有来自中国、印度、日本的绘画、

美丽的新西兰　纸本水彩　154cm×50cm　2017年

雕塑和工艺美术等。

几天后我们从纽约租了一辆七座“道奇”车前往波士顿，途经新罕布什尔州的白山（White Mountain）国家森林公园，那里以优美的乡村风光、秋天赏枫和冬天滑雪而闻名，许多人都以到过那里赏枫树为荣。每年都吸引着大批来自世界各地的旅游者。然而在途中突发了交通事故，我驾车奔驰在高速上，由于前面的车突然改道，我正准备减速变道，哪里料到后面一辆红色跑车高速急赶，反光镜中只见火花腾起，耳边听到爆裂声。也许是本能反应，情急之中我加大油门朝前开，稍后就靠边停车了，幸好车上人没事。只见后面的跑车下来一位高挑的美女军官，急切地问讯是否有人受伤。我的车只是轻轻擦了一下并没留下什么痕迹，但是美女的跑车氙气大灯破碎了。人生地不熟，我想

2012年在美国白山国家森林公园合影

崇明西沙湿地　纸本水彩（双联画）　28cm × 79cm × 2　2016年

2012年女儿在波士顿公园内九只鸭子的雕塑边留影

麻烦大了。那美女说她是美军基地的，是她追尾了自己负责，大家各自有保险，不用找警察了。庆幸！这何尝不是我们所想的，不过确实也吓着我们了，真是有惊无险。

我们继续一路前行，途经罗德岛州，它是美国最小的一个州。罗德岛上有一条海滨大道，沿路有许多豪宅，有些后院大得超乎想象，全美著名的豪宅就在此处。这里也有创建于1877年的罗德岛设计学院（简称RISD），至今已有一百四十多年的历史，是美国排名第一且享誉全球的著名艺术院校。到达波士顿后我们直奔波士顿公园，只为女儿要去看公园内的九只鸭子的雕塑——一只“鸭妈妈”和八只“鸭宝宝”，每只小鸭子憨态可掬，它们高高兴兴地跟着妈妈闯世界。在家时女儿就已经读过了儿童作家Robert McCloskey在1941年出版的著名绘本《让路给小鸭子》（Make Way for Ducklings），故事的背景就是波士顿公园。

接着我们来到闻名全球的哈佛大学，它是英国移民仿照剑桥大学筹建的美国第一所高等学府。哈佛大学的名字是为了感谢1638年一位名叫约翰·哈佛的牧师对学校的慷慨捐助。我们抱着女儿在校园内的一尊哈佛先生的塑像下合影留念。这个雕像虽然以哈佛先生命名，但雕刻的并不是哈佛先生本人。更有趣的是塑像的左脚黄灿灿的，光可鉴人，因为据说学生摸一下左脚就会在考试中交好运。

参观波士顿美术博物馆是我们此行的主要目的，它位于美国波士顿亨廷顿大街465号，是新英格兰地区乃至全美境内的艺术

南国大叻　纸本水彩　18cm × 79cm　2018年

雪域　纸本水彩　18cm × 79cm　2018年

博物馆重镇。该馆收藏广泛，从古埃及、两河流域考古文化遗存，到希腊、罗马文明欧洲各个时期的绘画流派作品，以及东亚、印度的古代艺术品都有收藏。这里有唐代阎立本《历代帝王图》、五代黄居寀《杏花鹦鹉图》、宋徽宗《捣练图》《五色鹦鹉图卷》、宋代杨士贤《赤壁图卷》和明代仇英《弹箜篌图轴》等中国文物，放了十个大厅，看到如此多的海外遗珍不由感慨万千。

3.漫步法国

刚刚从美国回上海，时差还没倒好就又飞到巴黎。好几次来到巴黎我都是走马观花、蜻蜓点水，这次借参加画展之机好好逛逛。2012年10月29日我与太太从三区史特拉斯堡大街乘地铁到拉德芳斯，拉德芳斯是巴黎现代建筑的代表，也是巴黎购物中心之一。我们从拉德芳斯向东漫步，远眺凯旋门，目标香榭丽舍大街（Les Champs-Elysées）大皇宫，一路休闲漫步约两个半小时才能走到。十多天里我们踏遍了巴黎的每个角落，到巴黎多次，这次总算可以初步了解巴黎的风情了。比较喜欢逛巴黎北部有名的大型二手市场，不过这个区比较乱，得小心谨慎。而我更喜欢马黑区的宁静与法式情怀。我对太太说："以后想来喝杯法国咖啡时就随时飞过来，坐在街边悠闲地聊聊天、发发呆。"那才是人生中一大快事！

4.韩国之旅

2013年我们一家乘海洋水手号邮轮赴韩国度假。邮轮旅行在国外并不鲜见，最享受与惬意轻松的莫过于海上旅行了。站在十二层的甲板上远眺蔚蓝的大海，蓬勃壮观，视野开阔！第一次发现海平线是圆弧形的，这或许是站得高、看得远的缘故。韩国并没有想象中那般绚丽，不知为什么有那么多的"韩迷"与"星迷"。釜山是出韩星的摇篮，年轻的男女青年90%都是几个标准模子里浇铸出来的。偌大的免税店里涌入了众多富有的"蝗虫"进行大量的采购。赌场里一掷千金的富婆、"款爷"心甘情愿地献上大把的

"绿钞"。丽水市(YOSU)位于韩国南海岸中心，是韩国全罗南道的第二大城市。这是一个非常美丽的城市，风景秀丽，四面环山，有着典型的海洋性气候，类似我国的浙西地区，是天然的氧吧。值得回味的仍然是邮轮的服务——适合老人与小孩的旅行，惬意休闲地躲在大海上漂泊几天，舒缓尘世间的压力与喧嚣。

5.游走新、澳

2013年5月我又去了新西兰、澳大利亚采风。先到了美丽的新西兰——多么绚丽的色彩，梦幻的森林，壮丽的山河，一切是那么地原生态，呼吸着自然清新的空气，激发了我的灵感。奥克兰（Auckland）是新西兰第一大城市，位于新西兰北岛，是全国工业、商业和经济贸易中心。它拥有56个小岛，一半是内陆城镇，一半是海边城镇，使之成为一个多元化的水世界。这里有大片的绿草地，有梦幻般的云彩，神秘而纯净的空间让人遐想无限。22日，我们从奥克兰飞往新西兰南岛的皇后镇(Queenstown)。刚下飞机立刻被瑰丽奇秀的风光和险峻的地貌所吸引。小镇宁静幽雅，清新怡人。远山白雪皑皑，湖水碧绿悠远，是电影《魔戒》的重要取景地。这里雪山巍峨、湖水深邃、森林苍郁、草原辽阔，云层漂浮于山腰间，恰似人间仙境一般。而我已用画笔将此景永远留存下来。《魔戒》这部充满魔幻色彩的英国史诗小说，也使人们为新西兰的梦幻景致所震撼。白雪皑皑的山峰、梦幻的蓝色湖泊、壮丽的冰川、开阔的平原，让新西兰从此拥有了"中土世界"的名字。其拍摄外景点一共有一百五十多处，而其中皇后镇和峡湾一带是主要外景地之一。皇后镇有座著名的"二婚"教堂，许多"二婚"夫妇喜欢在这里举行"二婚"婚礼，映入眼帘的是贴在教堂门口的一幅图片，其中有来自中国的一位姓姚的女影星与其导演的婚纱照。新西兰婚礼新娘穿白婚纱，而伴娘穿黑婚纱。富有的"二婚"们都喜欢在此庆典，并在风景如画的国度里欢度蜜月。牧羊人教堂(Church of the Good Shepherd)位于新

上　台湾垦丁　纸本水彩　40cm×30cm　2015年

下　我的大学　布面油画　50cm×40cm　2014年

台北淡水No.1　纸本水彩　30cm × 40cm　2015年

台北淡水No.3　纸本水彩　30cm × 40cm　2015年

西兰南岛蒂卡波湖(Lake Tekapo)东侧，是一座石头砌成的古朴教堂，和附近的牧羊犬铜像一样，是蒂卡波湖口的标志。这里四面环山，湖光山水景色优美。因为它是库克山区唯一的教堂，常有人在这里结婚，山盟海誓白头到老。远处高大的南阿尔卑斯山脉露出云端，流光溢彩，恬美静雅。

23日，我们从皇后镇出发，一路向北后到达箭镇（Arrowtown），当地以秋天的落英美景、黄金开采历史和古建筑闻名于世。每年四五月份，随着冬季的临近，落叶乔木的树叶开始变得绚烂多彩。河边的华人区由中国矿工于1868年建设。早上八九点钟时天气很冷，我在山坡上选好角度画下了此景。在街上的商店里摆放着各种纪念品，还有原矿金沙等，很遗憾我没有捎上那个价值七千五百新元的“狗头金”挂件，同伴中有位识货的，他劝我买，当时我也只是犹豫了一下，却被另一位游客后来居上，因此走过路过不要错过不是一句空话。新西兰南岛西南端的“米佛峡湾”（Milford Sound）国家公园是风景区中规模最大的峡湾，同时也是最完美地保存了新西兰自然景观的一处峡湾，被英国作家吉普林（Rudyard Kipling）誉为“世界第八大奇观”。我们乘船游览“米佛峡湾”，峡湾两岸是陡峭的岩壁，岩壁上有雄性小海豹在晒太阳，非常可爱！

24日上午，我们中国代表团来到美丽的新西兰基督城（Christchurch）参观中国人民的老朋友路易·艾黎的家乡斯普林菲尔德小镇（Springfield），瞻仰了路易·艾黎的艺术长廊与纪念石碑，并向路易·艾黎父亲创办的斯普林菲尔德学校（Springfield School）以及路易·艾黎就读过的中学赠送了我创作的《路易·艾黎》作品图片。基督城位于新西兰南岛东岸，是花园之城，也是新西兰第三大城市和南岛最大的城市。雅芳河（Avon River）绕着花园流淌，两岸树木翠绿，环境恬静。在河堤岸边漫步或野餐，忘却城市喧嚣，尽情享受休闲宁静的生活。这次到新西兰基督城（Christchurch）有幸结识了王珑先生（Mark Wang），他很热情地陪我们在当地游览。十多年前他到新西兰，经过多年的积累在当地建立了较好的人

台北北投　纸本水彩　30cm×40cm　2015年

台北北投一角　纸本水彩　30cm×40cm　2015年

脉关系，也是有缘，2017年12月重游基督城时我们再次相见。傍晚我们参加了新中友好协会年会开幕式，新西兰基督城市长Bob Parker致辞并欢迎我们的交流访问。中国驻克赖斯特彻奇首任总领事谭秀甜高度评价我们出访新西兰，我作为团长详细汇报了这次来访的目的与任务。她说："用文化交流作为民间外交的方式，你们做得很棒、很精彩！"这是穿越时空连接新中友好纽带之旅，增进民间外交友谊！机缘巧合，2017年4月21日，我们在北京人民大会堂的纪念活动会场相聚，7月和12月我们又在上海和北京重逢，从此便结下了深厚的友谊。谭秀甜、张继春夫妇还回赠我一块巴基斯坦玉璧，她说这个象征着我们的友谊像玉璧一样高洁。

2013年5月26日，我们从新西兰飞到澳大利亚悉尼，这里有著名的鱼市场，非常热闹，楼下主要是大排档，生猛海鲜随意挑选，价格便宜。楼上是饭店，价钱比较贵，但环境幽雅。来这里咱也做一回大爷，每人平均消费200澳元，游客都要预约进店。第二天我们驱车两个半小时到澳大利亚悉尼城外卧龙岗，领略太平洋风光，Austinmer海滩是全新南威尔士州最美丽的海滩，远处的卧龙岗灯塔若隐若现。途径华人经营的Jasper Intl Trading Pty国际免税店，当地称土特产店，不过到此类店里消费就要特别小心了。

28日上午，我们从墨尔本始发驱车300公里一路欣赏大洋路的美景。澳大利亚大洋路是维多利亚绮丽的西南海岸线，在标志性的冲浪地点拜耳斯海滩（Bells Beach）欣赏动人心魄的巨浪。十二门徒(Twelve Apostles)在南大洋(Southern Ocean)的波涛中巍然耸立。到达海滩后我用很短的时间写生了一幅水彩，有此收获，顿觉神清气爽。国画与水彩不同，韵味也不同，色彩明丽轻快是水彩的特点，而这些水彩只能作为速写小品，一般是二三十分钟，有的只有十几分钟。我画得很快，落笔定稿，稍微做些细节刻画。水彩之旅丰富多彩，作为写生素材融入油画创作中，因此我外出游玩时必携带简便的水彩工具，把旅途中的风情逐一描绘下来。

台湾垦丁　纸本水彩　30cm × 40cm　2015年

台南竹筏港　纸本水彩　30cm × 40cm　2015年

6.草原之歌

2014年至2015年我携妻带女到中国香港和内蒙古等地采风。香港去了很多次，每次都会有不同的感受。然而令我感受颇深的还是内蒙古的草原情怀，我们与朋友一家飞到内蒙古海拉尔机场后租了一辆越野车，从海拉尔开到呼伦贝尔、呼和诺尔、额尔古纳河、恩和、室韦、临江，再折回海拉尔到阿尔山，我们围着中、俄、蒙边境来回跑了将近一千多公里。对草原的最初认识是在小学语文课上读到的《草原英雄小姐妹》。1964年2月9日，一场罕见的暴风雪袭击了内蒙古达尔罕茂明安草原。蒙古族少女龙梅和玉荣为生产队放羊时遭遇暴风雪，为使集体财产免受损失，两人始终追赶羊群，直至晕倒在雪地里，被救醒后她俩因严重冻伤而截肢，后被誉为“草原英雄小姐妹”。怀着对草原的敬畏与向往，旅途中我们开着车一路上听着草原之歌，用120码的速度奔驰在一望无际的大草原上。我

2015年7月于内蒙古合影

台湾垦丁　纸本水彩　30cm×40cm　2015年

台北淡水No.2　纸本水彩　30cm×40cm　2015年

们追逐着蓝天白云，欢快地飞驰在空旷的原野上，领略着内蒙古草原的风土人情，感受着暴风雨来袭时电闪雷鸣的瞬间，欣赏着雨过天晴后的七色彩虹。每到一处我都会停下来用画笔记录下我对草原的深情和留恋。

7.台湾之恋

2015年我去了中国台湾，还有甘肃兰州、敦煌、张掖、山丹和青海西宁，以及福建厦门、古田、长汀等地采风，画了许多小品。不管我走到哪里，总有我喜欢看的景物，所经之处我都留下了对大自然的感悟和体会。我用最简便的水彩画工具记录下旅途的点点滴滴，用艺术的视角来审视各地的风土人情。观察世界的方法有很多，而我喜欢用感性的方法来记录这个既熟悉又陌生的世界，或雅致美丽令人激动，或俊俏伟岸使人肃然，或悠扬轻慢让人遐思神往。我所记录的是直觉，所写入的是心灵，所回味的是情与景的融合。因为我画出的是对大自然的心灵感应——与自然对话。艺术家离不开对生活的真切体验与阳光雨露的浸润，由此艺术创作的源泉便会汩汩溢出，拾掇心情，记忆恒久。

习惯成自然，作为一种“有色日记”也别有一番情趣。特别是对一些异域风情颇有感触时，我大都会用这种方式来抒发内心的情感，长年累月，权当是收获了一分愉悦的心情。

台湾对我来说既熟悉又陌生，熟悉的是我从小就知晓台湾是祖国的第一宝岛，陌生的是我对它没有直观的概念。在我近十年游历世界各地的旅程中竟然忽视了中国宝岛的风土人情。这次小女期末放假就准备全家去宝岛看看，一切繁复的“自由行”手续全由太太做功课完成，而我的心不在焉也与母女俩的兴致勃勃似乎有些许反差。

普吉岛No.1　纸本水彩　40cm×110cm　2016年

2015年1月25日我们便搭上了复兴航空的飞机到达了台北松山机场，从上海到台北只用了一个半小时，这让我很惊讶！原来台北就在我们身边，而我竟从来没有关注过它，原本的无知逐渐演绎成了强烈的探求欲望，似欲破解心中那份禁锢的神秘感。

踏上这块宝地我始终用一种复杂的比较心态来完成我的宝岛游，对历史的比照、对人文的比照、对地域生活的比照。而这种比较其实就是挑战个人的价值取向。首入眼帘的是台北城市的面貌，用干净精致来形容绝不为过。得天独厚的地理环境，有山有水，这种感觉与日、韩城市极为相近。虽然台北没有像上海那样鳞次栉比的高楼大厦和繁密穿梭的人群，但别样的景致却井然有序，街区整洁干净；虽然各种各样的广告招牌穿插在陈旧的大楼中间，但不会让人觉得凌乱无序。其中的原因之一是色彩的搭配非常和谐，广告招牌上的繁体字是多么好看，排版设计也时尚大气。而大陆的广告招牌相较之下做得略显俗气，大红大绿，不入格调。这种普通的公共景观标志其实就是城市的颜色与符号，它是一种人文色彩，一种文明素养，一种城市的节奏感。

台北的很多夜市也很出名，如宁夏路夜市、士林夜市等，各种各样的美食小吃琳琅满目，价廉物美。所谓夜市就是我们的夜排档，现吃现做，有海鲜烧烤、水果拼盘、米面炒菜等等，摩肩接踵，人头攒动。毫无疑问我们一家也吃得其乐融融，手里自然也多了几个纸袋，为何没有垃圾桶？我不好意思乱丢，因为没人乱丢。不久，一路吃来越积越多，实在忍不住问了路人，他们说台北实行“垃圾不落地”，吃完这家把垃圾还给下家的摊主收起，恍然大悟！怪不得地上十分干净。原来，城市的洁净就是从这样的习惯得来的。传统美德的习惯延续至今，是一个城市的素养！走走停停看看，累了，忍不住想抽根烟，哇！全面禁烟呵！到处不能吸，这里真是戒烟的好地方。

“冬季到台北来看雨，梦是唯一的行李……”果然如此，冬季的台北多雨阴冷，雨伞不离身。但雨不大，就是毛毛雨，别具浪漫。

台湾的衣食住行与大陆极为相似，衣、食、行很便宜，但住房较贵。我特地留意了台北的房价与物价，台湾的一坪相当于3.3平

普吉岛No.2　纸本水彩　40cm × 110cm　2016年

方米，一元人民币相当于五元左右台币。台北的房价同上海差不多，一千万台币以下的住宅在台北比较难找，有也是老而小的房，一般普通的都在二三千万台币，豪宅从五千万到一亿元台币都有。一般公务员月薪基本在五万至十万台币之间，当地大学生就业形势不容乐观，有三万台币已经不错了。据当地人介绍说，这里的夜市有三分之一是大学毕业生来创业打工的。

有了浪漫的心情自然也有了我的鲜活水灵的水彩速写。每到一处陌生的地方，我都会随身带上画具，用好奇和好“色”的眼光去观察世界，用灵动的画笔来记录人生。自由行的好处就是走走歇歇，收放自如；缓解压力，调节身心。所以台北的阳明山、象山、大安森林公园、北投温泉、观音山、淡水、台北故宫博物院等美景都进驻了我的画面，我对小女开玩笑地说：“我们观光消费拉动了宝岛的‘GDP’，而爸爸把宝岛的美景也捎了回来，大家都不吃亏。”我的心情是愉悦的，我的色彩是明亮的，我的梦想从这里延续……

因为是自由行，出门就要找车，离不开交通工具。在台北比较方便，捷运四通八达，地铁里人们有序自觉地等候排队上车，车上有蓝色的专给老人、孕妇、体弱病人的博爱座位，哪怕它一直是空着，也从没看到有年轻人会上去抢座位。花一百元台币押金买张悠悠卡，可以走遍各个角落。由于我们的驾照在这里不能使用，因此走得比较远的话就需要包车游玩。三千元台币包车前往郊区的野柳、金瓜石、九份等，一路上司机大哥兼做导游陪伴游玩。司机大哥非常客气有礼貌，不厌其烦地为我们服务，在和谐愉快的沟通中让我们了解本地的风土人情。

离开台北，我们乘坐驶往高雄的高铁，从北到南四百多公里，台湾就这么大。到高雄后，预定的包车早已等着我们，直接拉着我们到美丽的海滨度假区屏东县垦丁，包车只用了两千元台币，司机张美玲小姐是高雄人，非常热情，介绍我们在路边买便宜的莲雾吃，指给我们看地里刚长出来的凤梨。我们一家三口先到垦丁的海洋生物馆，因为我们预定了夜宿海洋生物馆，与企鹅同眠。这个项目非常热门，需要提前好几个月预定，而且花费比较贵，一晚上也要一千三百五十元人民币。不要以为待遇

台湾屏东县垦丁　纸本水彩　30cm×40cm　2015年

台湾大安森林公园　纸本水彩　30cm×40cm　2015年

会很好，其实设施很简陋，晚上10点自己打地铺睡在企鹅馆内，主要是让小孩了解海洋生物知识，和海洋生物近距离接触。参加体验的都是台湾家庭，有的带孩子夜宿已好几次了，我们大陆来的很少。那晚我们都很难忘，特别是对小女的影响颇大，解说员的专业和耐心令我们获益匪浅。晚上我对着企鹅馆内的石壁思索："这个创意多好，每天都有一百多个家庭睡在各自预定的馆内，付出的却是五星酒店的费用，既解决了馆内庞大的日常开支，又增强了参观的人气，留给人们美好的体验。"这个模式应该值得大陆同行借鉴参考。

垦丁是美丽的海滨小城，蔚蓝的天空，碧海金沙，舒适的新鲜空气令人陶醉。我迫不及待地描绘起这美丽的心情，记录下这里的点点滴滴。美味的海鲜令我们流连忘返，美丽的珊瑚礁让人心醉，晚上那繁密闪烁的星空灿烂夺目。一颗流星划空而过，引得路边浪漫的人们欢呼不已。在沙滩上、街边角落、树丛中都留下了我采风速写的影子，那一幅幅水灵灵的画倾注了我对垦丁的热爱与牵挂。

花上一千五百元台币包辆车游玩鹅峦鼻、猫鼻头、白沙湾、牧场、出水口等等。一路上与五十三岁的司机大哥不停地攀谈，他那黑黝黝的脸上刻画了丰富的生活阅历。他是高雄人，父亲是山东老兵，1989年他到广东深圳批发牛仔裤，赚了点钱，现在全家都出车赚钱。他说没有大陆人来观光就完了，十多年前这样，现在还是这样，经济不好。还好现在海峡两岸交流多了，我们可以多赚点钱。台湾司机有个特点，就是互相帮忙介绍生意，不会同行相轻、相忌。问起原因，他说这个就是口碑啦，不这样就没什么生意了，所以他经常教育小孩，要诚实做人，不要坑人。旅游团去的地方他们知道当地多少价钱，但是旅游团就会贵上几倍。而他都会告诉自己的客人小心再小心，下车时还特意关照奇奇怪怪的东西不要买。这就是我印象中朴实的台湾人。

上海浦东前滩　纸本水彩　70cm×150cm　2016年

翌日，司机张美玲女士从高雄开车来到垦丁，接我们前往桃园县中坜市，九千元台币包车一天四百多公里，陪我们一路游玩。途径台南、鹿港小镇等，路途漫长，聊聊侃侃也颇有收获。沿台湾海峡开车尽收宝岛乡间美景，不知不觉中把沿途的角角落落看了个究竟。间隙画了一幅美景《台南竹筏港绿色隧道》，一位台湾人说："你的画比真实的景还美。"

中国台湾人口二千四百多万，还抵不上上海的总人口。所以街区看上去人并不多，如高雄是第二大城市，人口却只有二十七万左右，宽阔的地铁里冷冷清清只有几十人，高雄的地铁公司显然是亏本的。张小姐是本地人，从未走出过台湾，我劝她有机会到大陆来看看。她说没办法，大陆现在东西都很贵，等以后有条件了再说。1962年出生的她看上去比较沧桑，我说不好意思，让她这么辛苦开车。她回答说："不会啦，有钱赚就很开心啦。"心态乐观，她要多赚钱养老。台湾在1993年才开始实施养老保险制度，与大陆差不多时间。但他们要交满三十年才可以拿退休金，一般人大约每月两万台币。有许多人当时就没交，这样的话就不能领取养老金。有的比较艰苦，没有子女照顾，每月拿三千元台币，只能靠街坊邻居接济勉强度日。说着说着，她也叹气道出她刚离婚，两个女儿很争气，就是二十三岁的小儿子不孝顺，结婚时逼着她把房子过户到他名下，儿媳生了两胎也不工作，啃老。她说到这里也无可奈何，我安慰她说都一样，对自己好一点儿，注意休息，好好享受生活。车到中坜市已是晚上八点半，她说还要开回台中，去她女儿家借宿一晚，第二天还有活儿。望着她离去的背影，我也感慨许多——辛苦劳碌的台湾女人。

天有不测风云，2月4日上午我们在桃园县大溪镇老街闲逛时，突然看到电视机里直播复兴航班的噩耗事件，阴霾裹挟的蒙蒙细雨使人心情凝重。同时也不免担心次日晚上我们的回程有变，因为我们预定的就是这家复兴航空的航班。台湾24小时的新闻直播很透明及时，看到有媒体预测赔付台湾遇难者可能超过一千万元台币，而大陆客最多二百万元台币时，心想以后千万要多加保险！最令人感动的是夜市的小贩们自发地赶到现场，为救援人员和幸存者送上免费饭菜，在黄金救援时间内大家齐心协力，同舟共济。

果然，2月5日晚上桃园机场飞往上海的复兴航班更改，大家都十分焦心地等待着，好不容易登上临时调来的大飞机，但心里也是七上八下的。原先摆放在登机口的报纸此时一份也没有，二三百人的机舱内异常安静，一个半小时很漫长。当飞机降落上海浦东机场时，机舱里才发出了一阵欢呼与掌声。回到上海后，很欣慰地得知复兴航空宣布赔偿条件统一的决定，颠覆了以往台湾媒体的猜测。同为中国人，保障逝者的权益是两岸人民共同的愿望。

冬季来到台湾，体验了冬季的蒙蒙细雨，收获了满满一车行李，也见证了航空历史性的一刻。我用心去看台湾，用性情来描绘台湾，边看边玩，边吃边画，有惊有喜。而最大的收获是我走进了台湾，也爱上了这块美丽的土地。希冀下次我能再踏上这座美丽的宝岛，去感受台湾人的热情，学习台湾人的团结、善良与朴实。

8．“西贡”之美

2018年1月26日，我们一家从下雪的上海飞到三十多度高温的越南胡志明市新山国际机场，我们穿的冬衣也一路换成夏装，刚落地便被闷热潮湿黏糊的空气所包裹，顿感不爽。以前对于越

上　台北市阳明山一隅　纸本水彩　40cm × 30cm　2015年
下　台北市北投　纸本水彩　40cm × 30cm　2015年

南基本没有什么概念，只是记得小时候看电影时越军战壕里堆放的是“中国大米”，还有一幅震惊世界的由美联社记者艾迪·亚当斯先生拍摄的《西贡处决》照片和电影《现代启示录》《早安越南》《西贡小姐》中的西贡印象。因此来到这里多少也有些许猎奇窥视一二的心理。

胡志明市旧称西贡市（Saigon），法国殖民统治时期为南圻首府，1955年后为越南共和国（又称南越南）“首都”，有“东方巴黎”之美誉。这里法式建筑较多，如城市剧院、邮政大楼、人民委员会大楼、统一会堂（南越总统府）和圣母大教堂、红教堂等。在1975年之前，胡志明市一直被称为西贡。我觉得要领略今日之越南风情必须身临其境后才能有所体会，当然每个人的看点会有所不同。而我只是匆匆过客，只能粗略地感受其中的滋味。我比较注重的是当地的人文风情，从衣食起居去体验当地的民俗习惯，然而短短几日里我在旅途中所看到的或听到的也许都是表象而已。

表象之一：马路上看似嘈杂喧闹的摩托人群之间必定有它存在的合理性，可以说黑压压密集的震耳欲聋轰鸣声中的一切，赋予了这座城市火一般的激情与活力。作为主要交通工具之一的摩托车是越南人最喜欢的可以炫耀的实用奢侈品。城市景观设计与规划建设看似无序却也有序，这可以从马路边、建筑物上随处可见的红星国旗和带有浓郁英雄主义色彩的宣传画来证明。20世纪80年代越南实行的改革开放政策体现了越南人民走向世界的愿望和对美好生活的渴望，显现出人民迫切恢复经济建设与走向富裕道路的心理状态。公园里打拳跑步的老老少少处处流露出怡然自得生活安逸的精神面貌。

表象之二：城市的市容面貌依然呈现出“老”“旧”“破”的状态，“老”“旧”是许多建筑物依然保持了原法国殖民统治时期的面貌，可以说这是当地特有的人文风情的完美体现，保存完好的具有沧桑历史感的建筑物也是值得我们尊敬和推崇的。胡志明市美术馆就是一座20世纪初的建筑，里面的装修带有明显的法式风格，让人

上　澳大利亚墨尔本大洋路十二门陡　纸本水彩　51cm×36cm　2013年
下　澳大利亚墨尔本　纸本水彩　51cm×36cm　2013年

们联想起巴黎街头的老房子。美术馆里陈列的大都是近现代越南著名画家所描绘的反映战争和越南人民生活的绘画作品，有雕塑、磨漆画、水彩画、速写等，其绘画作品带有浓郁的地域特点和民族风格。而“破”是城市环境的脏乱和基础设施的陈旧，这是发展中国家的城市中常见的现象之一。随着经济建设的发展，相信未来其城市环境势必会有所改观。越南是个多民族的国家，民风善良淳朴，即使是在车水马龙的街头也都很少见人心浮气躁，一个个气定神闲，怡然自得，生活有滋有味，充满幸福感。窈窕淑女们面带微笑细声软语，齿如瓠犀，秀丽端庄而温柔之至。

胡志明市还是比较国际化的，百盛百货商场里有日本人开的Aeon超市，街上有各种24小时便利店，比如全家、“7-11”等，异国品牌有星巴克、必胜客、肯德基、麦当劳、汉堡王，还有多乐之日、欧尚超市、Lotte Mart、高岛屋等，以及各种奶茶店。只是越南的各个景点室内少有空调，有些饭店也不装空调，估计当地居民适应了炎热的气候。众所周知，越南的物价低廉，不过其消费价格存在当地人和外国人双轨价，外国人享受“贵宾”价。但是在超市、大巴、饭店等都有明码标价，花销的确比国内低很多。

在大叻、美奈的时光是令人心醉而流连忘返的。南国大叻是原法属殖民地，也是度假避暑胜地，我们来到这里顿感气候凉爽宜人。别墅林立，鸟语花香，四面环山，空气清新，景致风貌十分迷人，俨然一派欧式田园风情。这里民风朴实，流行歌曲悦耳动听。连婚礼民俗也颇为引人注目，喜气洋洋的新郎、新娘与众多伴郎、伴娘穿着金黄色的丝绸传统民族礼服在装饰一新的帐篷门口迎接宾客，老少宾客穿着正装，女子都会精心装扮

上　越南大叻No.3　纸本水彩　30cm × 40cm　2018年

中　越南美奈　纸本水彩　30cm × 40cm　2018年

下　越南大叻No.4　纸本水彩　30cm × 40cm　2018年

穿上漂亮的“奥黛”。据说越南人比较爱面子，其婚俗礼仪比较讲究排场，就连买手机也要“苹果”的，尤其不能在家族里丢脸面。这样的喜庆场面让我觉得越南的风俗习惯与中国民俗还是极为相似的。中午我们在半山的别墅山庄里进餐，面对眼前的山色美景心旷神怡，环山绿树间鸟语花香，好似来到了欧洲的某个山城小镇，真可谓秀色可餐矣。晚上我们住在著名的景区欢乐屋里俯瞰全城，别有一番情趣。欢乐屋是一家旅店，也是一个因其造型夸张怪异而成为大叻排名第一的著名景点。设计者为越南前总统的女儿，一位非常端庄典雅的女子，与她设计的奔放夸张的建筑风格形成鲜明对比。傍晚我便在阳台上对景画了几幅水彩速写。而女儿正好在这里开心地攀爬蜿蜒崎岖的独特阶梯。夸张变形的魔幻建筑好似格林童话中美丽的城堡，使我感觉像回到了西班牙巴塞罗那的米拉之家。我们住在顶层，房间设有玻璃天窗，夜晚可以躺在床上仰望星空，繁星点点，让人浮想联翩。

南国美奈真是美得无可奈何。凌晨我们驾着吉普车前往白沙滩观赏日出，白沙滩犹如敦煌月牙泉鸣沙山一般绵延不断，沙丘高耸连绵起伏，登高望远一览无遗。远眺渔舟点点，渔村边的海滩上成百上千的渔民在劳作，鱼现捕现卖，生机勃勃，一派繁荣景象，海滩边散落着无数螺贝，拾贝一二，其乐无穷。赤脚走进神秘仙女溪，红沙绿树相映成趣——最美美奈！

二、艺术源自生活

我的创作灵感源于生活，我的工作与学习生活经历源源不断地提供了丰厚的艺术营养。每个艺术家都有自

上　越南美奈 渔港　纸本水彩　30cm × 40cm　2018年
中　越南大叻 No.1　纸本水彩　30cm × 40cm　2018年
下　越南大叻 No.2　纸本水彩　30cm × 40cm　2018年

己独有的艺术语言，也就是所谓的个性化语言。然而这种语言不是随手拈来的，它必然与艺术家的性别、出生地域、学术背景、生活状态、性格与人格的差异等相关。所以我们应该站在巨人的肩膀上去俯瞰世界，开阔视野，既不轻易否定，也不随意盲从附和。百花齐放、百家争鸣是当今艺术发展的主流，我认为只要能抒发艺术家个体性情并有益于大众审美取向的，就是好作品。

在2011年出版的《梦云——薰衣草采风札记》中，我用四五万左右的文字以日记的表述形式，结合水彩画写生作品图文并茂地记录了我过往在游览世界各国旅途中的所思所悟，丝丝缕缕的片段最终连接成一段浪漫感人的艺术人生轨迹。因此在这里我只是记录了2011年后的一些旅途中的快乐时光。采风写生源于生活，而创作是经过不断写生后累积的结晶。其中我会不断地去体验新鲜的感觉，保持自然的笔调和浪漫的青春情怀：胸中丘壑，万水千山。融贯中西，自然而然。我在此书的序言中有这样一段表述：“四十不惑——人到中年，我在这个不断变幻的世界中也在变化发展。我已学会用独特的视角去观察发现大自然的美妙之处，用自己的画笔去描绘世界，用健康的心灵去表达真挚的感受。体验大自然给予的所有乐趣，享受美好意趣的人生。当我走进不同的地域时才深刻认识到世界之大，所包容的范畴领域之广，以致我感叹人生的短暂——无法走遍天涯海角去观赏大自然中所有的艳丽之处。因为只有认识到自己的渺小和微不足道，才有自知之明，所以我尽量做一些身体力行的事，去走属于自己的人生之路。……每当看见这些画，我都能回忆起当时的情境与感受，这比语言文字

上　内蒙古额尔古纳 室韦　纸本水彩　30cm × 40cm　2015年

中　内蒙古额尔古纳 三河　纸本水彩　30cm × 40cm　2015年

下　内蒙古额尔古纳　纸本水彩　30cm × 40cm　2015年

的表述更丰富、直观，因为我用我的方式记录并刻入岁月流逝的痕迹。旅途漫漫，最明智的方法就是选择合适的媒介去找乐，去玩……以此呼唤出原始的本性与人文情怀。”

十五六年来我换了三本护照，游走世界：美国、德国、奥地利、西班牙、意大利、比利时、法国、瑞士、俄罗斯、澳大利亚、新西兰、泰国、土耳其、韩国、越南和日本等国家，以及中国香港和中国台湾等地区，饱览了各地区的风土人情，收获了数百幅水彩写生作品。不同地域的人文与自然风情是不同的，只有了解世界，了解各国、各民族的风情和人文景观，才能精准把握所要正确表达的艺术形式和艺术语言，从而能随心所欲地为艺术创作提供丰富的养料与素材，由此也深切感受到在没有疑惑和困惑的情况下创作出的作品，便会是具有人文情怀的、自然的、情真意切的我想要的艺术作品。

2019年7月于日本大阪城公园

上　内蒙古额尔古纳 恩和　纸本水彩　30cm × 40cm　2015年

中　内蒙古额尔古纳 室韦　纸本水彩　30cm × 40cm　2015年

下　内蒙古 海拉尔　纸本水彩　30cm × 40cm　2015年

瑰丽上海　纸本水彩　20cm×55cm　2016年

第六章　诗意的艺术教育

一、漫谈少儿美术

2015年8月我在上海东方广播中心经典947/FM94.7《智慧妈妈》栏目中接受关于少儿美术教育启蒙的一小时访谈。我曾经编辑过中小学美术教材、教辅和一些有关高考及艺术考级与美术方面的图书，也有一定的美术教育经历，因此东方人民广播电视台主持人陈洁约我到电台与广大听众们交流关于少儿美术教育启蒙心得。说实话我并不擅长语言表达，何况在电台直播，有些紧张，但还是调节好心情从个人的经验来谈谈我的一些想法，结果节目播出后竟然得到了听众的热烈反响，几年中陆续重播了数次。以下节选自访谈内容：

1.主持人陈洁（以下简称“陈”）：今天我们请到了上海书画出版社的资深编辑、著名油画家金国明老师来到电台与广大听众探讨少儿美术启蒙教育的相关问题，分享美育启蒙的学习经验。金老师您好！关于儿童绘画的启蒙教育，请问您有什么好的建议？

金国明（以下简称“金”）：听众朋友们，大家好！今天非常高兴有幸坐在这里与大家聊聊儿童学习绘画的问题，我将从个人的经验来谈谈我的一些想法。

曙光　纸本水彩　27cm×78cm　2016年

首先我认为儿童绘画是一个人在成长年龄段中所特有的绘画形式，有个性，有趣味性，有共性。儿童对于音乐、舞蹈、绘画等艺术方面都有天生的兴趣与爱好，对于绘画来说，孩子们从会拿起笔开始，就会自己画画涂涂，不管纸上还是自己家的墙上都会留下宝宝们的手迹。有时会描绘出令你想象不到的精彩画面，也有的乱七八糟杂乱无章。那么，有的家长就会说："看我家的小孩画得多么漂亮！"也有的家长却在担忧："我家的小孩怎么没有天分呢？"画得像或好看就是好，画得不像出乎常规就不好。也许你听到过儿童是天生的艺术家这样的说法，这是为什么呢？这就牵涉到儿童绘画中主题对象的共性问题，儿童对于绘画的感知力表现在不同的年龄段，你叫两到三岁的小孩画出物体的形状，那确实就勉为其难了。你看到人家高年级的学生在画素描，你也让孩子去学，结果却适得其反。所以我觉得要根据每个小孩的性格特点、兴趣点、年龄段来启蒙教育。激发小孩对绘画的兴趣比较重要，儿童对于他所感知的事物用他也不知所云的方法表现出来，这就是儿童画的心理特征，顺其自然就是最好的启蒙方式。既然家长是孩子的第一个老师，那么我要提醒家长们，不要心急，多鼓励自己的小孩，而不是去限制甚至打击小孩的自信心。比如家长们可以给孩子们营造一个舒适的空间，准备足够的不同材质的纸张，如白卡纸、铅画纸、各种色卡纸等，颜料有水粉、水彩、丙烯等，还有蜡笔、铅笔、钢笔、毛笔等各种绘画工具，让孩子们在自由的无拘无束的环境与心情中发挥他们与生俱来的天赋和创造力。千万不要去埋怨指责小孩怎么把衣服弄脏了！颜料涂抹在新衣服上或许会令一些家长感到非常不适，但是这时作为家长如果说一句："宝宝，没关系，画得很棒，继续加油啊！"那么这对于孩子来说是多么的兴奋，在兴奋与自信中自然会完成他的色彩游戏。为什么会把颜料洒在身上，因为他兴奋了画得开心了嘛，你在小孩开心的时候呵斥他，那他的情绪马上跌落到冰点，甚至会吓哭了，如此几番折腾，小孩对于绘画会产生一定的拘束与不安感，怕弄脏衣服或桌面，导致以后怕画有颜色的画了。所以情绪的调节也是儿童绘画教育里的一个课题，这里就不展开了。

因此，鼓励与表扬是最好的启蒙方法，建议家长们不妨多采用这样的方法来激发孩子们的想象力与创造力。

江苏宜兴云湖　纸本水彩　50cm × 153cm　2017年

2.陈：那么家长该用什么样的方式来引导孩子?

金：大多数家长是没有美育方面经验的，这点其实也不要过分担心，你的小孩具有天生的无比强大的创造想象力。你的成人观点与经验在这里发挥不了任何作用，你不要把自己的经验告诉或强加于小孩，比如太阳应该用橙黄色、叶子用绿色、天空用蓝色等。小孩子画出一个他所认为的色彩有何不可呢?他就画出黑色的或白的，飞机在水里，人物倒立，小狗在飞等等，这种无意识的组合才是儿童画的主要面貌特征。启蒙的关键是要创造良好的宽松环境，多鼓励多表扬，在游戏中适当引导儿童对自然环境的反应，多到大自然当中感受自然景物，不断让小孩增加对事物的感受与理解，这样在孩子以后的绘画中自然会有他所感受的事物出现在画面里。还有，多给孩子看一些优秀的国内外绘本，通过图文并茂的感知学习有利于他们对绘画的兴趣。儿童对于绘画有着天生的兴趣，我们要呵护和培育这种兴趣，这要通过长时间看似不经意的指引来增强儿童的绘画兴趣，我们并不一定要孩子将来从事这个行业，只是让他们通过绘画艺术来感知这个世界，并有能力去描绘出他们心中的美好天地。

3.陈：你可以跟大家谈谈你的心得体会，不同年龄段的孩子学绘画，起步时适合学什么?从哪儿入门?

金：不同年龄段的孩子有他不同的绘画特点，主要区别是儿童对于事物的感知力随着年龄的增长而增强。两到三岁的小孩是在捕捉色彩游戏过程中成长的，他们没有造型的概念与描摹能力，对于色彩有着天生的感觉。大多以点、线、面组合的抽象画面为主，想象力极为丰富。

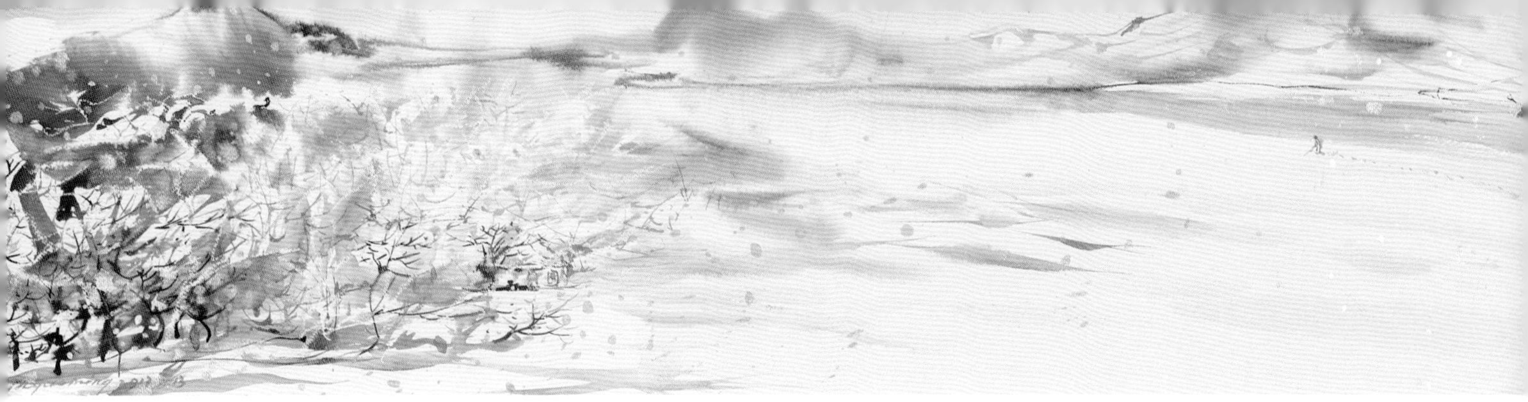

独步雪山　纸本水彩　29cm×110cm　2017年

这时家长们要备好各种各样的纸张和毛笔、铅笔、钢笔、蜡笔以及各种颜料等，把它们放在家中的各个角落里，孩子们可以随手拿到并涂抹起来，这时家长也不要去干涉他的创作欲。有条件的家庭还可以专门留出一块墙面，挂上一块较大尺寸的教学用的白板，就让孩子在白板上任意涂鸦。这样既满足了小孩涂抹墙壁的欲望，也可以平时给小孩上一些家庭课、记事等等，久而久之这块领地就属于小孩的，他也会非常珍惜。一般挂到上小学都可以，非常实用。有的家长会有意让小孩学中国画，我有个中国美院做老师的朋友，他比较注重传统文化的教育，在他儿子两三岁时就让孩子接触笔墨纸砚，让小孩在宣纸上任意涂抹，感受宣纸的特殊渲染的效果，那种无意识的点线组合形成的画面别有童趣，所以体验才是最好的方法。

儿童一般在四到六岁就有了形体的概念，形象上有外星生物、怪兽、公主、大头娃娃、飞机、大炮等，这时的儿童画启蒙尤为重要，儿童画老师的教学应该起到一定的作用。但是国内优秀的儿童画教师不够多，往往会教出千篇一律的成人儿童画，学生必须照着老师设计的形象临摹或创作，但是画出来的作品却失去了儿童本来的情趣。我认为优秀的教师不仅要懂得儿童的心理，还要设计一些场景来启发儿童的绘画想象力，不要去局限于形体与色彩的完整性，要善于捕捉每个学生的特点来指导。有时家长也可以参与其中，亲子互动的效果会更好，在引导中启发儿童的想象力。我反对一些老师用他画的儿童画让孩子们参考与临摹，所谓的玫瑰花图案应该是这样画，或者几笔就画出一个动物等都是不太可取的。儿童画的童趣与韵味只有儿童才能表现出来。老师与家长起到的作用是启发与引导，课堂的设置也要让儿童产生强烈的兴趣，让他们画感兴趣的、喜欢的事物，题目宽泛，不要单独命题。这个阶段的儿童没有什么绘画入门的概念，主要是培养兴趣，有时候会产生阶段性的反复，或在某个时期不感兴趣了。这时家长也不要去逼他，其实这阶段的小孩都喜欢美工，剪剪、贴贴、画画、搭积木、做模型等。绘画与美工制作相结合是非常好的一个方法。

七到十岁的儿童喜欢描摹，对复杂的形体事物有了较强的描绘能力。这个阶段的孩子启蒙教育比较重要。家长们有条件的话

冬日情怀　纸本水彩　27cm × 110cm　2017年

可以多带他们到国内外的美术馆、博物馆或艺术展览上亲临感受。老师可以引导他们一些正确的艺术思维与方法。简单的速写可以多练习，想象力的引导更为形象生动。我认为学习正规的素描和色彩技巧训练等还是在十岁以后开始比较合适。

4.陈：请您谈谈对于当下儿童艺术考级的一些心得体会。

金：艺术考级是十多年来艺术教育产业链里的一个环节，作为艺术来说，用考试的形式很难衡量出一个人的艺术修为，许多艺术界人士对此也褒贬不一。我认为艺术考级有利有弊，既然谈到考级，我还是客观地谈谈自己的一些理解，仅供大家参考。前几年我参与了文化部艺术研究中心主办的《全国美术考级专用教材》的编写工作，我负责《素描考级1—10级》《速写考级1—10级》《色彩考级1—10级》《漫画考级1—10级》共16册教材的编辑组稿任务。其中《漫画考级1—3级》《漫画考级4—6级》是儿童艺术考级的重点，《全国美术考级专用教材》把儿童画归到《漫画考级1—3级》中，因为儿童画本身具有漫画的一些基本特征和元素，漫画中夸张、变形、扭曲、概括简练等表现手法和特征都能在儿童画中有所呈现。1级的考试对象基本是四至五岁的幼儿，作为初级的起步考试，对构图造型的要求是能画出基本的形体就可以了，他们有自己对物体的理解与表现方法，只是儿童的手肌肉不发达，致使画出来的形象非常质朴可爱。2-3级多数是五六岁的学生为考试对象。这些儿童可以在画画时自由些，不拘泥于绘画的任何形式，以激发学生的创造力为目的。

《漫画考级4—6级》是儿童画向漫画过渡的一个阶段，基本是六至十岁的小学生为主。我觉得儿童画的考级比素描、速写、色彩和中国画等的考级内容更符合儿童学画的特点，一般的儿童并不需要专门训练就能达到1-3级的水平，因为儿童天生具有艺术家的天赋与想象力。你让三岁的小孩去考4级以上是不太可能的，如果让六岁的儿童去考1-3级，估计都能通过，这就是年龄差别的原因。十岁以前的儿童主要是培养他们的绘画兴趣，通过家长与专业老师的引导，使他们徜徉在儿童画的广阔空间中，让他们畅想与创意出风格迥异、形式丰富多样的儿童画来。

素描、速写、色彩的考级对象多为小学阶段的少儿，他们已经具有基本的描摹能力，只要引导得当还是可取的，这取决于老

青山孤舟　纸本水彩　27cm×110cm　2017年

师的教学方法了。老师要根据儿童的心理特点进行教学，显然用成人化的教学模式是不合适的，我不主张用刻板的技巧训练来辅导学生。许多小学生在练习素描、色彩过程中感到非常枯燥，画得不好时老师就自己改，改好后学生拿回家，家长看了觉得小孩画得蛮好了。基础训练是分阶段练习的，是一个循序渐进的长期过程，在这个年龄段我觉得还是儿童画成熟的阶段，让小孩多用不同的材料、不同的画种和形式去创作各种有趣的具有丰富想象力的儿童画作品。

有了对绘画的兴趣与爱好，就有了将来继续学习艺术的动力。我认为小学五年级以上就可以开始接受一些基本的绘画训练了。考级是形式，我们不以考级为目的，在意识上起点要高，请优秀的专业人士辅导也是有必要的。主要是培养孩子的艺术修养与兴趣爱好，艺术与生活是相通的，也许你家的宝宝将来会成为一名杰出的教师、设计师，或是艺术家。

5.陈：请你谈谈如何提高小学生在课堂上的绘画兴趣？

金：大多数的小学生都喜欢上美术课，因为他们可以在画画玩玩中放松自己的心情。我曾经编辑过上海书画出版社出版的中小学美术教材，加上以前我也做过美术教师，对于体制内的教学模式有一定的了解。也深感做一名优秀的美术教师很不容易，每个学生的特点也不一样，假若我们套用刻板的教学模式，则弊多利少。教材其实提供的是范本模式，具体在教的过程中应该发挥出教师所掌握的艺术知识来灵活设置课程。

关于这个问题，我曾专门与上海的儿童画教育专家吴有源先生进行过探讨。第一，他认为现行的儿童画教学对老师的综合素质要求比较高，目前确实存在良莠不齐的状况；第二，儿童画教学要善于发掘儿童的创造力。他举了一个风筝的例子：孩子是风筝，老师是线，风筝飞到哪，线跟到哪，但也并非要在放飞过程中始终去拉这根线，时有时无，在教学过程中因材施教、逐步指导。又如画圆，是画鸡蛋好还是画土豆好呢？显然教学结果还是画土豆好，因为孩子机械地画出的鸡蛋，还不如画土豆所产生的不规则的圆形来得好看有趣味。

我女儿今年四年级，在上海一家知名的公立示范性小学上学，前些天我问女儿这学期课堂上画了几张画，她说两张，我说怎

风中有朵雨做的云　纸本水彩　40cm × 110cm　2016年

么会两张？她说老师第一节课“打形”起稿，第二节课描摹勾勒，第三节课涂上色彩，第四节课才完成这幅课堂作业，这样一个月就画了一张枯燥、刻板又无创造力的图画。

我觉得如何能让美术课堂变得生动有趣起来，确实是我们的中、小、幼和课外辅导美术教师要认真考虑的一个问题。教材只是提供章节里的教学目的与内容，我建议美术教师应该根据教材的内容灵活设置一些有趣的课题，用启发式的故事情节来引导学生，让他们对所要描绘的事物有一个初步的了解，让他们发挥想象力与创造力，画出个性迥异的作品来。在轻松自然的气氛中调动每个学生的兴趣，而不是单纯地完成教材上的内容，就是成功的教学模式了。同时对于初中学生的美术课也同样存在这样的情况，我想对于这个问题最后还是留给大家去思考比较妥当。

6.陈：作为艺术家你怎么来启蒙你的小孩？

金：我几近不惑才有了弄瓦之喜，但我花在小孩身上的精力不是很多，主要是我太太在操持，她是上海外国语大学的英语教师，教育的问题大多交给她了，她从小给小孩讲故事、朗读，使小孩从小养成阅读的习惯，每天记下点滴情绪等。现在小女已经读小学，每月能主动地阅读十几本她感兴趣的图书，兴趣非常广泛，喜爱体育、音乐、绘画等，学了排球、滑冰、乒乓，还弹钢琴、吹长笛，优点是一学就会，缺点是没持续性，所以我经常跟她讲要勤奋专注，不要好高骛远。至于绘画方面自然遗传了我的些许因子，她得过近十项教育部举办的“全国少儿美术比赛”的一、二、三等奖。不过我并没有刻意地去教她绘画，因为小孩子我不敢教的，现在她十岁了我也不教她绘画技巧，主要是怕抹杀了儿童特有的创造力，如果她感兴趣学习，那么到五年级以后就

巴黎　纸本水彩　47cm × 153cm　2016年

可以开始一些基础的绘画训练了。

儿童在每个成长阶段都有自我的感知力与动手能力。我就是让小女多看看，家里多布置些艺术大家们的书画作品，让她多到画室里来玩玩，也就是在不经意中让她耳濡目染，言传不如身教。

二、写给女儿十周岁的寄语

亲爱的Nicole(翰文)，今天是你十周岁的生日。祝贺你！

人生会经历各种各样的事情，快乐与困惑同行，从婴儿到少年，从少年到青年，从青年到中年，从中年到老年；今天你长大了，有了自己的思想，有了自己喜欢的事物，有了良好健康的心情。

记得第一次看到你时，爸爸简直无法形容高兴好奇的心情，无数次地端详你稚嫩可爱的小脸蛋，无数次地想象你长大时的模样，无数次地揣测你的脾气与个性。

当第一次听到你呱呱落地时的婴啼时，我极力想把你的原声永远地储存在记忆的脑海里；

当第一次用我笨拙的手抱起你时，就忍不住要亲吻你的额头与细嫩的小手；

北国风情　纸本水彩　40cm × 110cm　2017年

女儿十周岁生日所摄

当第一次看到你戴着婴儿救生圈在水里像小鱼儿一般游弋时，我想等你长大后一定会在广阔的天地中畅游未来；

当第一次托起你像鸟儿一样旋转着把你逗得咯咯笑时，我想象着你一定有一个快乐的金色童年，你的未来一定会有幸福美好的生活；

当牵起你那纤细的小手时，爸爸在心里暗暗地说："我就是你的保护神。"

生命只有一次，你必须要好好珍惜倍加呵护。

十年前，爸爸妈妈把你带到这个绚丽多姿的缤纷世界来，想让你对生命有一个全新的体验；辛勤地养育你，为的是将来让你去创造属于自己的美好世界。愿你快快乐乐地健康成长，并祝愿你拥有一个美好的阳光灿烂的未来。

深爱你的爸爸

2015年7月5日

骑士　纸本水彩　40cm×110cm　2016年

三、写给女儿十四岁的信

2018年12月25日女儿于家中吹奏长笛

亲爱的Nicole(翰文)，今天是你十四周岁的生日。祝贺你！

记得爸爸在四年前给你写过一封信——《写给女儿十周岁的寄语》，那是一封近五百字的短信，字里行间表达了父母对你的怜爱与期望。也许你不太记得了，不过爸爸将会把这两封信编入我的《时差——金国明随艺录》中，等至二三十年后再回首，相信你读后会受益匪浅，并冀望你有一个美好的未来和幸福的生活。

看了那张在你十周岁生日时拍的全家福照片，我心中泛起涟漪，溢满幸福，那时的你依偎在我们身边——小鸟依人。而今我悄悄地站在你身旁，发现你要与我一般高了，忽然间觉得你真的长大了，并正值人生中最美好的豆蔻年华，成为一个婀娜多姿、亭亭玉立的少女。在这四年间变化不小，从身高、形象、气质和年龄上看，你正在经历从幼童到青少年的生理过渡期；从思维模式、言行举止上讲，你正迈向蓬勃而又朦胧的青春期。从小学到初中，你将要面对的是如何树立起正确的人生观和世界观的关键时期。而这段人生经历对于你来说还刚刚起步，并且只有一次体验的机会。时间是无情的，它无时无刻不在悄悄地流逝，它不容许你在其间有偏差和挫折。因此你要努力学习，你要善于控制情绪，勤于思考，

南国楚雄　纸本水彩　40cm × 110cm　2017年

女儿十四岁生日所摄

自我小结。学习的目的不是为了追求学分，而是为了孕育自己将来能有得以独立生存于社会的能力。我们希望你在今后几年中逐渐找到自己所钟爱的事情，也就是所谓的人生目标：理想——志当存高远。

你要珍惜和体味家庭的温暖和氛围，自由愉悦地去分享学习和生活中瞬间的幸福时光。

平时，妈妈着力注重于你的学习教育、生活起居安排等，相信你也能从中深有体会和感触，那是一种伟大的无私的奉献，是倾注在你身上的母爱。我相信妈妈的辛劳和付出，定会打开你美好的未来空间，为你配到通向幸福之路的钥匙。平时，爸爸不太过问你的学习，这并不等于我不关注你，其实我一直在你身边默默地守护着你的方方面面。每次得知你获得了优异的学习成绩时，我为之高兴；当你被学校公派去英国奇泽赫斯特女子中学交流时，我为之骄傲；当你吹起悠扬的长笛时，我为之愉悦。你有你的空间，诸如学习、生活、娱乐等等，我不会干涉你，然而这其中也有个方向问题——学习和生活中的各种方向和尺度。当你有困难、疑惑时我一定会及时出现，帮你一起克服和解决生活和学习过程中的所思所困，及时排除一切障碍雷区，相信爸爸就是你最可靠的参天大树和最安全的庇护所，让我们彼此间灵犀相通、心念所系。

冷山　纸本水彩　70cm×153cm　2016年

十四岁！多么美妙的豆蔻年华！

请你仔细地慢慢咀嚼其中的滋味，似一颗青涩的橄榄，是甘甜、是苦涩、是酸辣，只有你心中所知，不必说出，不必窃喜，不必忧虑。

这是你人生旅程中最美好的时光，有父母和老师的呵护，有同窗伙伴的友情。青春之歌悦耳动听，春天的脚步已渐渐到来，你准备好了吗？你准备用什么样的姿态去接招？你将会成为爸爸妈妈心中的小白鸽吗？

最后我想对你说："人生中最重要的是学会感恩！记住这是属于你的唯一的十四岁生日派对。"

是为纪念。

你亲爱的爸爸

金国明

2019年7月5日

2020年7月11日于上海马勒别墅与王安安女士合影

上海徐家汇　纸本水彩　40cm×110cm　2017年

2013年5月，我带着女儿在空旷的滨江大道边放风筝，我们把一米多长的“老鹰”风筝放得很高，我不断地收放绳子，快放到末段时绳子突然断了，“老鹰”像脱了缰绳一般向远方飞去……再好的东西，再美妙的时刻终会消逝，然而它留给我们的是快乐的瞬间，是记忆，是可回味咀嚼的青橄榄，但愿它有更好的归宿。人生亦当如斯，心灵应当更为纯净。每一次的心绪不尽相同，每一幅的留痕无法复制，如此才是最为永恒的——忽闻海棠欲盛放，月下醉吟数芬芳。

2013年8月的一个午后，那种神秘般的性灵驱使着我的画笔，喷薄而出的是激情！这时所有的技巧已无法左右思绪的灵现，仿佛置身于前世的空灵之中，那富有表现主义的思维模式赋予我更多的创作语汇。布面油画《Raspukin Prophec——拉思普金的预言》诞生了，拉思普金的预言——我心中的预言。格里高利·叶菲莫维奇·拉思普金，1869年生于俄罗斯萨拉托夫省的一个农民家庭，俄罗斯帝国尼古拉二世时期的神秘主义者、沙皇及皇后的宠臣，他三十多岁的时候开启神父生涯，以散播预言和施展神奇的医术为绝活。我的创作状态往往会被突如其来的灵感和心绪所左右，我相信这是一种神秘的力量，它是我创作中的源泉，是我内心深处的预言，一种与众不同的创作方式。

“翰墨神韵传四方，文章风雅播天下——金国明撰联庆贺爱女金翰文十岁生日。”我又请著名书法家张伟生老师写了书法对联作为纪念。梁漱溟先生说：“一个人的生命，不自一个人而止，是有伦理关系。伦理关系，即是情意关系，亦即是其相互的一种义务关系。所贵乎人者，在不失此情与义。”时间永远是向前推进的，过往的所有永远是历史的回忆。两代人不同的人生轨迹永远在演绎发展。人生就像一个橄榄核，两头尖，中间圆鼓。从原点到终点永远是一条直线，生命的延续与继承也是人生的自然规律。

美国波士顿郊外　纸本水彩　40cm×110cm　2016年

四、授人以鱼不如授人以渔

我是教师出身，后又从事美术图书出版工作，对当下的美术教育也略有所知，借此就对美术基础教育的一些问题也谈谈我的看法。全国美术类高考延续至今已有数十年，其考试的方法由原来的当场写生逐渐演变到用照片形式来测试考生的水平。这个现象值得让出考题的专家们去认真思考，至少在国外是没有这个先例的。以往对于美术高考的学生来讲，他们应该已具备较高的绘画基础水平，尤其是应景写生的能力很强，这是学生进入绘画艺术之门的必经之路。十多年来全国许多美术高校采用照片来考试的形式较为普遍，许多考生长期用照片临摹以博取入学率，确实有许多学生如愿以偿考入了各大美术院校，但是他们进入学校后，面对真实物象的写生却无从下手。这里必须提出两个问题：第一，学生在基础训练时须以写生为前提，从生活中提取艺术养料与灵感，努力打好扎实的基本功；第二，作为指导老师应以写生为主要手段正确指导学生，不要急功近利，否则会毁了一棵艺术好苗子。不管学生将来是

2019年11月女儿在永嘉路35号金国明工作室中画油画

霞光　纸本水彩　18cm × 78cm　2016年

暖阳　纸本水彩　27cm × 110cm　2017年

从事绘画艺术工作，还是其他行业，培养和熏陶学生的艺术气质与品行非常重要，这也对提高国民整体素质是很有意义的。2008年我在编《上海市普通高校招生美术类统一考试评析》一书时，曾向上海考试院指定的出上海美术高考试题的章德明教授、林加冰教授等专家们提出了这些问题和看法。

还有比较严重的是考卷的雷同性，千篇一律，画风统一，好像是一个老师教出来的学生，这是非常概念的机械训练造成的结果。确实，时代不同，所面临的环境也不同，或许我是杞人忧天了。不过从近年来出的考题中可以看出专家们也认识到这个问题的严重性了，也正在逐渐坚定地提倡与指导学生们回归自然的写生之路。如2016年中国美术学院的色彩考题中出现了默写写生风景的题目，中国画试题强调了诗书画融为一体的考题。2017年和2019年上海美术高考的考题也明确加试风景写生和场景速写。这就等于直接告诉考生们在绘画的过程中还是要用写生的方法来应对考试，指引学生们要走进大自然去真实感受光影和色调的变幻景象，以此来培养学生观察事物的能力和绘画创作能力，让学生们可以通过平时的正确绘画基础训练来达到考试的目的，并符合美术高考的要求。

第七章　大音希声，大象无形

一、学而时习之，不亦说乎

十五年前我把工作室建在位于“田子坊”的泰康路25号四楼，在这里我面对空白的画布心驰神往。隔壁是著名旅美画家陈逸鸣先生的画室，这里只有我们两位画家，平时我们也会串串门聊聊艺术，正如陈先生所说：“我与国明很有缘。”三四年后陈先生搬到虹桥古北去了。我也因为整栋楼被中国台湾的杨惠珊租下开“琉璃工房”而不得不搬到“田子坊”5号楼507室。我的“梦云”系列大都是在以上两个画室里诞生的，那里记录了我而立之年后十年间朝气蓬勃的青春岁月。2011年我又迁到了思南路107号国信创意中心109室。

2015年10月我又从思南路搬到了地段更好的老洋房集聚的上海文化广场旁的永嘉路上，这是我第四次迁移画室了，不过这次是我在几年前花巨资购置的独立艺术空间。高挑的空间梁柱上挂了一幅由中国雕塑大师广州美术学院潘鹤教授在2013年他八十八岁生日之际为我题写的墨宝《金国明画室》。另外我还悬挂着两块由朵云轩木版水印饾版国家级代表性传承人蒋敏先生所刻的两块匾额《金国明工作室》《仁德堂》，南京东路朵云轩的匾额就是蒋老所刻。蒋老仁慈宽厚，给晚辈刻匾额也算是忘年的交情了。《金国明工作室》由上海书画出版社老同事、著名书法篆刻家、战国玺印研究专家庄新兴（心欣）所题。《仁德堂》由时年九十四岁高龄的上海市文史研究馆馆员高式熊先生题写，高老也是上海书画出版社的老前辈。朵云轩之翰墨缘，得二老厚爱有加！余习西画，然骨血传统，且嗜古怀旧，浸淫其中。壬辰岁暮，又得江宏、张伟生等书画家挥毫再题，书画同源，中西合

上　上海江湾湿地公园　纸本水彩　80cm × 55cm　2015年

下　孟夏　纸本水彩　110cm × 80cm　2018年

心荷　纸本水彩　20cm × 55cm　2014年

璧，实乃幸事！南宋诗人吴惟信《苏堤清明即事》诗云：“梨花风起正清明，游子寻春半出城。日暮笙歌收拾去，万株杨柳属流莺。”清明时分，思亲亦盛，清泪尽，纸灰起！昔时幼，家严告余云：“仁德堂乃吾金氏世承堂号，世代通晓江南丝竹音律。”今余重拾堂号悬于陋室挂之，斯响尚在，雄心犹存，一则当勉励，二则遗训后人。

工作室内集藏了一些欧洲古董家具、字画、古瓷、水晶、铜灯等中西古旧器物。这些西洋家具、壁挂等都是我陆续置办的，每样东西后面都是一个个集藏的小故事。其中有清代李兆洛题写的《书斋》木匾，意大利文艺复兴时期的石雕，19世纪法国的橱柜、沙发椅子等。空间虽然不很大，但是在真正属于自己的独立空间里“闭门造车”也是非常愉悦和幸福的，内心也更为稳定和踏实。也许今后我的创作生活都会在这里生根开花。

有了丰富多彩的青春记忆，也就有了绘画创作的灵感，胸中意气怦然而发，心中感悟流泻布面，一气呵成。那种朦胧的空间恍若逝去的青春，那浪漫温馨的氛围却弥漫了整个空间。

完全陶醉于自由自在的创作环境和状态中，短短几年间，我在这里竟然也画了大大小小四五百幅油画和水彩画。能出版这本《时差——金国明随艺录》则是完全在偶然间结下的硕果。十余年来我在游山玩水中速记的美景小品已达三四百张，有时还在画的反面记录下些许文字，所以每当我看到这些水彩小品时就会想起彼时的美好时光。此外，我在创作油画的过程中常常会利用闲暇时间画上一幅水彩画，以此来调节疲劳感和舒缓压力。开始是些小幅的，后来就越画越大，大的如《枫》《秋》（500厘米×154厘米）、《幻》（440厘米×154厘米）、《炫》（360厘米×154厘米）、《江山如画》《青山绿水》（300厘米×154厘米）、《百草园》《云山秋霭》（154厘米×154厘米）、《壮丽河山》（154厘米×121厘米）、《满目青山》（154厘米×80厘米），以及《终南归隐》《美丽的新西兰》《金色之光》（154厘米×50厘米）等，而数百幅是全开（110厘米×80厘米）或对开尺寸（110厘米×40厘米）的。正如俄国作家果戈理所言：“艺术家的一切自由和轻快的东西，都是用极大的压迫而得到的，也就是伟大的努力的结果。”我在作画时胸有成竹，把握好整

流光溢彩　纸本水彩　20cm×55cm　2014年

体感，绝不拖泥带水，激情澎湃而一气呵成。特别是要驾驭那些巨幅的水彩画还是需要真功夫的，巨大的水彩纸吸饱水分后就会产生较强的伸缩张力，使纸张显出凹凸不平的状态，颜色也会随之积淤在纸张的凹陷处，因此如果没有娴熟的技巧和灵活多变的方法是很难掌控的。真是无心插柳柳成荫！德国也有句谚语："点点滴滴的藏，集成了一大仓。"就这样在不知不觉中我已积攒下来六七百张水彩画——闲暇时光，一片彩虹。

我的作品数十次在《新民晚报·夜光杯》栏目上刊登，如《梦云桥》《上海老洋房》《雾江水暖》《水仙》《古镇晨曦》《冬日忆乡》《水乡物语》等。因此也十分感谢贺小钢老师、祝鸣华老师、龚建星老师等资深编辑的厚爱，2017年9月刊登的水彩画《上海徐家汇》等也是这几年在油画创作之余我画的许多大尺寸的水彩画之一，在愉悦轻松的环境与心情中陆续地积累了不少描绘上海风情的蓬勃气象的水彩画，其中大都是受当时天象和心情的影响所致，一挥而就。俯瞰上海，光影璀璨，绚丽夺目，美轮美奂。

人到中年，这是我艺术生涯中最美好的时光，所以我格外珍惜拥有的一切，争分夺秒地用画笔去体会生活所带来的各种乐趣，让幸福完全簇拥在心间，滋生出一种无比欢快的愉悦感。我非常喜欢爱因斯坦的一段话："每一个有良好愿望的人的责任，就是要尽其所能，在他自己的小天地里做坚定的努力，使纯粹人性的教义，成为一种有生命的力量。如果他们在这方面做了忠诚的努力，而没有被他同时代的人践踏在脚下，那么，他可以认为他自己和他个人所处的社会都是幸福的了。"梦想人人都有，做梦人人都会，都说梦境是黑白的，然而我的梦境是彩色的，就像一天到晚游泳的鱼，匆匆忙忙来来去去的人，分分秒秒走路的你，梦里梦外浮想联翩的鸟，这就是白日梦里一片飘浮不定的雨做的云。

2013年7月16日凌晨，我梦见了自己拥有了一间宽大高挑有穹顶的"天光画室"，墙上挂满了自己的作品，心中不由地乐开了花，直到醒来后方才知道是南柯一梦。不过人生就是追梦的过程，或许不久的将来我也可以美梦成真！每个人都有自己的梦想，当梦想成真时收获的是喜悦与幸福；每个人都有悲伤与困苦，当悲情心酸来临时铸就的将是一个坚强勇敢的信心！而当你看到第

新西兰皇后镇　纸本水彩　40cm×110cm　2017年

一百零一颗流星划空而过时，那么不久你的梦想就会实现。

梦醒时分，我的“时差”系列亦梦亦幻！每天的心情都会伴随着四季的更迭而变幻，在具有浓郁的海派文化风情的地域环境中不断地滋长性灵；每天我都会乐此不疲地往返于复兴中路、陕西南路和永嘉路之间，欣欣然品味着马路两旁百年梧桐树的沧桑留痕。也喜欢冬天的感觉，更怀念2012年冬季的那场雪。梧桐婆娑，感受着浓郁的浪漫气息，仿佛穿梭在时空隧道中一般。或许漫步于弄堂街角时老洋房里会突然走出一位文人雅士，也许那些蹒跚的老人就是传说中的上海“老克勒”，而彼时擦肩而过的摩登女郎也会哼出非常专业的咏叹调，这就是富有人文意蕴和传奇色彩的上海街头巷尾，也是所谓的上海的情调与腔调吧！上海老洋房里的浪漫情结是当代许多时尚人士所向往的，在这里喝喝咖啡，聊聊天，浪漫情调尽在不言中——而走在上海幽静的树影婆娑的小马路上，顶着蒙蒙细雨，仿佛飘逸在了巴黎的小巷深处一般妩媚动人。路漫漫，情深深，意切切……

二、逐梦芳华

那年我们初中毕业了，那年我们没有留恋，那年我们没有道别，那年我们只有青涩，那年定格在1985年初夏。

2015年金秋，我们又从四面八方相聚在母校，凝聚了三十年的感怀在此刻喷涌而出。三十年来我们每个人都用心地编织了一个悠悠的梦幻网，就像一棵繁茂的千年松柏，长出了许多树杈，有的粗壮，有的绵密，各有千秋。从豆蔻年华到不惑之年，我们经历了太多丰富曲折的事件，有美妙的，有苦涩的，有甜蜜的，也有辛酸的。而今我们都已成为祖国的栋梁，社会的

美国白山印象No.5　纸本水彩（双联画）　36cm×96cm×2　2012年

中坚，家庭的主心骨。那年我们是条风雨小舟，而今我们组合在一起，就是一条航母战舰。青春无悔，青春值得留恋。泰戈尔说："当青春的光彩渐渐消逝，永不衰老的内在个性却在一个人的脸上和眼睛上更加明显地表露出来，好像是在同一地方久住了的结果。"

今天你我又相见了，大多都是三十年前匆匆一别后从未谋面，彼此的容颜也都经历了岁月的沧桑洗礼，也许彼此会依稀找到儿时天真的脸庞，也许真变得面目全非了，不过只有一个特征是不会有大的改变，那就是你我的声音历经岁月依然可辨，你我的同窗友情千年常青。

记得那时我们的班主任丁志文老师倾心倾力来塑造我们稚嫩的心灵；王树刚老师是多么英俊潇洒，更是女生们的青春偶像；王小芳老师像慈母般地指引着我们的行为操守；周永祥老师不厌其烦地教授我们化学配方。感谢学校和老师们辛勤地培养我们这些调皮的捣蛋鬼与乖巧可爱的花朵们。

今天我们又相聚了，让我们相拥共叙友情，感恩师情，感谢母校；让我们畅想未来，共享硕果。将来让我们的儿女们组建成更为强大的舰队，去编织一个更为美妙浪漫的梦。

弹指一挥，三十年就这样悄悄地从指缝里溜走了。初中时代我的学习成绩一直处于中下游，在教室里的座位一直是最后两排，平平淡淡到没有任何可以夸耀的情节。毕业后也只上了一所普通的中等技术学校。不料几年后我竟然意外地考上了大学，当我父亲在路上碰到初中的班主任丁志文老师时，他也觉得很惊讶，因为那时高考的录取比例只有百分之二十。时代造就人才，三十年后重回母校，看到昔日的教室、体育馆、操场时，顿觉心潮澎湃。

新西兰基督城No.3　纸本水彩　40cm × 110cm　2017年

三、励志竭精

2016年我受著名的张强医生集团之邀在上海禾新医院内举办了为期半年的“青春 · 梦呓——金国明油画展”，开创了中国首家以文化艺术与医院环境相结合的医疗典范模式。同年12月又受中金公司之邀在中金公司家族财富管理的办公区域做了一个为期两年的“青春 · 记忆——金国明油画展”，而在这个区域空间中出入的都是亿万级的豪门商贾。能够得到这些著名社会机构的认可，我感到非常荣幸和自豪。正因为有了中金公司的展示效应，竟然在不经意中得到了同济大学经济管理学院程国萍教授的青睐，于2017年5月受邀参加了“同济大学110周年校庆活动”之一的“翰墨光影百十年——同济经管文创艺术展”。

2016年10月至2017年4月，我受刘海粟美术馆推荐参加由长三角美术馆协作机制主办，刘海粟美术馆、宁波美术馆、昆山侯北人美术馆、亚明艺术馆等协办的巡回展览“直面冲击——长三角地区当代油画作品学术提名展”，这次展览共展出上海、安徽、宁波、常州、昆山五个地区三十二位艺术家的六十二件参展作品，为观众展现了长三角地区在油画创作方面的探索与成就。上海选送的有我、陈逸鸣、胡志荣和黄阿忠等，我参展的两幅油画作品《时差No.20》《时差No.27》得到专家评委会的好评，并选登在《长三角地区当代油画作品学术提名展作品集》、展览网页与相关报刊上。

2017年12月25日，应著名艺术家、南京金陵美术馆执行馆长刘春杰教授之邀，参加了2018年1月12日开幕的“灵犬献瑞——金陵美术馆跨年大展”，为2018年献上一只灵犬。随后命题创作了全开尺幅的水彩画《灵犬菲比》。“菲比”是我家养的边境牧羊犬，以它为原型创作了皑皑白雪中的画面。画面中形象生动、黑白相间的边牧犬与远山雪景融为一体，极具艺术感染力。本来有一幅120厘米 × 120厘米的油画《时差No.65》也比较切题，但是考虑到运输关系就当场再画幅纸本水彩，方便卷起来寄送。认识

新西兰基督城No.4　纸本水彩　40cm × 110cm　2017年

春杰兄十多年了，当时他在江苏《画刊》工作，2014年在《画刊》上刊登了邵琦教授为我写的评论文章和我的油画作品《假面》等，而且每年的“上海春季艺术沙龙”上我们都会碰面。记得有一次展会闭馆，外面下起了倾盆大雨，我请他们一起吃饭，却被大雨堵在了门口，人群密集，情急之下我就以百米赛跑般的速度冲到兴业路对面的超市里买了两把雨伞，再折回把雨伞交给他们，这着实让他们感动了一番。春杰说：“以后写文章要提这件事。”现在旧事重提也别有一番情意。

四、善行善为

1.继往开来

2017年4月21日，我作为中国工会国际委员会常委，受中国人民对外友好协会邀请，参加了在北京人民大会堂举办的“新时期国际主义精神的传承与发展——纪念路易·艾黎诞辰120周年座谈会”，座谈会由中国人民对外友好协会主办，中国工合国际委员会协办。纪念活动以与艾黎先生有关的亲情、友情、博爱和教育理念为轴心，横向和纵向展开。参加纪念活动的领导有：中共中央政治局委员、国家副主席李源潮，中国人民对外友好协会会长李小林，新西兰驻华大使麦康年，外交部部长助理秦刚，习仲勋之子习远平，工合国际主席柯马凯，艾黎养子代表聂广涛以及路易·艾黎亲属代表菲利浦·艾黎等三百余人参加座谈会。中国人民对外友好协会会长李小林代为宣读了中共中央总书记、国家主席、中央军委主席习近平的回信，信中指出：“中国工合国际委员会历经七十七年风雨洗礼，为促进人类和平与发展事业作出了不懈努力。今年是伟大的国际主义战士、中国人民的老朋友、工合

新西兰南岛·皇后镇　纸本水彩　70cm×153cm　2016年

运动重要发起人、培黎学校创始人路易·艾黎诞辰120周年。艾黎与中国人民风雨同舟，在华工作生活六十年，为中国人民和新西兰人民架起了友谊之桥。他和宋庆龄、斯诺等发起成立的工合国际，为支援中国革命和社会主义建设作出了重要贡献。希望你们发扬传承艾老'努力干，一起干'的工合精神，积极开展国际文化交流，谱写国际友谊新篇章。"中共中央政治局委员、国家副主席李源潮出席座谈会并讲话。

中国工合国际委员会（International Committee for the Promotion of Chinese Industrial Cooperatives），简称工合国际（ICCIC），是国内现存历史最悠久的国际性民间组织和合作社民间促进组织之一（由中国人民对外友好协会主管）。也许有人会有疑惑，一个艺术家怎么会成为这个带有浓郁官方色彩的著名公益社团的常委？说来话长，多年来我也十分热心公益活动，捐赠画作或钱款资助需要帮助的人们。2007年6月30日，上海兰乔圣菲会所内举行"人文传承·经典兰乔"慈善拍卖酒会，其中我的《窗外No.16》在2006年"人文传承·经典兰乔"慈善拍卖酒会上，被一印度籍人士拍下。拍卖所得捐给需要帮助的学音乐的少儿。这次拍卖会由众多社会名流共同参与，其中有陈燮阳的指挥棒及手稿，还有陶艺家陆全明、作曲家陈钢、万科总裁王石、美国Gibson吉他的无私捐赠。

《窗外》小幅油画系列作品一共有五六十张，大多被各界人士所收藏，现仅留存几幅。2006年的小幅油画《窗外No.15》

金秋上海　纸本水彩　70cm×153cm　2016年

《窗外No.16》就曾得到著名油画家廖炯模教授的赞扬与肯定："色彩明快、用笔肯定，耐看！"

2008年四川省"抗震救灾手牵手"赈灾艺术品义卖活动一经发起，我就和全国众多艺术家热烈支持，包括葛辉、韩情、赵罡、申凡、董重、何工、李磊等。我捐赠了一幅100厘米×100厘米的油画《欧陆风情——西班牙安达鲁西亚》参加慈善拍卖，所得善款全部用于救灾活动。

2011年我向《生命日记》的作者、复旦大学优秀青年教师于娟捐赠了五幅油画作品及几十幅名家书画。同年我在思南路工作室举行新书《梦云》发布会时来了两位老领导，一位是原中共中央委员、中共上海市委常委、共青团上海市委书记汪明章，还有一位是原共青团上海市委秘书长、市供销合作总社党委书记、中国工合国际委员会副主席宋振东。随后我在刘海粟美术馆开个展时他们又来了，以后渐渐地我就参与到了他们组织策划的许多国内外的社会公益活动中。我们在上海陆续建立了路易·艾黎纪念碑、乔治·何克纪念碑，建立国际主义教育基地、社区公益养老、中新友好民间交流和组建华东工作委员会等。数年来我几十次往返于北京与上海之间，与各界人士进行沟通与联络。

2012年2月12日我捐赠的油画《欧陆风情——西班牙科尔多瓦百花巷》参加了"上海书画名家作品展"。25日移师威海路四季酒店为慈善义拍预展。27日晚，由上海市慈善基金会主办的慈善专场拍卖活动在四季酒店举行。市慈善基金会顾问余慧文，副理

溪水幽朦胧　纸本水彩　40cm × 110cm　2016年

事长金闽珠、郭开荣等为活动开幕剪彩，并向捐赠作品的艺术家颁授荣誉证书。

同年我创作了画幅为120厘米 × 200厘米的油画《中国人民的老战士、老朋友、老同志——路易 · 艾黎》。路易 · 艾黎（Rewi Alley）1897年生于新西兰，1927年来到中国发起组织了工业合作社运动（简称工合），他为中国人民的解放和建设事业奋斗了六十年，宋庆龄说："他是新中国的一位诚实忠诚、不屈不挠的朋友。"

2013年我们组团出访新西兰、澳大利亚，近几年也去了福建古田、长汀等革命老区和甘肃、青海、成都等地学习考察。在北京还结识了一些革命前辈和著名的国际友人，如中国工合国际委员会主席柯马凯及其母亲、年过百岁的著名外国专家顾问伊莎白 · 柯鲁克女士和吕宛如、黄浣碧（伊斯雷尔 · 爱泼斯坦遗孀）、唐宗焜等，著名国际主义战士理查德 · 傅莱遗孀江国珍亲笔题词赠书《我的丈夫傅莱》和汉斯 · 米勒遗孀中村京子亲笔题词赠书《两个洋八路》，并因此与两位前辈结下了深厚的友情。

2014年我委托山西大同"水基金"负责人李白雪转给山西省灵丘县贫困家庭的风华少年李宝同学数千元资助款，以帮助他完成初中的学业。11月28日，"2014中国长汀国家历史文化名城保护日暨缅怀路易 · 艾黎先生活动"在长汀举行。中国工合国际委员会主席柯马凯向新西兰前总理珍妮 · 玛丽 · 希普利和福建省长汀县委赠送了由我创作的珐琅彩瓷板画《欧陆风情——法国巴比松 · 罗恩》（上海市陶瓷总公司、景德镇陶瓷总公司联合监制）。这块瓷板画一共制作了300块，我亲自到景德镇烧制现场在每块瓷板背后签名。随后这些瓷板画被许多海内外知名人士、机构等收藏，如伊莎白 · 柯鲁克教授、波兰国家审计工会合作社、宋庆龄同志故居等。

为了加强工合国际在华东地区的开拓和发展工作，主持华东地区的宋振东副主席提议并经过工合国际委员会批复决议让我担任工合国际上海工作站的执行站长。2015年10月，在"中国工合国际委员会第五次全国代表大会"上我被推选为常务执行委员。"第五次全委会"明确了工合国际华东工委的工作范围和发展方向、目标。华东工委由宋振东副主席领衔工作，以"上海工作站

渔舟　纸本水彩　20cm × 55cm　2016年

成立五周年”的业绩为基础和经验，开展了多角度、多元化的立体发展模式，举行了一系列的公益和民间交流活动。如2013年我们在上海福寿园人文纪念公园建立路易·艾黎纪念碑，2015年建立乔治·何克纪念碑，中国人民对外友好协会李小林会长分别发来贺信致辞。后来我们又陆续在上海虹口消防中队和福寿园人文纪念公园成立“国际主义教育基地”，为全国各地的工作活动开创了新格局，开拓了新思路。这几年我们通过华东各省市地区的特点与优势，积极发展委员、团结工合之友开展工合活动。譬如在江苏常州、福建长汀、浙江瑞安、山东省和江西省等都有委员在积极地开展工作。

2.出访新西兰

2017年是路易·艾黎诞辰120周年，也是中新两国建交45周年。中新两国均举办了隆重的纪念活动。11月30日至12月3日，我作为中国工合国际委员会常务执委跟随中国工合国际委员会代表团、中国人民对外友好协会代表团等出访新西兰，在基督城参加了新西兰官方主办的“纪念路易·艾黎诞辰120周年活动”。我带了十二套（每套两张）自己创作的油画复制品《路易·艾黎》到新西兰，作为出访礼品赠送给新西兰相关政府机构。这十分符合习总书记所提要求的精神，用文化艺术交流的形式积极开展民间外交，为中新两国人民建立起友谊长存的桥梁做贡献。

11月28日，新西兰驻华大使麦康年先生在宋庆龄同志故居的“路易·艾黎诞辰120周年的纪念活动”揭幕仪式上说：“今年新西兰代表团来华访问受到中国隆重的欢迎，这次中国代表团访问新西兰同样会得到相应的接待。”

12月1日，上午来自中国各地代表团及新西兰友人两百余人参加了新西兰基督城“纪念路易·艾黎诞辰120周年活动”，9：30

金色港湾　纸本水彩　50cm×154cm　2016年

在基督城坎特伯雷艺术馆(原路易·艾黎就读高中)开幕。开幕仪式上市议员Jimmy Chen及艺术馆馆长Felicity Price致辞发言，并参观由上海档案馆提供的“路易·艾黎图片展”，工合国际主席柯马凯、原中国人民对外友好协会副会长李建平、中国人民对外友好协会副巡视员徐凤华以及全体代表向坎特伯雷艺术馆赠送油画《路易·艾黎》图片。随后坐车去利卡敦基督城的男子高中，参加“路易·艾黎诞生120周年纪念活动学术研讨会”。

12月2日上午8：00，中国代表团一百多人来到路易·艾黎曾就读的小学，现为路易·艾黎中文学校。当我看到中文学校办公室里挂着我2013年访问时赠送的《路易·艾黎》油画图片时感到格外亲切。在办公室接待来宾的学生志愿者们告诉我，这幅油画陪伴他们成长已经有好几年了，真高兴今天能与作者会面。工合国际主席柯马凯先生率代表团向学校董事长赠送两幅《路易·艾黎》油画图片，以增进两国人民之间的友谊！

上午10：00，胡鲁努伊区政府在该区首府安伯利纪念园林召开艾黎诞

上图：2013年于中国人民对外友好协会和平宫（右：宋振东，中：伊莎白·柯鲁克）
下图：2017年4月21日在人民大会堂参加“纪念路易·艾黎诞辰120周年座谈会”

听海　纸本水彩　40cm × 110cm　2016年

辰纪念集会，纪念仪式由胡鲁努伊区区长温顿 · 戴利主持，新西兰总督帕齐 · 雷迪，中国驻克赖斯特彻奇总领事汪志坚，克赖斯特彻奇市长莉安 · 达尔齐尔和原中国人民对外友好协会副会长李建平、副巡视员徐凤华及工合国际主席柯马凯，甘肃省人大常委会副主任马青林，山丹县、培黎学校、兰州城市学院代表，艾黎家族成员，南岛地方政要等两百余人应邀出席。帕齐 · 雷迪爵士说："中国有一句谚语，种植园林的人就是种植幸福。"她在致辞中表示，艾黎的杰出贡献应被新中两国永远铭记，举办艾黎诞辰系列纪念活动既是对其卓越成就的肯定，也是为了激励两国民众，特别是年轻一代为新中友谊做出更大贡献。艾黎是位实干家、教育家，也是位艺术家，以建造花园的方式纪念他十分有意义。中新两国元素在纪念园中完美融合，期待未来再次来参观时，将会看到象征两国友谊的种子生根、发芽、壮大。活动期间新西兰总督帕齐 · 雷迪爵士非常高兴地与原中国人民对外友协副会长李建平、副巡视员徐凤华、工合国际执委周秀环女士亲切交谈。随后我向帕齐 · 雷迪爵士赠送了两幅《路易 · 艾黎》油画图片，祝愿中新两国人民友谊长青。

下午，代表团赴斯普林菲尔德参加在塞尔温区政府及友城委员会举办的欢迎仪式。19：00在雷杰思酒店举行"纪念中新建交45周年暨路易 · 艾黎诞辰120周年"开幕酒会。中国驻克赖斯特彻奇总领事汪志坚和克赖斯特彻奇市长莉安 · 达尔齐尔、中国人民对外友好协会徐凤华等领导致辞。工合国际柯马凯主席率代表团，中国人民对外友好协会李建平、徐凤华和新西兰友人同唱《工合之歌》。晚会在歌声的感染中达到了高潮，大家站起来挽起手臂一起唱起《生日快乐》，祝艾黎诞辰120周年生日快乐！其间柯马凯主席、李建平副会长等向新中友协原会长云达忠、新中友协Eric先生赠送两幅《路易 · 艾黎》印刷图片及工合国际上海路易 · 艾黎纪念碑落成仪式纪念瓷板，对他们多年来为新中友谊所做出的贡献表示感谢。

12月3日，原镇议员、现新中友协的亚当森先生邀请我到他儿子家做客。这座别墅依山傍海而建，设计精致，极具艺术气息。

浙江奉化溪口赤泥岭　纸本水彩　40cm×110cm　2017年

主人盛情款待，周围美景如画，我乘兴速写两幅画赠给亚当森的小孙子Anton和小伙伴Felix，并祝愿他们像鸟一样飞翔，志存高远，愿彼此之间的友谊长存！用艺术的形式进行交流是最好的语言。工合国际柯马凯主席说道："点点滴滴上体现民间外交，搭建友谊。说不定你给这两个孩子的画，会引导他们对华的好感，将来继承爷爷的新中友好事业！"

2019年10月31日至11月7日，应国际合作社联盟和西班牙蒙德拉贡联合公司的邀请，经中国人民对外友好协会批准，中国工合国际委员会代表团在柯马凯主席的率领下来到比利时布鲁塞尔的国际合作社联盟和西班牙北部巴斯克地区的蒙德拉贡联合公司等地进行参观学习。12月16日，"中国工合国际委员会成立80周年纪念暨路易·艾黎诞辰122周年活动"在上海隆重召开。会议通过举办纪念活动，讲述革命故事，来继承和弘扬艾黎精神。其中中国工合国际委员会柯马凯（Michael Crook）主席讲述了陪同母亲伊莎白·柯鲁克女士被授予"友谊勋章"的故事。经中共中央批准，"中华人民共和国国家勋章和国家荣誉称号颁授仪式"于9月29日上午10时在人民大会堂隆重举行，中国工合国际委员会顾问、104岁的伊莎白·柯鲁克女士（Isabel Crook）被授予"友谊勋章"。她是新中国英语教学的拓荒者，为我国培养了大量外语人才，为中国教育事业和

上图：2015年10月与伊斯雷尔·爱泼斯坦夫人黄浣碧（右）和国际主义战士理查德·傅莱夫人江国珍女士（左）合影
下图：2019年7月在北京友谊宾馆再遇理查德·傅莱的夫人江国珍（左）和汉斯·米勒的夫人中村京子（右）

雪峦　纸本水彩　20cm × 55cm　2017年

对外交流、促进中国与加拿大民间友好做出了杰出贡献。他们既是国家的光荣，也是照亮中国梦想前行的力量。伊莎白·柯鲁克女士是路易·艾黎的亲密战友，长期热衷于工合事业，每次和她聊起工合国际的工作近况，她都和蔼可亲，认真聆听后及时提出意见和建议，经常参与工合国际组织的各项活动。今天我们有幸能得到前辈们的教诲和支持鼓励，他们光辉的事迹和高尚的精神品格值得我们学习和继承发扬。

当然，参与公益活动会耗费一定的精力与时间，不过人生的经历本身应该是丰富多彩的，做公益事业应该是我生命中浓墨重彩的一笔。也许我们都受累于城市的快节奏与世俗的喧嚣感，也许想要的远远超出我们的付出，也许不进则退的激烈竞争会让我们蒙上势利的甲胄。历经“昨夜西风凋碧树，独上高楼，望尽天涯路”的迷茫，再感受“衣带渐宽终不悔，为伊消得人憔悴”的不悔，最终获得“众里寻他千百度，蓦然回首，那人却在灯火阑珊处”的喜悦，这不正是我自己玩艺术、做出版、搞公益时所经历的喜悦吗？返璞归真是我所追求的艺术境界和生活状态。

艺术从生活中来——积累丰富的人生经历对于自身的全面发展具有非常重要的意义。

2017年12月在新西兰基督城亚当森儿子家速写两幅画后赠予他的小孙子Anton(左)和小伙伴Felix(右)。

安徽广德　纸本水彩　40cm×110cm　2017年

上海书画出版社同仁于2014年10月合影（前左李琼，前右江宏，后左一张伟生，后左二金国明，后右一车鹏飞，后右二陈翔）

第八章　集藏拾贝

一、翰墨缘

1.朵云轩·翰墨缘

上海书画出版社与朵云轩原本是一个单位。朵云轩1900年7月11日建店，上海书画出版社1960年成立，直到2009年因改制才被剥离成两个单位，现都归属于上海世纪出版集团。2003年，我画了一幅油画《朵云轩·翰墨缘》，画面中的人物形象都是朵云轩的书画家，有于濂元、沈觉初、李成勋、杨涵、余白墅、黎鲁、高式熊、方去疾、黄昌中、赵坚、刘士镛、林野、潘德熙、徐德森、吕丁、张锦标、曲章富、刘小晴、王宇仁、岑久发、周阳高、周萍、吴建贤、刘慧芳、吕清华、茅子良、王崇礼、周志高、李慧珠、杨关

瑰丽上海　纸本水彩　40cm × 110cm　2017年

麟、方传鑫、江宏、卢甫圣、沈培方、庄新兴、王惠国、华逸龙、李琼、董觉伟、戴小京、张雄、董之蕾、张伟生、吴瓯、孙扬、陈翔、邵琦、金国明、汤哲明、邵仄炯等。2000年4月，祝君波老师在序言《我所知道的朵云轩书画家》中说道："朵云轩书画家是一个特殊的艺术群体，尽管每个人艺术风格不同，但有三个共同点：生活在上海，供职于朵云轩，热爱书画创作和研究。由于他们的勤奋和天赋，在朵云轩这片沃土中深广见识，最终成就了这个艺术家群体。特别值得一提的是其中比例很高、艺术修养很深、学术层次很高的专家队伍。他们是读者与作者、艺术家与收藏家之间的桥梁，而他们自己又是艺术家。"虽然按年龄我排在《翰墨缘——上海书画出版社朵云轩同仁书画选》中的最后一位，但是正如祝君波老师所说："朵云轩的书画家们自己投身艺术创作，也就能更准确地把握艺术规律。"这也是我坚守在这里的原因之一，无论顺境与逆境，我始终矢志不渝坚持梦想。

1996年我拿着简历走进了上海衡山路237号大楼，到二楼后等了许久人事科罗龙凤老师出来告诉我单位已经很久没从社会上招聘了，无果而返。想不到1998年我被祝君波社长从宣传系统人才会上相中招进了上海书画出版社做策划编辑，这也是上海书画出版社首次对外引进人才，以至于后来卢辅圣总编忍不住问起我是谁介绍来的。因为一般来说没有一点社会背景，是很难进入这个文化单位的。事实证明我进社第一年就成绩斐然。或许过去的坎坷经历与一切努力都是为了这个契机而做的铺垫。这种与朵云轩的翰墨缘来得很突然，而似乎又在情理之中。也许无所欲的状态才是最高境界——无欲则刚。在我的艺术人生中也不断涌现、碰撞出各种机遇与火花。而我的整个艺术创作活动始终都绕不开我所从事的图书编辑工作和兴趣爱好，因为这是我艺术生涯里耗费精力最多的事情。百年朵云轩的文脉传承与积淀造就了许多海上书画大家，使我耳濡目染并融入其中。以前那些老编辑都是"爱玩"之人。他们大都有收藏古玩字画的爱好，如高式熊、崔尔平、庄新兴、方传鑫、王中秀、刘小晴、江宏、茅子良、刘荣虎等。高式熊先生爱好摄影，收集了各式各样的照相机，崔尔平、方传鑫先生各收藏了几百方古代精品水坑端砚，庄新兴收藏古玩杂件，刘小晴收了几

海天佛国　纸本水彩　40cm×110cm　2017年

千本古籍善本和珂罗版碑帖，刘荣虎收藏海派字画等。同辈的漆澜是印石玩家，还有张春记的字画、何鸿的唐卡等。当年我们也常聚在一起“斗宝”和相互欣赏。近水楼台先得月，书画社多的是书画家。新世纪初，我备了两本空白册页请他们在上面添上一字一画，十多年后两本册页基本上也涂满了。著名书法家周志高也喜欢古物，后来我送了周志高先生两只云南地方窑口的元代小瓷瓶，顺便递上我的两本册页请他题写了“翰逸神飞”，他临退休前到北京做了几年《中国书法》杂志的主编，后又回上海接了著名书法家周慧珺主席的班，当上了上海市书法家协会的主席。

上海书画出版社人才辈出，一个书画群体中出了好几个美协、书协主席、副主席，上海市文史研究馆馆员，如上海市美术家协会副主席卢辅圣总编、上海市书法家协会主席周志高，还有上海市书法家协会副主席吴建贤、刘小晴、戴小京、张伟生等，以及主席团常务理事方传鑫（已故）、沈培方（已故）、王立翔和理事邵仄炯等。中途陆续调出单位的有上海中国画院的车鹏飞副院长、陈翔院长（上海市美术家协会副主席）、上海书画院江宏院长和上海博物馆书画部主任李维琨研究员。还有中国美术学院白砥教授、何鸿教授，上海师范大学美术学院邵琦教授、彭莱教授、邵仄炯教授，上海大学美术学院汤哲明教授，原上海艺术研究所周兵所长，原龙美术馆执行馆长黄剑（已故），北京语言大学朱天曙教授，上海人民美术出版社副总编徐明松，上海油画雕塑院理论研究室副主任李诗文，朵云轩拍卖公司副总经理张春记等，2018年7月漆澜离职。如今还留在单位里的“原班人马”有编审徐可副总编，王彬、王峥、时洁芳、朱孔芬、周倩芸、郭晓霞、倪凡等。其他都是从外单位调来的或新引进的才俊，如有后起之秀中国美术学院书法专业毕业的“80后”副编审张恒烟，现为上海市青年书法家协会副主席，他为人低调、谦虚好学，也是著名山水画家车鹏飞先生的弟子，我的许多印石名章都是他篆刻的。随着书画社名家编辑相继离退休，能书善画者日渐少矣。但愿长江后浪推前浪，一代新人胜旧人。

千峰百嶂　纸本水彩　50cm × 154cm　2017年

2. 编辑室轶事

1998年我到上海书画出版社综合编辑室时，就听说刚遇车祸去世的著名书法家乐心龙先生的一些事，还有书画名家王壮弘先生打太极拳和书法家许宝驯老师去巴西等轶事。那时隔壁是张雄主任的年画编辑室，年画室和教材编辑室是当年最赚钱的两个部门，著名画家吕清华也在年画室，他跟朵云轩前辈胡也佛学习书画和木版水印技术，擅画仕女人物。记得那时前后五年时间一直在编这本《近现代书画家款印综汇》(上、下册)，每天忙于复印资料，结果连复印机也坏了，只好换了一台新的。临退休前还没完工，最后由庄新兴老师收尾杀青发稿，故此事一直被老庄挂在嘴上唠叨。吕老师夫人也在朵云轩木版水印工作，不幸的是夫妇二人退休后相继患病去世。

有一天，时年五十三岁的著名书法家吴建贤老师来钦州南路出版大楼的编辑室上班，听说之前一直是长病假在家，这样我们也算相识了。他为人比较耿直豪爽，说话爽朗洪亮。过一段时间后请了长病假就再也没有进过编辑室。直到退休后的2007年，时年六十二岁的吴老师到外埠参加“笔会”途中因突发疾病医治无效去世。他去世后上海市书法家协会的副主席空了位，后来书协又增补了刘小晴老师做了副主席。

说起上海市书法家协会副主席刘小晴先生，为人最为豁达和善，有求必应。他经常会在书法编辑室里说：“你们要写的尽管拿来，等退休后机会就少了。”他对落难之人都会献出爱心。2000年左右，青年女编辑刘晓君长病假在家，还要做血透治疗，经济压力很大，刘小晴老师经常会资助她。他还时常会接济单位样书间的单身老职工华义蔚先生。2012年他听说复旦大学于娟老师的事迹后就写了两幅字捐给了于娟家人。2018年，刘小晴工作室成立，他捐资500万元成立艺术基金，拿出100万元，对口支援云

雪望　皮纸彩墨　77cm × 146cm　2016年

南红河的书画教育。对于社会上的相关善事活动，他都会发自内心地给予帮助，他做的善事不胜枚举。刘老师的小楷秀美精劲，行书亦流畅自然。有次他为我的册页书写后很认真地盖了几个闲章，其中有一方闲章“瓢客”，盖上印后我们都哈哈大笑起来。记得新世纪初叶的壬午年，朵云轩在上海书展上做“名家写扇面活动”，一千元一把扇面，人气不足。我看看没人要写便向收银付了钱，与刘小晴先生商量能否写幅小楷，他二话没说就开始写了，四首唐宋诗词一笔一画写了一小时，写完后对我说：“这里嘈杂，以后到家里好好写，不过这一把可抵上四把扇面了。”后来我又请青年才俊邵仄炯在小楷扇面的反面画了一开山水画，一字一画保存至今，而十五六年前的这一幕幕情谊仍历历在目。

另外一位上海市书法家协会副主席是著名书法家戴小京先生。1999年我们在综合编辑室时并排坐在一起，由于身体原因，时任朵云轩拍卖公司总经理助理的戴老师刚调回编辑室不久。戴老师身材高大，说话中气十足，老远就闻其声，毕竟是中国拍卖师中的“第一拍”，举手投足间派头十足，看待社会问题睿智而深刻，一语中的，掷地有声。每到中午时，他会在办公桌前静坐默念《心经》，正是拥有这份心力成就了他德艺双馨的品格和艺术事业。2003年后戴老师调到上海书协做秘书长了。当时编辑室里还有茅子良、庄新兴、李

小雪　宣纸彩墨　70cm×138cm　2016年

琼、江宏等资深编辑。著名篆刻家吴瓯老师是戴小京老师的夫人，她善书画篆刻，著有《篆刻印文常识》《汉代印章的源流及其特色》等。2010年她退休时我请她篆刻一方印章“仁德堂鉴藏”，两年后她到编辑室找我：“小金，不好意思，刻了两年多了。”而我也为吴老师的严谨治学和精益求精感佩不已。孟子曰：“君子所以异于人者，以其存心也。君子以仁存心，以礼存心。仁者爱人，有礼者敬人。爱人者，人恒爱之；敬人者，人恒敬之。”我与上海书画出版社老编辑之间的友情是深厚的，他们的人格魅力也时常影响着我的成长。

上海市书法家协会副主席、编审张伟生老师是与我交往比较久的同事。我们在同一个办公室，因此天天见面，彼此也比较熟悉。张老师是位儒雅之士，性格温文尔雅，行事低调淡定。他善行草书，小楷亦精，其行草脱胎于“二王”，恬淡静穆是其面目。十多年来我也陆续收藏了他的一些小楷、行书等手卷和册页，甚为喜欢他雅逸一路的书卷气。2013年春，我请张老师用洒金红纸撰写了一副对联：“象牙报奏谐金曲，琴瑟音悠萦碧天。”落款为：“书奉海上金国明周艳夫妇结发十四周年纪念。岁次癸巳年春，吴郡张伟生志贺。”2014年临退休前我收藏了他以梅、兰、竹、菊为主题的书法精品册页，再请邵仄炯画了二十四开梅、兰、竹、菊，请朵云轩郁德兴老师（著名国画家郁文华公子）精裱了四本厚厚的册页，最后请木版水印室的杜培明老师帮我到豫

园城隍庙做了一只红木箱盒。后来在我组织的一次笔会上又请上海书画出版社老前辈、时年九十六岁的高式熊先生为四本册页各题上引首“梅花年后多”“兰秋香风远”“绿竹半含箨”“采菊东篱下”及题签“翰墨馨香。己未四月高式熊题”。一套精品册页由此诞生。

2015年，我请郁德兴老师把我的两本册页拆开后重新裱成一本厚厚的册页，里面有周志高、周阳高、刘小晴、戴小京、方传鑫、江宏、沈培方、孙扬、张伟生、董觉伟、邵仄炯等名家作品。打开册页墨香一片，留下的是一份情谊、一段美好的念想。说起书法家董觉伟老师，他原本是《书法》杂志的技术编辑，后来一直在教材编辑室。他每天早上提前一个多小时到办公室开始练书法，下班后继续练。对社会上的笔会也不屑一顾，非常有个性，这种对书画艺术追求的精神令人敬佩。我也常对新进出版社的编辑说要珍惜出版社的“书画”两个字，研究中文或理论的就应该多写些文章，时间一长就可以成为作家、评论家。不会书画的可以早点学起来，二十年后就是名家。就像以前邵琦老师对我说的，要在上海书画出版社站稳脚跟还是要靠手里的绝活。以往上海书画出版社的名家个个能声名鹊起名扬四海，靠的就是自身的专业实力，正是上海书画出版社几代人的积淀成就了当年全国书画界半壁江山的美誉，没有他们坚实的奠基哪有现今上海书画出版社的业绩和辉煌。

2014年，海派书画大家江宏先生曾在其

雪霁　纸本水彩　79cm×39cm　2018年

"65寿庆暨书画大展"前夕赐我书法墨宝一幅。回忆起2002年与江宏、孙扬在宁波的宾馆里切磋画艺的情景，他们都带了笔墨纸砚，画得兴致盎然时，江宏说："小金没带本小册页来，否则给你画掉啦。"哈哈！结果还是我用毛笔在宣纸上为江宏画了幅速写。令人难忘的是我们在舟山朱家尖岛的海滩边冲浪的镜头，虽然海水很混浊，但是我与江宏、张春记都下海冲浪了一番，一排排惊涛骇浪劈头盖上来，刺激而有趣。连站在沙滩上的著名书法家刘小晴先生看了也眼热，一开始他还穿着衣服，后来干脆也脱了一起玩海，老老少少玩得兴致盎然。一会儿一排大浪劈头盖下，只听到刘小晴老师喊道："哎呀！我的眼镜没了！"这时站在沙滩上观海的周萍、吴瓯、朱孔芬等女同事们纷纷下来帮他摸眼镜，这么大的海浪哪里还摸得到啊！一段美好往事今天回忆起来，不禁令人莞尔。临走时我与江宏到小店里买了两只硕大的王冠海螺。晚上大家都围着江老师，饶有兴致地听他谈古论艺。时光飞逝，情谊绵长！

2004年江宏在文章中说："和金国明在同一办公室共事多年，只是依稀知道他擅长油画。及至他为我作了一幅形神兼备的肖像速写才领教了他的写实手段。十数分钟的随意涂抹，那种神闲气定、从容不迫的作画情态，信手拈来间显示了深厚的功力。金国明平时不善言语表达，所思所感都在画里，而从他画里获得艺术享受者为数不少。这些年来，他的作品屡屡参赛、屡屡获奖，又屡屡被海内外识者收藏。我作为一个外行，看金国明的油画，自认为看出些门道来，是基于从外行的本色——看热闹——他那些尽管被打得支离破碎的写实形象里，细细品出点什么来。技巧纵然不是目的，然而没有手段是达不到目的的。"

国画家孙扬是老兄长了，我们两个人挨在一起办公了很多年，谈画论艺，相互切磋，一直到他2015年退休。孙扬，原名为孙金祥，擅山水，画江南水乡是一绝。2002年我与江宏、孙扬、邵琦、李琼和朱孔芬到山东临沂、日照等地区采风，晚上在沂蒙山下的小店吃小羊肉和驴肉，江宏说："天上龙肉，地上驴肉。山东驴肉最好吃。"他还买了几斤带回上海。山东人好客拿了白酒，我们都倒了一杯，足有三

上　马年迎新　纸本水彩　39cm×27cm　2014年
下　金色之梦　纸本水彩　39cm×27cm　2014年

两，只见孙扬豪爽地一口闷，结果很快就趴下了。他喜欢喝酒，每天喝一瓶黄酒已成习惯了。喝酒后开始作画写字，泼墨设色，借酒发挥有时也会得到意想不到的效果。当时我是第三编辑室的主任，编辑室里有一张空台子，上面笔墨纸砚样样齐全，每天中午空闲时，大家围在这里玩玩笔墨，互相交流。有时我也会上去涂抹一番。刚来不久的黄剑为我书写了一幅字《金国明油画作品大展》，2010年他离职去了龙美术馆，2017年因病英年早逝。那段时间里庄新兴老师勤奋练字，每天要写几十幅书法对联和条屏，有时也问他讨要了一些，那是我们最开心的时刻。刚来出版社不久的汤哲明每次从楼上下来也会涂上几笔，后来他就在这张台子上分好几次为我画了一幅山水画。有一次上午由孙扬主笔与大家一起合作画了一张丈二匹的《荷花图》，题款为“上海书画出版社第三编辑室同仁作”，画好后大家一起盖章，其中有我和孙扬、庄新兴、黄剑、李琼等，一数约有十几方印。这幅画由郁德兴老师托裱好后贴在墙上，一直挂到2004年出版社从钦州南路的出版大楼搬到延安西路593号大院为止，临走时我把此画从墙上揭下后卷起来妥善保存了。还有一次我拿了一张棉絮很厚的“红星”旧宣纸，早上等江宏先生来，大家就围在一起看江宏老师现场试纸。江老师有个习惯就是喜欢用自己带的笔墨家什画，一只小而精巧的清代大西洞端砚加一块清代旧墨细细研磨，待砚堂上飘起油花时就开始动笔了，只见他胸有成竹，从容下笔，缓缓地画下一幅斗方大小的山水《寒江钓雪图》，边画边说：“老宣纸的效果非常好，灵额！”画好后贴在墙上。挂了没几天，时任副总编的周兵对江宏老师说他要了，江宏老师手一挥笑言：“拿去！”一派超俗洒脱的名士风采。

上　内蒙古临江小镇　纸本水彩　30cm × 40cm　2015年

中　内蒙古呼伦贝尔　纸本水彩　30cm × 40cm　2015年

下　内蒙古呼伦贝尔　纸本水彩　30cm × 40cm　2015年

当年上海书画出版社内画家众多，气氛很热闹，时时会吸引社会上的书画商和卖笔、卖纸、卖石头的贩子，他们肩挑手扛着大包小包经常光顾编辑室。因此出版社的几个编辑室每天都热热闹闹的，一会儿试笔鉴纸，一会儿挑石赏画。有一次，福建的石贩子来了，庄新兴老师叫我：“小金快来！”只见已经是满房间的人了，大家都在挑石头，站在旁边的摄影编辑李顺发老师也蠢蠢欲动，他有点犹豫不决，所以一直没下手，后来就放弃了。随后我拣了几方印石，还有一件是老李拿起又放下的通体结晶芙蓉石“佛手”把件，老庄当时就说这件芙蓉石质地很好的。放到现在也要上万元了，哪还找得到这样的货哦？可不要小看那些小贩，长年累月就发了大财。譬如卖笔的邹根源经常光顾各书画机构和书画家寓所，用毛笔换字画。2015年，孙扬临退休前有一支常用毛笔坏了要修，约老邹来编辑室，聊上几句后他告诉我们上海当代的书画名家作品他都有，数量可以开个艺术馆了。确实上海一些古玩城里的书画商当初都是卖宣纸或卖笔出身，像路画廊掌门人路亮、上海藏真海派美术馆创始人万俊池、百乐草堂的徐乐华、汲宝缘的邹常辉等现在都已身价不菲。

老编辑们都喜欢坐在一起聊聊天，谈笑风生，边喝茶边抽烟，经常弄得烟雾腾腾，但气氛很热烈。也常常会吸引外面的名家作者们一起加入，如常来的有上海大学美术学院的徐建融夫妇、著名国画家李厚等，徐教授几乎隔三岔五到编辑室，他风趣地说他像是来上班的，大家一起侃得很有劲。是啊，都是些才高八斗的饱学之士，大家聊的话题也都是很生活化的，但却非常高级。

那时编辑们都喜欢打牌“80分”，下班了还继续打，常常玩得忘了回家，有时周末也相互邀约一起娱乐。有

上　内蒙古额尔古纳 三河　纸本水彩　30cm × 40cm　2015年

中　内蒙古额尔古纳　纸本水彩　30cm × 40cm　2015年

下　内蒙古阿尔山　纸本水彩　30cm × 40cm　2015年

一次王中秀先生在打牌时突然想起书稿中有一个黄宾虹词条好像在家中的某个卡片上，顿时兴奋起来，回家一翻果然如此。老编辑治学严谨，其编外功夫是非常厉害的。不要看他们在玩，其实在玩的时候他们也还在动脑筋解决书稿中的疑难问题。王老师对我说他有个习惯，就是平时注意收集信息并分门别类归档做好卡片，然后放在不同的格子里，需要时就抽出来，这个就像图书馆的档案柜。听之汗颜，这是一种多么严谨的治学精神呵！不幸的是王中秀先生于2018年11月28日因病辞世，享年七十八岁。他长期从事上海美术史料的辑佚、考辨工作，做过大量黄宾虹第一手资料整理、编撰与研究工作。著有《近现代金石书画家润例》（合作）、《黄宾虹年谱》《黄宾虹画传》《黄宾虹文集全编》等。

2006年单位组织到海南岛疗养，在亚龙湾的海滩上我体验了一把降落伞的惊险刺激。可一到几百米的高空后我马上就后悔了，才发觉原来我也恐高，飞翔在茫茫无际的大海上空，环顾四周时突然产生一种强烈的恐慌和无助感："掉下去就完了！"生与死的念头只在一线之间。本能使然用力抓紧绳索，当快要降落时需要单手来控制方向，而那时两手却已脱力没劲了。与此同时张春记、郭晓霞、朱孔芬、倪凡也租了一条快艇飞驰在海面上，据说张春记也惊恐地大叫："哎哟，要是掉下去可就完了！"看来男人都比较怕死。令我难忘的是在烈日底下与穿了红衣衫的陈海红、施晓俊等一起在海滩上捡贝壳的情景。谁能料到今天的春记兄已是朵云轩拍卖公司的老总了。

我与著名篆刻家编审茅子良老师交情笃深，我到出版社时与他在一个编辑室工作多年。他喜欢撰写考据文章，兢兢业业做学问搞出版，往往发现一个问题或查到

上　内蒙古阿尔山　纸本水彩　30cm × 40cm　2015年
中　内蒙古阿尔山　纸本水彩　30cm × 40cm　2015年
下　福建古田　纸本水彩　30cm × 40cm　2015年

一个事件出处就会兴奋不已并撰写文章，2006年他获“上海出版人奖”，享受国务院政府特殊津贴，2009年他出版了《艺林类稿》一书。我问他：“假如您一直从事篆刻的话是否成就会更大？”曾经做过副总编的他回答说他能做编辑已经很知足了。2013年我为他画了一幅形神兼备的油画肖像，他很满意，也为我刻了四方印章，其中有一方“神来之笔”编入“西泠印社110年社庆·百年西泠金石华章系列”丛书《印汇天下·国际印社联展图录》。2018年元宵节后又为我治印一方“内外明彻，净无瑕秽”。我也回赠了一幅2013年画的水彩画《郁金香》。书画家之间常常“以艺会友”来相互交流。

书画家中我比较敬重的是著名书法家方传鑫老师。他师从来楚生、方去疾先生，亦曾得马公愚先生等大家指授，从隶法入楷、行、草书，书法作品各体皆工，尤以隶书为最，编辑出版了大量字帖书刊，其中有《中国碑帖经典》百种等。他性情耿直，为人亲和。记得2000年我觅得一件小牛皮质地的漆画后拿到编辑室，方老师说这个应该是清代中期少数民族酋长家的东西——皮胎描金漆《瑞鹤图》。当年我们时常在一起谈艺鉴宝，他喜欢砚台，经常会带上好的大西洞水坑端砚来交流经验，久之我也能辨别一二了。他夸我说：“小金眼光好。”有一次，我对方老师说要买他一幅隶书，他说这怎么可以，翌日他就带来一张隶书送我了。2012年3月2日，上海朵云轩举办了“方传鑫书法篆刻展”，方老师人缘好，展品不断被来宾贴上红标签。方老师的印章很是出名，特别是边款刻得十分精致，他可以在印石的四边用真、草、隶、篆体镌刻诗词。我请身边的张伟生老师帮我参谋挑了方“昌化掘性独石”材质的印章“上善若水”，我向原朵云轩的吴琍琍经理表示方老师的展览我要捧场，这方印章标价25000元，我当场就成交了。过了两个星期，方老师来到编辑室赠予我一幅他书写的四尺整张隶书精品，说这是用清代宣纸写的，这就是他的品格和风骨。不幸的是方老师在2017年1月23日因病去世，留下了

上　内蒙古阿尔山　纸本水彩　40cm × 30cm　2015年
下　内蒙古额尔古纳 恩河　纸本水彩　40cm × 30cm　2015年

我们对他的深深怀念。

我曾经三次错过进朵云轩拍卖公司的机会，主要原因还是我不太愿意去。去了拍卖公司就是向艺术家、藏家去讨画作，艺术家的身份换成经纪人了。第一次是2005年左右朵云轩总经理李年才到编辑室来找我，想问问是否会油画鉴定，正巧我不在，编辑室的孙扬就说让李诗文去试试，结果李诗文就去了拍卖公司油画部，做到2010年后就离职了。钱是赚到了，但是其花费的精力和面临的各种压力却也不得而知。第二次是朵云轩的财务科长陆剑良来问我是否愿意去，如果可以我们翌日就办通行证到台湾去收东西。第三次是2013年我在组稿《颜文樑》一书期间，与朵云轩副总经理承载老师、摄影编辑李顺发一起到苏州博物馆拍摄颜文樑油画作品时，承载老师力邀我："待遇很丰厚，做上五年也就可以了。"我说我情愿画五年的画。虽然机会有多次，在这个问题上我却是非常坚定的，做艺术家就不能去做商人，角色一换前功尽弃，几十年心血付之东流。有时要学会放弃，只有舍弃眼前利益，才能高瞻远瞩成就大业。

二、集藏缘

新世纪初叶，每逢周末假日时我常会去古玩市场兜兜玩玩。有一天我到大木桥云州古玩市场，偶然淘到了一堆民国间的金融保险资料，如太平洋保险、大上海保险以及中华人民共和国成立初期的中国人民保险等，有的还是保险公司规章的手稿。其中夹杂了一本曾经是这些资料主人的洋行经理在民国时期的日常生活账簿，里面记有当时洋行经理吃喝玩乐的各种物价指数。研究黄宾虹的专家王中秀先生得知后就问我要了几页复印稿，不久便编入了王中秀、茅子良、陈辉编著的《近现代金石书画家润例》一书中。有时鉴赏雅玩也会有意想不到的斩获！有次我在老城隍庙藏宝楼的"冷摊"上淘得一只宋代的青瓷碗，数日后带到编辑室

上　内蒙古呼和诺尔　纸本水彩　40cm × 30cm　2015年

下　福建长汀 丁屋岭　纸本水彩　40cm × 30cm　2015年

对庄新兴老师说："庄老！这只宋碗送给您了，有缘！""老法师"很惊讶地看着宋碗底足上那苍劲有力的毛笔大字"新兴"，直呼："哎哟！是真的嘛！"不出几日，他也回赠我一只元末明初的早期青花碗，底足也写有一个大大的"尊"字！他说："这个就是早期的青花。"哈哈，这其实就是大人的玩具罢了——其乐无穷。庄新兴老师擅长书法篆刻、印学理论，也是古董杂件玩家。他经常会带些五花八门的宝贝到编辑室，如宋代湖田窑影青碗、五代梅子青碟、战国铜镜、北魏造像等，我也很虚心地向他求教学习。新世纪初我们经常会在上海城隍庙的地摊上碰头，周末凌晨三四点钟天还未亮就开始逛"鬼市"地摊了。有次清晨在地摊上他抓起一件酱紫色的精品建窑盏不放，我知道这又是件好东西了，最后"12元"成交。当然我也有过很多次类似的好机会，有天早上7点左右在藏宝楼的四楼地摊上，我与老庄等一起扫货，突然他蹲下去拿起了一件唐代玉璧底青瓷单耳杯，一问价"20元"就放下了。在机场工作的玩家小范处长顺手也拿起来，一问价也放下了，当时市场中东西多，大家都是抱着捡漏的心态去淘宝的，古玩行里叫价"一元"就是一百元，"一角"就是十元，因此"20元"就是两千元，相当于一个月的工资。一个多小时后行家们散去不少，最后我见机会来了，便把它拿在手里开始砍价，与小贩们打心理战也是很过瘾的："你看这个都没人要，场子里这么多专家都看过了，可能不对，要不早就成交了，算了我帮你开个张吧！"一来二去几个回合，最后我仅用"四元"就拿下了这只珍贵的青瓷单耳杯。成交后老庄、小范他们都围过来，老庄说："这只杯子当场可以卖'50元'，小样大器，精品！博物馆也不一定有。"

古玩鉴赏也是我的兴趣之一，需要耗费很多的精力和财力，不过只要我看中的东西，基本上都会很有缘地收入囊中。譬如新世纪初在杭州参加完书展活动后，我和茅子良、庄新兴、刘荣虎等老师一起直奔当地的古玩店，我的唐代越窑青瓷粉盒就是在那时淘来的。老庄常说："小金悟性高，一点就通！"确实把玩古器

上　福建长汀三洲镇　纸本水彩　40cm × 30cm　2015年
下　福建古田　纸本水彩　40cm × 30cm　2015年

是靠悟性和专业知识的，而实践更重要，一刹那的工夫就能开门断代。著名书法家方传鑫常在办公室说：“小金聪明，收的琉璃也是一绝。”这样的故事不胜枚举，而我的宝贝随着年月的累积也越加丰富了。

在我收藏的文献资料中有三件精品，弥足珍贵。新世纪初，我在上海大木桥路云州古玩市场的书报摊前看到一本四开大小的红色精装硬板压凹凸、烫银封面的图集——上海市工程地质图，右上角烫银“密”字，下面印有上海市城市建设局，打开一看，原来是1959年12月版的上海各区县地质图纸，有上海市区及县属地区等几十页，各页都敲了“密”字红色印章。

同时还有一本八开大小的红色精装图集——中苏友好大厦(上海展览中心)地质勘探报告，并是原件手稿。这幢建于20世纪50年代的俄罗斯古典主义风格的建筑是中苏两国建交后，由苏联专家帮助设计兴建的上海第一幢展览馆，在相当长的一段时间内，这幢建筑顶端的镏金五角星，曾是上海的一个制高点。这两件文献资料都凝聚了一代人的智慧与结晶。

差不多也在同时期的一个早晨，我发现地摊上有一卷很旧的用墨绿色丝绸料包裹的东西，当下我弯腰拿起，打开一开，只见牛皮纸封皮上用毛笔书写有“上海觉园住宅照会”，竟然是用英文书写的建筑图纸原稿，图纸上有钢印“工部局”。我合上此卷拿在手中，并问摊主价格。得知他是在胶州路一户人家当废纸收来的。我也没还价马上掏钱成交。这时一直盯在旁边的男人对摊主说：“你怎么会这么便宜就卖啦。”立马走人，要知道古玩行里有规矩，东西拿在谁手上就不能夺，待人家放下了才可以上手，所以好货早就被行家盯住了。

上海觉园就是上海佛教居士林，位于上海西康路、

上　福建长汀　纸本水彩　30cm × 40cm　2015年
中　福建长汀 丁屋岭　纸本水彩　30cm × 40cm　2015年
下　福建古田　纸本水彩　30cm × 40cm　2015年

常德路之间。1920年，民族资本家南洋兄弟烟草公司创办人简照南、简玉阶兄弟投资兴建觉园，占地0.7公顷，有楼房22幢。1926年，居士简玉阶将觉园的部分舍出，作为佛教居士林社址。觉园也是赵朴初先生从事抗日救亡、传承人间佛教三十余年的旧居。这一大卷建筑设计原图资料是1924年协昌泰测绘建筑公司设计，工部局监制。其文献与史料价值无可估量，也就是在那段时期我还能偶尔发现一些珍贵的文献资料。

2010年3月的一天清晨，我逛云州古玩市场，被一位熟识的摊主叫住，他招手示意我有好东西：“我有三封吴阶平的信。”“吴阶平是谁？”“吴阶平是全国人民代表大会常务委员会副委员长……”我说：“看看吧。”他拿出一封信给我，“哟！怎么来的？”“是收来的，就是随这些书信一起的，主人是上海中医药大学党委书记洪嘉禾。”我低头一看：“还真是，地上一大堆。”“多少钱？”他说：“30元（三千元），一封吴阶平的信10元。”“太多了，哪有这么多的！”其实彼此都心知肚明，斗智斗勇嘛，一来二回后我说：“所有信件打包价25元。”于是我装满两个大塑料袋后立马走人，兴冲冲地赶到田子坊的画室中进行整理。

一打开就惊喜地发现一部六百多页用书稿纸誊写的《性的教育》手迹原稿。《性的教育》（第一版）于1989年10月由上海人民出版社出版，洪嘉禾、沙友、傅安球著，责任编辑林铭纲，序言为吴阶平所撰。其中有编辑林铭纲先生在1988年2月给洪嘉禾的两封信，对此书的撰写进展及内容做了相应的要求，如其中一封说：“嘉禾同志：你好！我已仔细看了第一章总论及家庭性教育的一节，总的感觉是很好，望放手写下去。这是一部独具特色、带有开创性的学术著作……”后来我在淘

上　福建古田　纸本水彩　30cm × 40cm　2015年
中　福建长汀三洲镇　纸本水彩　30cm × 40cm　2015年
下　福建长汀　纸本水彩　30cm × 40cm　2015年

宝网上购得第二版的《性的教育》，其版权页上所示发行量已达两万五千册。作为中国第一部性学方面的研究专著，其学术价值与文献价值不可小觑。我把图书与原稿、信件放在一起，这或许也是图书与作者、编者和收藏者之间的缘分罢。

随后我在文稿中又整理出几篇洪嘉禾的学术论文和《养生十一宜》的原稿及贯穿他一生的各种聘书与证书，如有洪嘉禾读大学时的上海学生课余艺术团团员证、1994年聘为中国性学会首届常务理事、1993年上海性学会会长和教授资格证书等。其他的以信函为主了，最为珍贵的是整理出吴阶平致洪嘉禾的七封亲笔书信。

如其中一封书信写道："嘉禾同志：在返京的火车上给你写这封信，颠簸得厉害。这次在沪又承你们热情招待，各项工作都极为细致，感甚。听施院长说，肾上腺影像学上的改变问题已经基本澄清。影像学近二十余年来有极大进展，对诊断有十分重要的帮助，但影像学仍只能作为临床诊断中的组成部分，而不是诊断的唯一依据，是否确属肿块,NMR最可靠，肯定是肿块，也不一定是肿瘤，是肿瘤也不能说在临床上必有重要性。关键是有无内分泌方面的改变，究竟存在多久，前后现已有周详的检查方法；后者如果肿块不很大，往往要争取随诊观察的办法。听到这个问题已得到解决，很高兴。血红细胞、血红蛋白高问题，不知已否请血液病专家详细研究过。我对这个专业不熟悉，上二医王振义教授造诣很深，我虽不知在血液病范围，他是否专长这方面，不知是否值得请他发表一点意见。如你和他联系也可说我介绍，我和他尚较熟悉。有事请随时联系。敬礼！吴阶平，1994年9月5日。"

行文如此亲切自然，折射出老一代科学家的学术精神与人格魅力。当然这七封信函的文献价值已不言而喻了。

另外还有近百封写给洪嘉禾的信件，如近代中医大师何时希1985年2月9日的和平饭店北楼的宴会请柬，上海市领导叶公琦、华侨民族宗教部门胡绿漪和宗教局吴孟庆、市科协潘风翱的新年贺卡；有中国台湾的中国医药学院院长陈梅生，中国香港性学专家吴

上　福建长汀新桥镇　纸本水彩　40cm×30cm　2015年

下　福建长汀彭坊村　纸本水彩　40cm×30cm　2015年

敏伦、徐梅夫妇的书信，还有日本医学专家池川哲郎、根本幸夫以及众多友人们的信件。其中吴敏伦、徐梅夫妇众多的往来信件反映出洪嘉禾与这家人的友谊绵长，并从中得知已故著名油画家陈逸飞的代表作《浔阳江头》的藏家就是香港画家徐梅女士。

显然我的这一系列藏品的主角就是中医学院的洪嘉禾教授，这么多个人文献资料的外流，显而易见是他家里发生了变故或是家属不重视当垃圾丢了，好在捡垃圾的也懂行，见好就往古玩市场送，而我是有缘之人，权当做个资料保管员了。

附：吴阶平（1917—2011），江苏常州人。曾任第八届、第九届全国人民代表大会常务委员会副委员长，九三学社第九届、第十届中央委员会主席，中国科协副主席，中华医学会会长，中国医学科学院院长，中国协和医科大学校长，欧美同学会会长。

洪嘉禾（1939—2013），浙江人，教授、研究员、博士研究生导师。曾任上海中医药大学党委书记、中医药大学出版社社长。

后来我又收到原上海市地方志编纂委员会委员、上海市地方志办公室主任、《上海滩》杂志社原主编吴云溥编审的近百封书信和一些他一生中重要的相关证件，如工作证、各种聘书和结婚证等。这与上面洪嘉禾先生的情况如出一辙。

附：吴云溥(1926—1999)，曾用名吴云甫，安徽歙县人。他创办了《上海滩》杂志，任主编达十年。并以楚云飞笔名发表大量杂文，部分作品收入《上海杂文选》。出版有《近代中国经济史话》《社会主义经济问题》《人生的路标》《人生最重是精神》等著作。

上　福建长汀彭坊村　纸本水彩　30cm × 40cm　2015年
中　台湾桃园县大溪　纸本水彩　30cm × 40cm　2015年
上　韩国丽水　纸本水彩　36cm × 51cm　2013年

2006年10月3日，我在奥地利萨尔茨堡住了两天。前夜，我隔着橱窗玻璃，相中了一件1875年产于匈牙利布达佩斯的瓷器扁壶，心痒了整晚。翌日十点开门，我就匆匆走进这家古董店，与说德语的老头砍价，语言不通，我们就用笔来写数字与肢体语言交流，他讲他的，我讲我的，很带劲！呵呵！居然与我在国内买古董时的情景一样，一来二往，打起了心理仗。又看到两件非常精美的1870年产的日本瓷器，那可是19世纪日本宫廷御用的“莎摩萨”瓷器啊！这几样我全要了，这个奥地利老头没想到我一个中国人花了大价钱买他的东西，刷卡时他乐得手都抖了。其实该乐的应是我，西方人并不很了解亚洲的文化艺术，这次在异国他乡拾遗的经历真是令人难忘！

2011年1月31日，不知不觉中我来到了西班牙广场边，这里是罗马最高尚的街区，“噢！跳蚤市场”，这里什么都有，大多是西洋古旧器物，挑来挑去我买了件16世纪的木质鸭子摆件，用螺钿镶嵌的翅膀，用带工的有精细纹饰的细铜装饰鸭嘴及翅膀，尽显其古朴典雅、精致小巧，极富历史沧桑感。

法国巴黎圣母院圣路易岛的小巷里有许多特色的食品店与饰品店。2012年10月的一天中午，说好要到孙信一家吃午饭，我与夫人在巴黎圣母院附近走到一家古董店时看到里面挂着几幅16世纪的老油画，不过我一眼就瞧见玻璃橱柜里摆放了一套硕大而精美的清乾隆时期的精品“广瓷”，便开始与老板打起心理战，磨了一个多小时后，老头以为我不要了。临走到门口后，当我回头说“OK！”时，他额角冒汗，拍着胸脯说：“心都快跳出来了，还是让它回到老家去吧！”呵！我才不管呢，喜欢就收！出门在外淘淘旧货不亦乐乎，关键是该出手时就出手，错过了，也就没有了。后来我在上海博物馆展出的故宫藏品中就曾看到过一套类似的广瓷精品。周末我喜欢兜兜法国最大最出名的跳蚤市场，古旧物品琳琅满目，我真是老鼠跌在米缸里，里里外外地毯式扫描般地领略了欧美各国的古董钟表、动物标本、家具、字画、灯具、玩具、象牙制品等等。

上　台湾桃园县大溪　纸本水彩　40cm×30cm　2015年

下　台北市阳明山　纸本水彩　40cm×30cm　2015年

在一个摊位上我看到一件新石器时代的玛瑙箭镞，对摊主表示这个是很老的东西，很棒！不料这位法国人见我很喜欢，就表示要送给我，也许他认为这件小箭镞太小了不值钱，当然我也乐呵呵地笑纳了。走到另一家，我十分喜欢那里的几把雕刻精美的老象牙“斯迪克”，可惜我不敢买。总不能空手而归吧，顺便捎上一个1880年法国产的镶嵌玳瑁边饰的首饰盒给太太用吧。

我的工作室里挂着一幅小巧精美的木板油画《在萨尔斯堡附近》，这是一幅奥地利约1620年巴洛克风格的古典油画，真实生动地描写了一位画家在萨尔斯堡附近的酒窖里与男爵干杯的场景。这是2006年我在奥地利小镇Hallstatt的古董店里淘来的。这个举世闻名的湖边小镇就像童话世界中的场景一般，那些梦幻般绿色或黑色尖尖的屋顶、窗外的鲜花绿草，甜美而又恬静，令人意犹未尽，流连忘返。

同时还有一幅配有洛可可风格画框的精美风景油画，是19世纪法国巴比松画派代表人物之一让·拉布朗斯（Jean-Labranszz）画的风景原作。不要以为它在博物馆，现在它就挂在我的工作室里！这可是我从巴黎市中心著名的古董画廊里买的，乘火车辗转到比利时布鲁塞尔，然后再乘飞机带回家的。能如此近距离地观摩如此精美的原作，真是大饱眼福！

当我漫步在比利时布鲁日的小巷中时，经常会被一些精湛的手工艺品吸引而驻足观赏，不过我更喜欢逛当地的古董店，一幅《雅各布与圣母》（约1750年，比利时）的古典油画，就是我在闲逛中买下的。每到异国他乡我总会有意无意地选购一些喜欢的艺术品，一是欣赏，二是学习。人生几多情，唯好古嗜物。藏的是怡然心情，赏的是真挚情感。

2014年8月我在手机上发了一条“微信”消息——民国上海知性美女，这是我收藏十多年的民国老照片。不到一小时，远在加拿大的好友徐琳女士说照片中的美女是她现年八十八岁的婆婆——严丽娟，这可是绝对本色之上海美少女。这是她十四五岁时（1939－1940）在上海大成照相馆拍摄的，朋友随后发了他们的结婚照（公公九十二岁）和一张2013年10月17日的《新闻晨报》，上面刊登了他们的“钻

上　日出　纸本水彩　39cm×27cm　2014年
下　悠然见南山　纸本水彩　39cm×27cm　2013年

石婚”纪念照片和相关报道。经过这么多年历史沧桑，今年八十八岁的“民国美女”又看到了昔日之影像激动不已，据说原照片很早以前就遗失。我是在古玩地摊上偶然得之，这真是奇闻逸事，我收藏的老照片想不到竟然就这样找到了源头，并且照片中的主人公非常精彩，俨然是一个上海滩上的历史故事。借此机缘，我便把这幅珍贵的照片转赠给严丽娟女士，也算是完璧归赵了。衷心祝愿这对相濡以沫结婚六十余年的夫妇健康长寿!2018年9月我与徐琳碰面，说起这段奇缘，感慨万分。得知她公公已九十七岁，婆婆九十三岁了。我的收藏机缘使这对老人又重温起半个世纪前他们的青春岁月！这难道不是一种缘分？

还有一件很有缘的收藏，是我在1997年世界出版社出版的《路易·艾黎》一书中找到一张图片，与我在十多年前从古玩市场中觅得旧藏的原版照片一样（照片中的画面景象是爆发于1937年8月13日的上海“八一三”事变中被日军轰炸的上海虹口与杨浦的惨状，“八一三”淞沪抗战由此爆发）。巧的是我现今参加的中国工合国际委员会就是宋庆龄、埃德加·斯诺、海伦·斯诺和路易·艾黎等在1939年创办的，2017年12月我在北京友谊宾馆与海伦·斯诺的侄子埃瑞克·斯诺合影，情意绵绵延长，乃是难得的机缘。

三、善本缘

我平素好古嗜书画，而得益于身为编辑之缘故。2010年，一日同窗电告学校先生有一批民国珂罗版画册，虽每年他都要拿出来晒晒，然常为书虫蛀蚀而犯愁。知道我在书画单位工作，有意让之。我心头一

浙江乌镇No.1—No.3　纸本水彩　30cm × 40cm　2011年

热，未加思索便提议约见，翌日邀同窗寻址上门，于距单位不远武夷路上的公寓内见到先生，一番寒暄后切入正题。只见沙发上堆有不少品相完好的古籍碑帖，足见旧藏碑帖之人乃饱学经文之儒士，我心里窃喜。见有《苦瓜和尚画选》《支那绘画选》《芥子园画谱》等民国珂罗版碑帖画册。坐定细听先生介绍：“所剩不足藏品一半，余者已为朵云轩拍卖。今欲尽快处理，留着也是烦心。此原为故交所有，后去海外，故归我处。”品茗之余，问先生以何种方式置换，先生表示不论厚薄皆以同价计，后欣然悉数拿下，先生亦激动欢喜，云：“我心病将不复发矣！”皆大欢喜。归后拆将开来，细细品读，其中不乏大家名人旧藏之书，如《黄石斋书张天如墓志墨宝》中有藏书印“南昌梅光远斐漪父印长寿”(梅光远，江西南昌清末举人、江西省议会委员)。其中亦有吴湖帆题签本等，其他珂罗版画册上的题识多为“药庐”，藏书印“冯学良”。另外还有一本厚厚的《安刻孙过庭书谱》，为康熙年间安岐刻碑之原拓本，其收藏价值也甚高。最值得一提的是其中竟夹带一本水印荣宝斋藏的手抄墨迹书论真本，字字工整，一丝不苟，曼妙无比，行楷书写足有八十余页，诚不多见，想必为其时名手所为。后详审其始末，虽未落款签章，然第七十九面第六行有云：“……后又作一绝云：‘书家第一尚风神，绝世仙姿不染尘。留得兰亭真本在，好从明月认前身。’”由此推之，此书论手写真本乃中医药学泰斗、一代宗师程门雪品读历代碑帖随笔札记。程门雪（1902–1972），又名振辉，字九如，号壶公。1902年生于江西婺源。其父乃当地名宿。程门雪十五岁时拜上海名医汪莲石为师。汪莲石誉隆沪上，诸

浙江乌镇No.4—No.6　纸本水彩　30cm×40cm　2011年

多名医如恽铁樵、丁甘仁等都曾拜叩其门下。1956年，任上海中医学院首任院长，第二届、第三届全国人大代表，《辞海》中医学科主编，曾受到毛泽东接见。该册首页书写：“钟太傅《荐季直表》是真迹无疑，须观淳熙秘阁本方知其妙用，分隶笔法处甚多，极似《曹全》结布之疏宕有味，欹侧生姿，令人心醉。三希堂形似神非，韩逢禧藏宋本（文明书局印）更形神尽失……”可见他对碑帖版本研究有独到见解。第三页有云：“真楷至唐而穷形尽势，然妙则让晋人。行书至宋四家乃尽其意致，极妍备态，《禊序》《官奴》虽为正鹄，犹未尽善尽美也。故吾主学真书以《十三行》《季直表》为宗极，而以唐贤为初桄；学行书则以《禊帖》为根基，而以宋四家为归宿，虽达否难言，此志不渝矣。己卯秋九月十四日记。”从中可窥睹先生书学主张之旨归，观先生书迹用笔虚灵有致，结体疏宕尽态，意境萧散简远，颇具魏晋风骨，他将自己的书法实践与书学主张完美地结合在一起，成就了他不同凡俗的艺术造诣。程门雪才华横溢，一生嗜好诗文、丹青、书法、金石等艺术，品题、鉴赏水平也很高。现上海中医药博物馆藏有他书写的楹联：“客至肯空谈，四壁图书聊当酒；春来无别事，一帘风雨欲催诗。”著有《书种庐论书随笔》《晚学轩吟稿》，由其高足何时希辑《程门雪诗书画集》两集。何时希曰：“程门雪多才多艺，有诗、书、画‘三绝’之誉。”程门雪云：“我诗为上，书次之，医又次之。”此外，程又善篆刻，刀功布局“功夫不让专家”。国画大师王个簃称其“不以诗名，而境界高雅，时手鲜有其匹”。可见程门雪清雅高洁的品性

上　韩国釜山　纸本水彩　36cm×51cm　2013年
中　韩国济州岛　钢笔淡彩　30cm×41cm　2013年
下　韩国釜山 邮轮码头　纸本水彩　36cm×51cm　2013年

和广博深邃的文化底蕴。程门雪一生清廉高洁，恪守礼仪，专注医道。晚年遭迫害，罹染多种疾患，即便如此仍坚持为民诊病，以精湛的医术和医德受到人们的尊敬，以高尚的人品和卓越的贡献受到中医界同仁的推崇，正如他诗中所言：“书家第一尚风神，绝世仙姿不染尘。留得兰亭真本在，好从明月认前身。”按：从第三页的纪年“己卯秋九月十四日记”来看，书写时日为1939年秋，第八十页末尾纪年为十月六日。因此程门雪书写时年才三十七岁。墨书中亦夹带其高足、著名中医何时希的校注，似为何时希旧藏之物，足见程门雪书写此稿有流芳之意。今幸留余藏，知悉埋没墨宝实乃憾事，借此抛玉与同好共赏，亦庆宗师呕心之作终见世众，若有识之士能研究出版，其意义甚是深远。

得到珍本后，我带到单位给书法家张伟生、沈培方等老师鉴赏，他们赞不绝口。后来我请朵云轩木版水印的史一刚老师把原书的破损封面换了个上好的陈年旧纸，修旧如旧。随后沈培方老师借去半年多时间慢慢赏读，归还时他在封皮签条上落款并题写了《程门雪妙墨书论》。遗憾的是沈培方老师在2017年患病去世，留在珍本签条上的墨迹愈发弥足珍贵了。

四、琉璃缘

1.偶见琉璃

2010年我在全国工艺美术类核心期刊《上海工艺美术》发表了四个版面的专题文章《璀璨之中国

上　繁花　纸本水彩　27cm × 38cm　2014年
中　青花瓷韵　纸本水彩　27cm × 38cm　2013年
下　硕果　纸本水彩　27cm × 39cm　2014年

古琉璃》，因为我收藏的中国古琉璃可以说渐具规模了，颇有心得。《财富堂》《移居上海》《收藏与投资》《检查风云》等杂志还专门采访报道了我的这个爱好，直到2014年《东方早报》整版介绍了我的一些收藏逸事，这才为人们所知晓。不过我比较克制，没有玩物丧志，通过鉴赏与实践，使我逐渐深入了解中国古代文化之精髓，了解中华文明史，从中国工艺美术领域中汲取艺术营养，这为我现在从事的美术类图书编辑工作打下了坚实的基础，教学相长，受益匪浅，而我在长期收藏中国古代瓷器以及杂项器物中也练就了一双识别宝器的慧眼。如今我已近天命之年，无论画画还是收藏，最重要的是拥有一种良好平和的心态："人生无常，一辈子也就近百年，能遇到它们既是偶然又是自然。偶然的是我遇到了它，且对它一见倾心；自然的是我们之间的缘分，缘分让我们很自然地相遇并欢聚在一起。"当我把它们一个个搜集来聚到一起，它们就组成了一个大家族。俗话说："积累难而散去易！"散逸是历朝历代发生的事情，很多东西往往分散容易，积累起来就难多了。而我就是要把这些分散的东西聚集起来，让它们不再辗转流离，整体地保留下来，这才是我今生的功德。2014年，我请时年九十二岁的普陀山道生大法师写了一幅法书《心如琉璃》悬挂在思南路工作室的梁柱上。药师琉璃光如来十二大愿中的第二大愿："愿我来世得菩提时，身如琉璃，内外明彻，净无瑕秽，光明广大；功德巍巍，身善安住，焰网庄严，过于日月；幽冥众生，悉蒙开晓，随意所趣，作诸事业。"

上　新西兰皇后镇　纸本水彩　36cm × 51cm　2013年

中　新西兰峡湾国家公园　纸本水彩　36cm × 51cm　2013年

下　新西兰南岛蒂卡波　纸本水彩　36cm × 51cm　2013年

2.心如琉璃

玻璃对于现代人来说非常熟悉，它已成为人们日常生活中必不可缺的器物之一。琉璃是外来语，源自西域，源于巴利文Veluriyam，又译为流璃。中国古代称玻璃为“琉琳”“流离”“琉璃”，从南北朝开始，还有“颇黎”之称。根据《广雅》《韵集》的记载，在相当长的一段时间内，“琉璃”是用火烧的玻璃质珠子以及其他一些透明物质的统称。我国古玻璃技术萌芽于西周，到了战国时期已生产出真正的玻璃。而琉璃这个名称到了清代以后，是专门指低温彩陶所烧成的釉面砖瓦。至清末玻璃器被称为“料器”。

在中国古代玻璃器（即古琉璃）则是价值非凡的，为权贵和财富的象征，庶民无缘目睹其真容，而在当时用琉璃器物来斗富争宠是显贵们的风尚之举。琉璃也被誉为中国五大名器（金银、玉翠、琉璃、陶瓷、青铜）之首和“佛教七宝”（金、银、琥珀、珊瑚、砗磲、琉璃、玉髓）之一。中国古代的琉璃源自西亚、地中海等地的玻璃器，西亚的底格里斯河和幼发拉底河所处的两河流域上的美索不达米亚平原是两河文明的发源地。自古以来在著名的“丝绸之路”上，西亚就是东、西方交通的要道。“丝绸之路”由中国西安，沿河西走廊出新疆，经巴基斯坦，再由西亚到欧洲。在公元前5世纪时期琉璃由西域传入我国。考古发现最早在西周墓葬中已有琉璃珠饰，如周原、扶风县上宋乡北吕村的西周墓葬等。但所发现的琉璃多为舶来品，具有浓郁的亚细亚风格。这是由于公元前的青铜时代，活跃于中西文化的游牧民族有意无意地把一些随身可携的琉璃饰物带进中原地区，由此也开始了中国琉璃的漫漫制造之路。令人遗憾的是，能制造出精美绝伦令人震撼的青铜器与陶瓷的中国，却屡屡在琉璃器物的制造中失败，因为工匠们始终掌握不了制造琉璃的技术工艺，使得中国琉璃制造业远远落后于西亚、地中海等发源地区。自北魏开始，历经唐、宋、元、明、清各朝，我们都在不断地汲取和学习西方玻璃制造技术。中国古玻璃一直以铅钡玻璃为主，在制作工艺上一直没有突破，主要依靠国外的贡品。不过尽

上　彭州白鹿镇　纸本水彩　153cm × 100cm　2016年
下　春分　纸本水彩　110cm × 80cm　2016年

管如此，中国的匠人们仍然孜孜不倦，不断探索，还是制造出了一些具有中国特色的琉璃器，但产量极低。根据科学测定，古琉璃中含有铅钡、高铅、钠、钾、钠钙等化学成分，熔点在一千三百度左右。由于含有多种化学成分，所以中国琉璃的配方也较混乱，以致制造出不同于西方国家的琉璃品。加之产量较低，远远不能满足王公贵族、权力人士的丰富需求，依靠国外的贡品来弥补所需是他们的选择之一，这些供奉的琉璃器多为珠饰、小瓶、盆、盘等小件器物。

至唐代，波斯、阿富汗等西亚国家不断派遣使者来中国，其贡品中就有琉璃器。20世纪70年代陕西扶风法门寺出土了二十件琉璃器，都为杯、瓶、盆、盘，弥足珍贵。除一套唐代盏托是自产外，其余都为当时中西亚国家的朝贡之物。这些琉璃器在当时已远远超过了美玉、黄金。这也决定了琉璃器仍是权贵财富的象征，平民百姓根本无缘见其庐山真面目，更是不可能流传于民间。

到了宋、辽、金、元时期，琉璃工艺水平又有了很大进步，开始注重制造一些生活装饰用器，品种繁多，如簪、钗、耳饰、环饰、珠饰、镇纸、带板、棋子、花片、手镯、纽扣、葫芦瓶、碗、壶、盆、盘、砚台、印章、动物、人物等。色彩也开始绚丽起来，如蓝、绿、乳白、无色透明，少量有黄、赭石、红、橙等色彩。说明这时期的琉璃有了新的发展，工艺也逐渐精湛起来。江西金溪县等地区宋元墓中出土的琉璃簪、钗、手镯、鼓钉炉、花片、瓶、带扣等，河北定县一个北宋墓中出土的三十三件舍利玻璃瓶壁薄

上　新西兰奥克兰郊外No.1　纸本水彩　36cm × 51cm　2013年

中　新西兰奥克兰郊外No.3　纸本水彩　36cm × 51cm　2013年

下　新西兰南岛蒂卡波牧羊人教堂　纸本水彩　36cm × 51cm　2013年

如纸，安徽天长出土的磨光玻璃，以及河南密县出土的上百只鸡卵状玻璃瓶，都是北宋玻璃制造技术进步和吹制玻璃水平发达的明证。

明清时期，主要生产玻璃瓶、玻璃罐等，都是世界玻璃艺术的珍品。那时玻璃生产中心在山东淄川县颜神镇（今博山县）、广州和北京。康熙三十五年（1696）设立了宫廷玻璃厂——养心殿造办处玻璃厂，已能生产透明玻璃和颜色多达十五种以上的单色不透明玻璃。而明、清以来人们所说的琉璃是不透明的，也就是药玉，四品以上官员才有资格佩带。清代的缠丝玻璃、套色雕刻玻璃及鼻烟壶等，都是世界玻璃艺术的珍品。套料也开始应运而生，这时人们把琉璃统称为“料器”，而此时的琉璃则是指琉璃瓦而已。料器的色彩日趋丰富，同一色彩可变幻出很多来，器物也逐渐复杂，如可生产出水丞、鱼缸、笔筒、砚台、碗等，同时也创造了金星玻璃。金星玻璃的烧造技术源于欧洲，乾隆六年（1741），在西方传教士纪文、汪执中的参与和指导下，养心殿造办处玻璃厂正式烧制成功了金星玻璃，并制作了许多赏玩和实用之器。雍正、乾隆时期玻璃生产繁荣之极，开始生产鼻烟壶、烟嘴、宣德炉、玉器造型、漏斗、瓶、罐、帽筒、手镯、碗、花插、首饰等，形制上有仿玛瑙、仿翡翠和仿古玉等。

中国的古琉璃，只在近现代陆续出土的墓葬中被发现，就连考古学者也很难相信这些至今看起来光亮如新像塑料一样的琉璃器竟然是千年古物，然而却不得不相信这个事实，于是才引起了一些考古学者的研究，他们采用科学的鉴别方法，分析琉璃

上　新西兰皇后镇　纸本水彩　36cm × 51cm　2013年

下　新西兰南岛箭镇　纸本水彩　51cm × 36cm　2013年

的化学成分和分子结构，试图破解古人制造琉璃的配方。上海的硅酸盐研究所就曾多次研究分析过古琉璃的成分构造。可以说，古琉璃的研究与探索是一门很深很有意义的学问，古琉璃的收藏那就更是一门玄奥的学问了。琉璃中存在的气泡犹如人的呼吸一般清新透气、晶莹剔透。正是由于中国的古琉璃未完全流传于民间，因此异常稀有珍贵，使得平民百姓始终无缘一睹风采，所以成了当今中国收藏者所未知的冷门藏品。古琉璃的鉴赏并非一朝半日能领悟会通的，需有一定的文化修养、专业知识、锐利的眼光、平和的心态与禀赋才能驾驭。

我收藏中国古代琉璃数十年，曾在2003年碰到一件直径十厘米左右的琉璃璧仿品，通体蓝色，正反两面都有谷纹，并刻有两条蟠螭纹饰，粗看也为之迷惑。然而再经过仔细推敲并剥离其表面附着物后竟原形毕露：第一，蓝色是用透明的底胶加天然石粉混拌在一起后涂在新仿的无色透明的琉璃璧表层上的；第二，西汉谷纹有一定的造型规律，而这件琉璃璧的谷纹显得无规律可循，是随意点刻在模具上翻铸的；第三，最大的漏洞是真正的琉璃璧应该单面有纹饰，因为当时的琉璃工艺是采用模铸脱蜡法浇注而成，不可能双面成形。

2009年我在土耳其的古玩店里看了几件琉璃瓶，店主说是公元前的，我仔细看后觉得有疑问就没下手，其仿制水平很高。山东博山有许多玻璃作坊都曾仿制过古琉璃，所以鉴赏琉璃应全面推敲，稍有疑问就必须舍弃，必须有深入的实践和研究才能取得丰硕成果。

2018年 5 月，上海油画雕塑院的韩连国老师到我画室小坐片刻，他知道我喜欢收藏中国古代琉璃制品，临走时送给我一只非常可爱、小巧玲珑的唐代时期的琉璃小狗，这是他几十年前收藏的。或许这就是我常说的“琉璃缘”。

时下爱好琉璃的大有人在，有专门从事现代琉璃事业的成功人士，也有专门研究古琉璃的考古专家、学者。但是专门收藏古琉璃的人士较少，近年来某些收藏人士也开始陆续出版琉璃方面的图书，这些都是功德无量的事。需要提醒的是鉴别古琉璃的真伪还是要讲科学性与学术性，千万不要被所谓“皮壳包浆”迷惑了双眼。特别是皮

上　新西兰基督城No.1　纸本水彩　51cm×36cm　2013年
下　新西兰基督城No.2　纸本水彩　51cm×36cm　2013年

壳很重的琉璃物件就更要当心，我认为有些古琉璃的皮壳并不太重，这要看出土的地域而定，一定要知晓它的出处，心中多留疑问，多比较，即使是专家也要多研究与学习，真器多上手研究才有收获。既然古代琉璃在当时就是很珍贵的物件，那么藏家手上的大件琉璃品就更要谨慎甄别了，不要被卖家的故事所迷惑。有时我在网上也看些关于古琉璃的帖子，新多真少矣！地摊上的更是不堪入目，说明当下收藏琉璃的人士开始多起来，各种作伪手段也层出不穷。我认为古琉璃器大多是“生坑”，传世不多。而聚难散易，收藏要讲缘分与悟性。中国古琉璃的存在必然有它的学术价值与考古价值，这也是一部辉煌的中国工艺美术史，上下几千年的稀世古琉璃器保存至今依然能完好如新地流传下来本身就是一大奇迹，在这里我真切希望中国的古琉璃艺术能传承下去，让世人瞩目，并愿当代的琉璃艺术发扬光大。

2013年11月18日《东方早报》的《艺术评论·藏界》栏目整版报道：《金国明：偶然见琉璃》

太湖渔舟　纸本水彩　110cm × 40cm　2016年

第九章　视觉艺术书籍的编辑者

一、编辑是门艺术

我的书桌里至今还藏着我的第一支钢笔——新华牌钢笔。1977年我刚读一年级时寄宿在外公家，外公周志勇民国年间曾在上海山海关路上有三幢新里洋房，做“白货”生意。(此即刺绣生意，上海地方志《三林刺绣史》：“20世纪20年代末，三林孙金铨和镇上的陆桂根、周志勇等先后在上海开设‘刺绣作场’，雇‘艺师’、带徒弟。作场加工刺绣成衣，形成了一条龙的体系，闺阁家家架绣棚，妇姑人人习针巧。”）我母亲周元丽20世纪30年代末出生，是周家大小姐，因此母亲的童年还是很幸福的，她毕业于大统路167号的上海私立正中女子中学（1939年由宁波镇海人李秋君创办），闺中绝艺针巧、毛笔俱佳，亦能书撰文。1978年的一个夏日午后，我向外公提出想要一支钢笔，外公掏出一元钱给我，叫我到街上的新华书店里去买。我到店里看到只有两种价钱的钢笔，一支九毛，一支五毛五分，我犹豫了好久才买了这支便宜的钢笔，搬了几次家钢笔还在。我想这是冥冥之中外公叫我“吃笔头饭”呵。除此之外我还保存了一张外公在上海大都会照相馆拍的肖像照，睹物思人，童年往事历历在目，久久不能忘怀。

几十年来我一直为他人“做嫁衣”，至今已编辑了四五百种美术类图书，有普及美术读物、中西方绘画技法图书、中小学美术教材、书法篆刻、实用美术、广告设计和各

上　浙江嵊泗　纸板油画棒　40cm × 50cm　2009年

中　美国白山景区　纸本水彩　36cm × 48cm　2012年

下　宋庆龄故居　纸本水彩　30cm × 40cm　2017年

类大中型画册等，如《中小学美术教材（甘肃版）》上册（1—6册）和下册（1—6册）、《中学美术教材（上海版）》（1—3册）、《全国美术考级专用教材》（16册）、“大师艺术教育经典”丛书（5册）、“当代芬兰室内设计家”丛书（4册）及“人文设计系列”丛书、《海派百年代表画家系列作品集》《海派百年代表画家评论集》《上海美术进京展作品集》《海上百年印坛——近现代海上篆刻名家印选》《上海世博会场馆大全印谱》《上海市普通高校招生美术类统一考试评析》《海上掇英——名家名作（一）》《曼翁书画艺术》《豫园馆藏书画集》《张充仁》《物体系》《天衡书画作品集》《万水千山：中国大型玉雕艺术传世珍品》《不锈宝钢——第二十二届艺术院校主题创作作品集》等。曾荣获“第二十二届优秀美术图书金牛杯银奖”“第二十一届优秀美术图书金牛杯铜奖”“2014年上海图书奖银奖”“上海世纪图书奖提名奖”“上海市第八届银鸽奖（出版类）三等奖”和“上海市第十四届银鸽奖（出版类）三等奖”等十余种图书奖。我也编著撰写了一二十种关于美术专业、文物方面的图书和鉴赏文章，如《梦云——薰衣草采风札记》《梦云——金国明油画集》(荣获“第六届上海印刷大奖精装画册出版物铜奖”)、《国明的世界》《素描考级7—8级》《漫画考级1—3级》《西方大画家奇闻轶事》《校园海报设计100例》和“实用美术设计”丛书、“现代装饰图案设计”丛书等。以及在核心期刊上发表有《海派美术中的选题资源开发》《璀璨之中国古琉璃》《中西方绘画中的素描》《借鉴与“不求甚解”》《程门雪书论墨迹鉴赏》等文。又在国内外几十家杂志、报纸等陆续发表了数百幅绘画作品。

其实我想说的是编辑工作也是一门艺术，而艺术编辑工作是充满艺术创意的工作，通过选题策划、约稿、组稿，再到编辑加工、创意设计，将艺术家、学者的作品以美的形式呈现在读者面前。编辑工作中对美的追求是无止境的，艺术图书编辑要有一种对书籍虔诚的爱，对美的追求有锲而不舍的精神。更要具备一双发现美的眼睛，从书籍整体设计、图书规格、开本等形态到内容编排、语言文字表达、插图配置，乃至图书的封面、排版、纸张、装帧材料与印刷工艺的选择，以及从阅读审美到适用功能呈现，都融入一个编辑创造艺术之美的用心。编辑工作中对编辑的审美认知、审美能力、审美趣味也有较高的要求，这需要编辑在实践过程中不断

上　青山深处有人家　纸本水彩　39cm × 27cm　2014年
下　暖春　纸本水彩　55cm × 40cm　2014年

地去学习、创新和提高，真、善、美的认知统一决定了图书的品位和格调。一本图书要贴合作品的特点，与作品相适宜就是最好的。

从审美的认知来说，美的东西总是令人舒服愉悦的。比如欧几里得定理认为两个相连的部分之间最让人感到舒服的比例关系是1:1.68，也就是较小部分比较大部分等于较大部分与两者之和之比——黄金分割公式。当人们所看到的风景、自然事物或艺术作品在视觉上令人感到非常完美舒适，那么这样的画面构图或事物就处在黄金分割比例的位置上，符合审美的要素和情趣。抽象派艺术大师瓦西里·康定斯基认为在一件艺术作品中关键的要素是形式：对于线条和色彩做出的和谐安排，看起来应该是很美的。刘海粟认为人体之美在于它是物质与精神的统一，是形式之真和表现之善的统一，是作为自然的最高形态而存在的美。丰子恺常以哲理的眼光描绘大自然之美，寓意人生，使我们在欣赏自然美的同时感受作者对人生的暗示，他的漫画使读者不仅能用感觉鉴赏其形式的美，又能用思想鉴赏其意义的美。而一本经过精心策划、编辑加工、装帧新颖、印制精美的图书同样会使人们在视觉和心理上产生一种审美的愉悦感。

“中国最美的书”是由上海市新闻出版局发起的书籍装帧设计类的全国图书评奖活动，每年的入选书目将代表我国参加在德国莱比锡举行的“世界最美的书”的评比。2003年至今共评选出371种“中国最美的书”，其中21种图书获“世界最美的书”。如2005年由上海书画出版社出版的《锦绣文章——中国传统织绣纹样》荣获“中国最美的书”图书奖，该书的装帧设计精心选择了不同年代、风格的云纹、升龙纹和水波纹，运用中国元素作为图书的主题，其创意设计、编辑团队的合作、装帧材料的合理应用、精益求精的印刷和装订工艺都是一个整体。犹如我们在绘画中始终要强调整体感一样，这是一种视觉与心灵上的享受，是形式与内容融为一体的美。2008年我编辑的《大男孩——韩巨良油画集》荣获“上海书籍设计艺术奖最佳封面设计奖”。2018年《朱新昌画山海经》《丁筱芳画世说新语》荣获“上海第十四届银鸽奖（出版类）三等奖”。这两本繁体字排版的画集以中国古典文学为基础，由画家根据内容把传统文化的艺术性和想象力以中国画的形式表现出来，从而使图书的内涵、品

上　新西兰基督城No.3　纸本水彩　41cm×32cm　2017年

下　红花绿叶　纸本水彩　40cm×28cm　2014年

质得到提升。而除了形式和内容的表现外，最后还要考虑印刷和装订工艺环节。这样就能完美地体现出图书的整体效果，提升图书的品质，呈现给读者一种视觉上的美感。我编辑的《银坤油画集》《银坤油画选集》《水墨新纬度——纪念“’93批评家提名展”举办20年》《在恰当与不恰当之间——何曦水墨画集》荣获2014年“第八届上海印刷大奖一等奖”，《彭小佳画集》荣获“第八届上海印刷大奖铜奖”。另外，《巡回展览画派：俄罗斯国立特列恰科夫美术馆珍品》荣获“2018年美国印刷大奖艺术书籍类铜奖”，《赵冷月墨迹大成》荣获“2019年美国印刷大奖艺术书籍类银奖”。这是国际印刷行业公认的最高荣誉奖项，被喻为全球印刷业的“奥斯卡奖”班尼奖。其中《赵冷月墨迹大成》采用了线装的装帧形式，用进口特种纸印刷。线装的特点是轻巧松软，而特种纸则解决了传统线装中用宣纸印刷对作品还原度差的问题，这样便使作品清晰，墨色层次变化丰富、细腻。

普及美术读物是广大美术爱好者学习艺术的主要参考图书，要做好此类图书除了要做到以上所述的图书形式与内容相统一等因素外，还要求编辑有较高的艺术专业学识和图书编辑业务能力，以及对读者的反馈、图书的市场营销等要有预测和判断能力。我编辑的“中国画技法有问必答”丛书是上海书画出版社2018年度选出的20种好书之一，在2018年、2019年、2020年“上海书展”上得到读者好评，并被上海市教委采购馆配图书两万套。2018年至2020年编辑的“西方绘画技法经典”丛书是海外引进版，计划出版百余种，这对编辑的专业素养和要求颇高。丛书出版发行后读者和市场反馈较好，取得双效益。

非常欣慰的是，我从长期的艺术类图书出版编辑工作中吸收、积累了许多领域的经验和养料，这要比单纯

上　香港浅水湾　纸本水彩　27cm × 39cm　2014年

下　香港动植物园门口一隅　纸本水彩　39cm × 27cm　2017年

搞艺术创作所取得的体验更为深刻。理论与实践相结合的道理人人都懂，但是真正要做到融会贯通实在不易。艺术图书编辑必须要具备深厚的艺术专业知识和文学素养，并对文字内容要有较强的把控能力，改稿、审稿是主要的工作内容。手握一支笔，犹如一杆枪，脱靶和流弹都会伤人；又如外科医生开刀，稍有闪失则生命危殆。身处这样重要的编辑岗位，我深深地感受到只有不断提升自身的文学和艺术素养才能胜任艺术编辑工作。面对短板和不足，就要多学习，虚心讨教，诚恳接受三审稿上的一些质疑和建议，认真仔细地去逐个核实处理，唯有如此才能长足进步。减少差错率、出好书是我追求的目标；用心看、仔细听，是我的学习方法之一。这也是我早年研习绘画技法时养成的习惯，多看示范，多听指点，勤于思考。取百家之长为我所用，久而久之就形成了个人风格。宋代朱熹云：“学者读书，须要致身正坐，缓视微吟，虚心涵泳，切己省察。”至今我还在不断探索和进取，年轻时读书太少，基础不牢固，用二十多年时间都难以弥补。经验固然值得推崇，而能读书、勤思考更重要。英国哲学家弗兰西斯·培根在《谈读书》中说：“读书补天然之不足，经验又补读书之不足。”我想余生确实应该静下心来多思考，选择性地研读一些好书来提升自己的境界。

我们出版社有许多繁体字版图书，繁体字的编辑加工是比较复杂的，比简体字难，涉及许多异体字的使用和繁体字的正确用法。虽然我参加过几次古汉语的培训，并通过了高级古汉语的考试，也评上了高级职称。但在实际编辑加工中才知书到用时方恨少，事因经过始知难。面对各种古籍文献资料，书画、篆刻等文稿，如何进行准确的甄别、纠错是要花真功夫的。翻词典，读

上　青荷　纸本水彩　28cm × 40cm　2014年

中　香荷　纸本水彩　27cm × 39cm　2015年

下　暖花　纸本水彩　40cm × 55cm　2016年

古文，向老编辑、老校对和审读室同仁虚心请教，如茅子良、朱莘莘、陈家红、雍琦、郭晓霞、周倩芸等老师。他们的高深学养和严谨缜密、一丝不苟的精神令人尊敬，值得学习。记得2005年我到校对室轮岗三个月，其间校对《书法研究》《米芾史料集》，虚心认真地向校对室的老师们学习，以此来加强和提高自己的编辑业务能力。2008年获得了国家新闻出版总署图书动漫出版专业人才证书。通过长期不断的努力、学习和实践，提升了自身文化素养和文字驾驭能力。

二、编辑催化艺术

编辑工作是我生活中比较重要的内容之一，占据颇多精力与时间。那么如何来让编辑工作与艺术创作相互交融促进发展，这是二十多年来始终萦绕心头的重要议题。艺术类编辑工作与艺术创作有相似之处，也有区别。共同之处不言而喻都是与视觉艺术相关；区别在于艺术编辑是我的职业，做好编辑工作是本职，而艺术创作完全是个人的行为。做好两者之间的平衡与发展，当然要靠各方面的协调能力。思想是重要的，但行为更重要。我认为这两者并不矛盾，相反能做好一名编辑，同样也能成为一个优秀的艺术家。因此，我编辑的每一本艺术图书是作品，我创作的每一幅绘画也是作品，这两大系列的作品都与艺术有关，都是我重要的艺术工作，它们凝聚了我几乎所有的时间与精力。艺术图书的传播非常广泛，影响深远，所以编好每一本艺术图书至关重要。我作为编辑能用所学知识为作者和读者服务感到高兴，也能为文化艺术的传播做出一些贡献而感到欣慰。我庆幸自己从事的是与图书打交道的编辑工作，它给了我汲取知识的源泉和动力，让我从一位画家成长为一名复合型编辑；我也非常感恩长期的编辑生涯让我成了一名有涵养、有个性的艺术家，编辑工作中的各种磨砺所迸发出的智慧火花，使我的艺术创作灵感得到了升华，它给了我无穷的想象力和创造力。

从职业素养上来说，我比较注重实践经验的积累，恪守新闻出版

上　上海武康路　纸本水彩　48cm × 36cm　2020年

下　越南美奈仙女溪　纸本水彩　40cm × 30cm　2018年

工作纪律是前提，运用自身的美术专业知识、编辑业务知识与其他综合经验来策划、判断选题是基础，向作者提出合理化的建议从而能提升图书的品质是做好一个编辑的基本能力。而我作为油画家和编辑的最大优势是在向作者约稿、谈选题时会取得他们极大的信任。因为我也是同道中人，把问题说到点子上别人就会信，往往在闲聊中就很轻松地完成了图书的约稿和组稿事宜。另外，在图书编辑过程中会解决书稿中的疑难问题，让图书从形式到内容更具艺术美。而在我的编辑工作中真还有不少“催化”的轶事。

昔日我有过多年美术教师的经历，比较熟悉美术教材的相关内容，了解学生的特点与需求，早在2000年我担任了《中小学美术教材（甘肃版）》上册（1—6册）、下册（1—6册）和《中学美术教材（上海版）》（1—3册）的责任编辑，因此2008年、2009年《中小学美术教材（甘肃版）》上册（1—6册）、下册（1—6册）的改版、修订仍由我负责编辑。记得2000年我随教材编辑室主任、编审周卫老师和教材发行科孔勇平经理一起到兰州出差，在飞机上俯瞰那重重叠叠、连绵不断的贫瘠山丘时感慨不已，人们生活在这样的地域环境中是多么艰苦，这是兰州给我的第一印象，所以我们更要全力以赴地做好美术教材，用心为贫困地区的学生传播文化艺术知识。甘肃省教委领导知道我是油画家，又熟悉美术教育，双方一见如故，商议编辑教材也非常顺利。兰州之行我为甘肃版中小学美术教材工作打了前站，可以说是为出版社立下了汗马功劳，至今这套教材还不断在更新改版和使用。

2010年，为了编写文化部重点项目“全国美术考级专用教材”丛书（29册），我与书法家张伟生、国画家

上　洞庭东山　纸本水彩　80cm × 110cm　2017年
中　青海湖　纸本水彩　55cm × 75cm　2015年
下　浙西风情　纸本水彩　40cm × 55cm　2014年

邵灰炯和青年篆刻家张恒烟等同事一起到北京文化部艺术研究所洽谈项目。我们的专业能力和编辑实力得到专家们的认可，获取了该项目的出版编辑资格。其中我担任了《素描考级1—10级》《色彩考级1—10级》《速写考级1—10级》《漫画考级1—10级》等16册图书的责任编辑。《漫画考级1—10级》这个选题对于全国美术考级教材来说都是很前沿的。我组织了一些儿童画及漫画领域的专家学者进行研究讨论，我提出根据考生的年龄特点进行1—10级划分的建议被采纳，随后邀约相关专业领域的专家学者根据大纲要求进行编写。《漫画考级1—10级》的出版填补了国内漫画考级专业教材的空缺，得到了文化部艺术研究所专家与全国基层考点师生的认可与好评。随着基础艺术教育的推广普及，这套图书不断被重版加印，至今仍在全国各地的校内外基层美术教师队伍中起到很好的指导和参考作用。

2008年至2011年，“大师艺术教育经典”丛书（10册）从组稿、编辑到出版花了整整四年时间，其中我编辑了《陈汉民》《全山石》《潘鹤》《布华顿》《佩希科夫》等五册。在图书初审过程中除了纠正原稿的知识性与常识性差错外，也解决了一些疑难问题，包括涉及历史、政治等的相关问题。例如《潘鹤》一书，原稿中存在较多的对历史及“文革”的评价，与作者多次沟通，反复磋商，在得到作者理解后，把这些不恰当的内容删减了，经过精心细致的编辑加工，保证了图书的品质。2013年，在潘鹤教授八十八岁生日之际，我收到了他用四尺整张宣纸为我题写的《金国明画室》墨迹和一尊签名的小型青铜塑像。潘鹤是著名的雕塑大师，我读小学时语文课本中的插图《艰苦岁月》就是他的雕塑代表作。这种缘分弥足珍贵，他说这是他一生中出得最好的画集。回首往事，潘鹤深情地说自己经历了20世纪最波澜壮阔的时代，年轻时还以为是时运

上　飞入菜花无处寻　纸本水彩　55cm×80cm　2015年
中　塞纳河之恋　纸本水彩　80cm×110cm　2018年
下　叠翠流金　纸本水彩　36cm×48cm　2020年

不济，但回首来看却发现那是自己艺术人生中最美好的时光，正因为有了这些丰富的人生经历，才成就了现在的艺术。

英国普利茅斯艺术学院院长安德鲁·布华顿（Andrew Brewerton）是英国当代玻璃艺术教育大师，对推广中国玻璃艺术教育有卓越贡献。他认为艺术中的技法是一方面，但更重要的是创造力、想象力和深刻的理念。在编辑《布华顿》一书时，该书原稿是英文，译文中出现了一些与原文不符的语句，如在《玻璃之路》一文中，作者引用了“The road that can be followed is not the true way”，这是英文版《道德经》的语句：“道可道，非常道。”但译文为：“可以遵循的道路并非正确的道路。”对此我及时邀请了上海大学赵炯蔚老师对全书译文进行核对校正，提出意译的要求，再请我太太周艳（上海外国语大学英语老师）进行校对，确保了译文内容的准确。在编辑中我用所掌握的中国古玻璃知识，解决了一些玻璃艺术术语的表达问题，如吹制、离心成型、电铸成型、镀层、热模等，从而准确地反映了作者所要表达的艺术理念。该丛书出版后获得了“第二十一届优秀美术类图书金牛杯铜奖”。

丰富的艺术资源为我提供了内容丰富和宽泛的图书选题策划方向，也为深入研究与挖掘选题提供了基础。一个成功的选题方案会使图书如期出版并达到预想的目标。如《海派百年代表画家系列作品集》(18卷)，其中我编辑了《吴大羽》《颜文樑》《周碧初》《刘海粟》《丰子恺》等五本图书。此书既是一次新世纪上海美术精品力作的集中展示，又是对百年来海派画家和画作的一次全面梳理，涵盖了清末、民国以及1949年后等多个历史时期在上海乃至全国具有深远影响的标志性人物，包括吴昌硕、任伯年、虚谷、吴湖帆、林风眠、刘海粟、陆俨少、贺天健、唐云、程十发、颜文樑、吴大羽、周碧初、张大壮、关良、朱屺瞻、丰子恺、谢稚柳，从书的完整系列，组成海派美术的光辉缩影。美术类图书选题内容的正确定位是图书营销成功的前提与关键，好的创意与策划思路是提升图书品质的保证。图书编辑首先要梳理与研究海派绘画中各个时期的历史文脉，找出各自的特点和图书选题策划定位的方向，锁定读者对象，以此来确定图书的内容与体例的安排。该书出版后受到了图书市场的追捧，在2013年8月“上海书展”期间举行“上海市

上　繁花似锦　纸本水彩　39cm×27cm　2014年
下　虎刺梅　纸本水彩　40cm×30cm　2014年

美术家协会主席团成员签名售书活动”，取得了双效益。并在2014年荣获“第二十二届优秀美术图书金牛杯银奖”“上海图书奖银奖”“上海世纪图书奖提名奖”“第八届上海印刷大奖出版商业印刷类大奖”。可见该书在出版编辑、策略、定位与营销推广上是可取的，在当今多元化的图书出版市场中能拥有双效益的优秀出版物是由选题策划、论证、组稿、编辑加工设计、印制及后期营销、市场反馈等综合因素决定的。

吴大羽是我国杰出的油画家、艺术教育家，是中国现代绘画的奠基人之一。我在编辑《吴大羽》的过程中与上海市美术家协会副主席、著名油画家周长江教授积极沟通，经过一年多的艰辛努力终于从台湾藏家手中得到了吴大羽的部分原作图片。同时我辗转上海美术馆、中华艺术宫、上海油雕院等机构组织稿源，从而充实了图书内容，提升了图书的品质。为了符合丛书体例要求，我对图书的标题、章节做了调整，对年表做了统一规范处理。全书分油画和纸本设色两部分，吴大羽的作品均无签名与作品名、年代等注释内容，以往画册上的签名画作都是藏家为了出售而后加上的。根据作者的作画习惯和绘画特点，我对每一幅图片的年代、运笔等都做了甄别，还原其画稿的真实，理清了稿件内容。在编辑中还纠正了以往其他出版物中的错误，删除了原作中后人添加的款识，改正了图片排版颠倒的问题，以及年表中的谬误。并通过查阅、考证大量资料，更正了作者的生年错误（1903年12月5日生）。解决了这些问题，对于深入研究吴大羽作品，具有重要的参考价值。对我来说，这也是一次难得的学习机会。周长江教授说：“上海书画出版社中的老编辑大都是书画家，你是油画家就显得另类，然而你能中西艺术贯通是很不容易的，由此可见懂艺术的编辑更能做好艺术出版。”

上　浦江之光　纸本水彩　78cm×110cm　2017年

中　美国白山No.4　纸本水彩　40cm×55cm　2012年

下　青花　纸本水彩　27cm×39cm　2014年

《颜文樑》一书在编辑时碰到不少困难。由于海派油画大师颜文樑传世作品少，赝品多，给征集工作带来重重困难。为了取得高品质的原稿图片与相关文献资料，我去了苏州美术馆、上海美术馆、中华艺术宫等美术机构，进行鉴定、征集、拍摄原稿工作，随后在社会上广泛征集作品，前后历时一年有余。为此，上海市美术家协会与出版社共同举行了好几次编辑会议，由上海市美术家协会副主席俞晓夫教授担任主编。在编辑加工中我花了大工夫，原先的序言不尽如人意，后来我征得上海市美术家协会和主编同意，请了颜文樑的学生、原社科院研究员承载老师来撰写序文。初审中我从常识性、知识性入手，核查纠错，做到规范统一。我又调动自己在文物、艺术品方面的学识与鉴赏能力积累，对先生的作品进行甄别，在作品的真伪上做了一定的把关。收获最大的是通过研究画家资料发现了颜文樑在20世纪40年代的重要作品《冷月》，辑录此图填补了画家20世纪三四十年代作品的空缺，使该书的内容得以翔实完善。虽说颜文樑作品很少，但是我看到了他的许多原作，经专家指点迷津，获益匪浅。不要以为几十万、几百万买来的作品一定就是真迹哦，也许您真的会看走眼。比如在征集入选作品中收到上海南汇一家房地产商花了二百多万元从知名拍卖行买来的大幅油画，但是我们并不认同这幅作品而婉言谢绝了。颜文樑和蔼可亲，为人大度慷慨，昔日的学生或朋友都可以借到原作带回家临摹学习，所以现在市面上流传的赝品之多也就不足为奇了。当我在苏州博物馆里看到一百多幅真迹后深切感受到大师传递出的对艺术的热情。颜文樑非常讲究透视、色彩与造型之间的关系，并留有作画过程中的记号痕迹，几乎所有的原作中都可以在地平线、水平线或其他局部中留有铅笔借助直尺画线打稿的原始痕迹，这也是鉴别其作品真

上　法国安纳西　纸本水彩　40cm × 50cm　2011年

中　法国尚堤　纸本水彩　40cm × 50cm　2011年

下　比利时根特No.3　纸本水彩　40cm × 55cm　2011年

伪的依据之一。我仔细观察了每一幅作品之间的共同点：作品中景物与人物的结构、位置比例、透视非常正确，用笔细腻，色彩丰富统一。因此研究一个已故画家的作品还是需要看大量的原作，反复比较并不难，难的是悟性。如果要临摹原作，也需要把原作的各个细节和技巧、颜料、画布材料等研究透彻后才能进行。而我通过一年的组稿、编辑，有机会了解颜文樑的艺术人生、绘画观念、技巧方法等，受益良多。书中百余幅代表作多为国家馆藏，传承有绪。后来杭州的收藏家张光铎先生告诉我中国美术学院藏有一幅描绘火车场景的颜文樑的大幅油画，很遗憾知晓晚了，未能收录其中。该书出版后得到了国内众多专家学者的一致好评，同时为该丛书评选图书奖项打下了坚实的基础。

王宏建著的《艺术概论》一书指出：“精湛的艺术作品能折射出艺术家深邃的思想。艺术家只有对人生真谛和社会发展有精深的体察和领悟，产生独到的认识和精辟见解，才能发幽探微、洞若观火，创造出优秀的艺术作品。”从艺术史上看，真正的艺术家都具有进步的世界观和审美倾向，以及为艺术献身的精神。每一个留下足迹和光辉的作品，无不闪烁着哲理的光彩，一切得益于艺术家的深刻思想和修养。因此我们也可以从中得到一些深刻体会和启示。

三、艺术融合编辑

二十多年来我所编辑的艺术图书门类比较宽泛。对这些艺术领域深入学习都是我学习积累经验和成长的基础，它们使我一帆风顺地徜徉在艺术的海洋中吸收各种知识，让我在艺术创作的天空中驾驭自如、翱翔千里，让我的创

上　新西兰斯普林菲尔德　纸本水彩　32cm×43cm　2013年

中　外滩　纸本水彩　40cm×55cm　2014年

下　法国安纳西No.6　纸本水彩　40cm×55cm　2013年

作思想和人格情趣得到升华，更使我对艺术的真谛有至深久远的体会和感悟。历年来我通过参观一些国内外的书展（“上海书展”“全国美联体书展”“香港书展”）和参加艺术方面的学术交流展等方式来充实自身的编辑素养。2012年4月，我编辑《刘文西画集》，著名画家刘文西是第五套人民币上毛泽东像的绘制者，画集出版后，刘老看了很满意，亲笔为我题字：“金国明同志正，刘文西，2012年4月23日。”这种在编辑中的缘分不胜枚举，而令我十分欣慰的是得到了作者的肯定。

值得庆幸的是，我在长期从事美术出版的过程中编辑了中国近现代众多艺术大师和名家的作品集，如赵朴初、刘海粟、周碧初、张充仁、丰子恺、颜文樑、吴大羽、哈定、陈汉民、潘鹤、全山石、沙曼翁、赵冷月、黄达聪、苏局仙、刘文西、朱膺、陈道坦……从他们的精湛画作以及艺术理论思想、生平经历中深受教育和启发，特别是他们对艺术的热忱和坚持不懈的努力，以及对艺术人生的深刻理解。

说来有缘，我在2004年至2005年曾于上海油画雕塑院进修，后来我也编辑了一些上海油画雕塑院编的图书，如《张充仁》《上海油画雕塑院2015—2016年鉴》《哈定文献》“薪火相传·上海油画雕塑院艺术家系列”（第一辑）全十册，含吴大羽、周碧初、张充仁、陈道坦、富华、顾士本、张一波、鄂圭俊、夏葆元、周加华十位艺术家。吴大羽、周碧初、张充仁是上海油画雕塑院第一代艺术家的杰出代表。他们都有着旅欧求学的经历，都经受了西方各种艺术思潮的洗礼。几代艺术家传承的不仅是技艺，还有他们那海纳百川的艺术胸襟和关注社会、关注现实、关注生命的艺术理念，以及追求个性、执着探索的艺术精神。而这种艺术精神能使我们的心灵得到洗礼和升华。

2018年5月，我编辑《哈定文献》一书，图书把丰富全面的文献资料和研究成果汇聚在一起，系统、完整而又深入地展示出哈定先生极其丰富的艺术人生，以及独立坚忍的艺术人格。在策划、编撰过程中，作者深入采访，参考大量文献资料，对哈定八十年的艺术人生进行深入研究与剖析，撰写了《哈定评传》一文，对哈定给予了客观公正的综合评价。其中哈定跌宕起伏的艺术人生经历令人感慨不已，他在人

上　北京南锣鼓巷No.2　纸本水彩 41cm×32cm　2017年
下　法国安纳西　纸本水彩 55cm×40cm　2011年

生最旺盛的中年时期蒙受苦难，身心遭到极度摧残，从而中断了自己所热爱的艺术事业。这是一个艺术家人生最为灿烂的时光，也是创作力最为旺盛的阶段。如果没有这十年的停顿，那么哈定的艺术又将会达到何等的高度？尽管如此，哈定先生仍然坚持自己的艺术理想，不断进取、探索自己的艺术道路。哈定早年曾任教于上海美术专科学校，又经受十年失业之痛。在1978年受聘为上海画院专职画师后，他就到广西、内蒙古、西藏、新疆等地采风，创作了大量脍炙人口的好作品，如《金色的池塘》《帕米尔高原上的花朵》《勤劳的藏族姑娘》《这里阳光灿烂》。他在1954年、1956年结合自己在绘画和美术方面的艺术经验，先后出版了《怎样画人像》《怎样画铅笔画》，又于1980年左右出版了《水彩画技法初步》《哈定画选》，这些基础艺术教学著作影响了整整一代人！六十岁以后，他又热衷于宗教经典研究，写下了许多心得感悟文章。晚年他定居美国洛杉矶后仍勤于创作，临终时却留下一件未完成的素描草图《弘一法师》。哈定的艺术是永恒的，而他对美的理解又是那么朴素自然，他认为美源于瞬息万变的自然景象，当诸景物在色彩、明暗、造型等方面形成对比与和谐的高度统一时，美感顿时呈现。好的静物、风景同样有很高的审美价值。而将形式之美结合在具象表现中发挥，创造艺术美的境界是他一生所追求的目标。

20世纪80年代以降，中国艺术家们遇到了社会经济高速发展、人民生活水平日益提高的时代。今天我们完全可以在创作思想上自由发挥，百花齐放。有足够的条件来购买顶级的绘画材料，并拥有宽阔敞亮的画室和优越休闲的生活，这是多么令人羡慕的和平自由的时代。因此，我更要珍惜当下的美好生活，抓住人生中最美好的时光，聚沙成塔，集腋成裘，在精力最旺盛的年龄段创作出更多的精品力作。

2019年12月《昆仑之西——平山郁夫藏丝路文物精粹》画集出版。此书是我去日本旅游采风前刚接手的书稿，平山郁夫是日本著名画家、收藏家。8月5日清晨我与家人一起从东京西新宿乘坐小田急线，到了藤泽后换乘慢悠悠的绿皮火车一路到镰仓。我们选择在两个车站停留：七里滨和电影《海街日记》里的极乐寺。极乐寺像是枝裕和的电影镜头中

上　比利时根特No.2　纸本水彩 55cm×40cm　2011年
下　比利时根特No.1　纸本水彩 50cm×40cm　2011年

做法事的寺庙，听着蝉鸣、响着风铃，安静、平和。到了七里滨后我们顶着烈日沿着海岸线步行到湘南高校前，那里挤满了“灌篮迷”。虽然我们对《灌篮高手》无感，却也不能免俗，那个道口的确是取景的好地方。镰仓完全没有东京的喧嚣，蓝天、白云、大海，到处都是冲浪和玩帆板的人。来到风景瑰丽秀美的江之岛，我面朝蔚蓝的大海喃喃自语：“这是多么美丽动人的地方，平山郁夫先生曾长期生活在镰仓，这里有他的画室，或许此处便有他的足迹和身影。而我正好在编辑他的图书，如此巧合，这是一种怎样的因缘呢？”平山郁夫先生曾多次跋涉于古代丝绸之路，创作了许多精品力作。他认为在绘画中首先要把握自己的思想和哲学，而如何来表现则是第二课题。在表现抽象思维时缺乏实际感受就画不好作品，因此踏遍丝绸之路才能获得实际感受。他的作品体现了祈望世界和平的心声，推动了国际文物保护、文化艺术交流和发展。他的博大胸怀与艺术精神令人敬仰。

2019年10月，我接到著名画家徐建国先生从美国打来的电话，他告诉我画了两张巨幅长卷准备出本画集，早在2011年我曾为他编辑《申城新瑞图卷》画集。经过几次沟通后，我对书稿的整体格局和体例规格等提了一些建议。他说：“想不到你还是这样支持我！”不久他回上海后还专门到我永嘉路的工作室里叙旧畅谈，他谈起年轻时曾得到吴大羽先生提携的故事。著名画家吴大羽是吴冠中、赵无极、朱德群等当代画坛巨匠的老师，20世纪50年代起曾经在国立杭州艺专引领中国抽象画艺术的吴大羽定居上海，直至1988年去世。20世纪70年代末徐建国有幸得到著名花鸟画家乔木先生的举荐，拿了几幅习作到延安中路吴大羽先生家里求教，潮湿昏暗的小阁楼内，只见清瘦单薄的吴大羽先生靠窗拿起他的画，眯着眼看了一会后，瞬间，他的双目像鹰眼一般发出光芒，放下画作后猛地双手紧抱徐建国的双肩说：“你一定要出国去，我给你写推荐信！”不久，徐建国先生凭借推荐信拿到了去美国求学的签证，从而成就了他做画家的梦想。听之也令我感叹不已，为之动容。

2020年是赵朴初先生逝世二十周年，上海博物馆于5月份举办“无尽意——赵朴初书法艺术展”。安徽省赵朴初研究会也于5月中旬在赵朴初

上　怒放　纸本水彩　55cm×40cm　2014年

下　心荷　纸本水彩　55cm×40cm　2014年

先生故里安徽太湖举办“赵朴初书法艺术研讨会”。赵朴初（1907—2000），卓越的佛教领袖、杰出的书法家、著名的社会活动家与伟大的爱国主义者。赵朴初先生集佛学理论、文学和书法艺术于一身，诗词曲俳造诣高深，堪称一代宗师。3月中旬，我有缘编辑《无尽意——赵朴初书法艺术精粹》一书，在审稿中仔细拜读了赵朴初先生的生平事迹和百余幅书法精品，我亦深深地被他的渊博学养和精神品格打动。他志存高远、和蔼谦逊、宁静淡泊的品格，令人景仰。他在古稀之年写下人生感悟：“生老病死，自然规律，人人平等，要有思想准备，一旦阎王策小鬼来叫，无牵无挂无语，跟上走就是了。”书中收录了1996年10月他在北京医院亲笔书写的一份遗嘱：“关于遗体的处理，我曾在二十多年前写过遗嘱，置书橱屉内，不知缘何失去，今尚记忆原文大概，再书之：遗体除眼球献给同仁医院眼库外，其他部分凡可以移作救治伤病者，请医师尽量取用。用后，以旧床单包好火化。不留骨灰，不要骨灰盒，不搞遗体告别，不要说‘安息吧’！”并立下八句偈语：“生固欣然，死亦无憾。花落还开，水流不断。魂兮无我，谁欤安息。明月清风，不劳寻觅。”这种直面生死的超然态度，无不折射出一种无尽意的人间佛教思想，令人去感悟和实践生命的意义。

赵朴初先生的书法以行楷、行草见长。其书法作品端庄神秀，遒丽俊朗，墨韵丰腴，浑然一体。苍劲浑厚、豪迈雄奇的笔力散发出一种祥和雍容之气。他曾说：“四十岁前没见过什么苏轼的墨迹。年轻时候多习‘二王’和唐楷，之外平素比较喜欢孙过庭、董其昌、赵孟頫、米芾的行草。”“我的书法不能说写得很好，但每天我都做功课。”启功先生说：“朴翁擅八法，于古人好李泰和、苏子瞻书，每日临池，未曾或辍，乃知八法功深，至无怪乎书韵语之罕得传为家宝者矣。”1998年，赵朴初对启功说：“比金钱传之更久远的是诗书画，比诗书画更久远的是缘分友情。这些人自缚名缰利锁，又互相攻讦，如何再论风雅二字。”赵朴初先生书法作品内容多以诗稿或日记的形式出现，以直抒胸臆之笔，表现出了他真实质朴的思想面貌。他常歌颂祖国河山，壮丽雄浑；记叙革命友谊，情真意切；政治讽刺，

上　北京南锣鼓巷No.1　纸本水彩 41cm×32cm　2017年
下　黄山云谷索道　纸本水彩　48cm×36cm　2019年

嬉笑怒骂，亦庄亦谐。诗词多记事，信手拈典故。传古人遗风，精妙至微。书中《一轮圆月耀天心》一文由赵朴初先生的侄女赵雯教授所撰：“漫步展厅，凝视一幅又一幅珍贵书法。伯父仿佛就在我们身旁，扶杖微笑，娓娓说历史，悠扬吟华章；指点文字，谆谆话报国，殷殷嘱后人。唯期后辈记其言、弘其志、继其行，万里新程更向前，勤勤报国恩。”传达了风清气正的家风、家训所给予的一种世代相传的精神力量，亦给我们后人留下了宝贵的精神遗产。

结合我的艺术创作来说，艺术创作与编辑工作是相互交融、教学相长的。我在编辑工作中接触各种艺术门类的作者和各阶层的艺术人士，人脉交际与信息广泛，对我的艺术创作有一定的影响。我始终认为艺术应从生活中来，从大自然中汲取营养。而我的艺术作品中早就融入了源于编辑出版工作中的各种感悟和体验。我认为只有在交融共享中迸发出的智慧火花才能激发出灵感，使思维更活跃和具有创新能力。用原上海书画出版社总编辑、著名画家卢甫圣的话说：“书画社的编辑都要力争做一名专家学者型的编辑。”但是真正要做到却是何其艰难！二十多年的编辑生涯，让我深刻认识到编辑学是一门学无止境的学科，唯理论与实践并举，从研究相关专业领域出发，努力成为跨专业领域的复合型“杂家”人才，这样才有可能造就一位优秀的编辑。

我认为在艺术创作上的逐渐成熟，也会提升自己在编辑出版领域上的工作效能。我的艺术人生紧随着社会发展的脚步而延展，中国改革开放四十年，我是受益者，可谓是步步踏准，把握时代的脉搏。20世纪80年代成为天之骄子的大学生，90年代作为青年油画家进入美术专业出版社做编辑，21世纪初家庭与艺事稳步发展，名利双收。21世

上　半边莲　纸本水彩　40cm×55cm　2015年

中　浙西山村　纸本水彩　40cm×55cm　2014年

下　赛里木湖　纸本水彩　80cm×110cm　2016年

纪20年代发端伊始，我想这将是我编辑职业生涯中最后的十年，我更希望在这十年中能结出更好的成果，让编辑出版成为我终身的职业符号，使自己的艺术创作更上一层楼。我热爱编辑事业，编好书、画好画、出佳作，如此我的艺术人生才是完满有意义的。路在远方，只要踏准节奏就可以抵达。用平常心，用感恩心，用昂扬激情来展现自己的信心，那么未来可期，成功近在咫尺。

作为一名艺术家常常具有更为丰富的情感，而情感是艺术的灵魂。掌握的知识越多，就能更深刻地感知社会和把握人生。目前我所要思考的是如何以艺术家特有的发现美、认识美和感知美的能力，来做好艺术图书的编辑；怎样通过艺术图书编辑来完善自己的品格，丰富和激活自己的情感，拓展自己的思路，让艺术创作如虎添翼。为此我须孜孜矻矻，一丝不苟，以形成和激发艺术创意思维，理解艺术的人文内涵和价值，并不断提高从社会历史、文化语境探索、分析、阐释艺术的能力。同时通过图书的传播，向普罗大众传递艺术家们对艺术的感悟力、鉴赏力和创造力！

2019年4月7日在上海市浦东新区广播电视台FM106.5东上海之声《舒曼的CD》直播——主持人舒曼专访金国明：做一个永恒的追梦者

上　春色满园　纸本水彩　55cm×40cm　2015年

下　西塘风情　纸本水彩　80cm×55cm　2015年

第十章　梦从这里开始

一、德不孤，必有邻

著名山水画家、美术史论家汤哲明教授曾在2003年我的第一本画集中写道："金国明与我是同事，亦是在一起谈画论艺的朋友。国明善油绘，这与他长期从事编辑工作是很有关系的，而在上海书画出版社人才济济的书画队伍中，他的绘画，可以算作是'另类'；他既是视觉艺术书籍的编辑者，也是视觉艺术的创作者，编辑与创作，在他身上体现出了教学相长的功效。这种有互补性的工作和事业，对他来说，又何尝不是一种独特的机遇，促使了他在漫漫的艺术道路中上下求索？"

二十多年来我责编了四五百种图书，如中西美术技法图书、画集等，自然也接触到了各种层面上的作者。不过由于地域关系，接触最多的还是海派书画家，如陈佩秋、林曦明、陈家泠、韩敏、韩天衡、杨正新、萧海春、韩硕、车鹏飞、江宏、张培成、卢辅圣、马小娟、戴明德、穆益林等。因为我自身也是艺术家，所以在编辑组稿中与作者的沟通相对来说比较容易，彼此之间也相互信任。

2013年，在上海虹桥路黔香阁饭店吃晚饭时，著名书画大家陆康先生说要为我刻方印，我当场表示也为陆先生画幅肖像。半年后我把《陆康像》油画赠予他，他也回赠了我一方姓名章和一幅书法《温故知新》，他待人就是那么大度又自然，值得我学习。那方姓名章我很喜欢，一直用到现在。

有时也会碰到有意思的事，有次在孙信一先生公子的婚宴上，我坐在花鸟画家陈世中先生旁边，同坐一桌的还有著名山水画家江

上　夏日午后　纸本水彩　40cm×30cm　2015年

下　台北阳明山草山行馆 纸本水彩　40cm×30cm　2015年

宏、汪大文等，我性格较“内敛”，大多数时间是听他们讲话。陈世中先生比较外向，一直在说话，他见我没什么反应，又听江宏先生介绍是上海书画出版社同事，后来他憋不住了：“我是陈世中呀！”这时我赶忙说：“知道的，我知道您老的名声。”其实这就是我一贯的个性使然：不卑不亢。有时做图书与作者也是种缘分，许多艺术大师百年之后，作为晚辈的我能为他们梳理艺术脉络甚感荣幸。有时为一些老书画家编辑画集后不久，他们便含笑九泉了，如沙曼翁、朱膺、刘文西等，所幸的是，他们在有生之年非常高兴能看到自己的精美画集出版，这或许也是冥冥之中的一种安排。

2016年我在组稿《海上掇英——名家名作（一）》后期，孙信一先生打电话给我说陈家泠先生叫我到贵都大酒店吃中饭。我们聊得甚欢，老先生没有任何架子，他喜欢谈艺术，也给了我许多书画出版上的建议，他希望能出版一些梳理研究近现代书画名家的精品画集。

2017年仲夏，上海市新闻出版局正局级巡视员祝君波先生托我教他的好朋友、七十七岁的王安安女士画油画，我欣然答应。王女士出身名门望族，是见过大世面的大家闺秀。她父亲王兆槐（1906—1986），浙江遂安人，是黄埔军校第四期步科毕业的少将高参。哥哥王度先生是著名收藏家，四十余年间收藏了五万余件中华文物，并将其所藏的重要文物无偿捐赠给海峡两岸的高校与文博机构，2004年北京大学设立了“王度奖学金”。后来我才知道她原来是中国台湾严家淦(1905－1993）的儿媳，也是昔日府中的贤妻良母，里里外外操持着府中的一切日常事

上　昆山巴城印象　纸本水粉　40cm×55cm　1987年
中　踏青　纸本水彩　40cm×55cm　2019年
下　浙江九龙湖　纸本水彩　40cm×55cm　2019年

务，被公婆视如己出而深受喜爱。王安安女士雍容华贵、仪态大方，讲一口带点苏州味儿的老上海话。她说公公也是苏州人，出生于苏州木渎。我们经常聊聊家常，她常提起十八岁时由母亲安排拜父亲的挚友岭南画派大师黄君璧先生为师以及勤学研习中国画的往事。后来她相继师从喻仲林先生、孙家勤先生、陈丹诚先生、江兆申先生和李志贤先生，研习中国山水画、花鸟画、仕女画和书法艺术。我对于她的经历与往事从不打听，只是静心地听她述说些家常事。1996年她定居上海，开始画画和打理一些室内设计的事务。她经常谈起二十多年来对朵云轩的情谊深厚；谈起1997年她在上海书画出版社、朵云轩祝君波社长和孙介琛先生的牵线搭桥下向李志贤先生学隶书写《千字文》的经历，以及在南京东路朵云轩办画展时的宏大场面；谈起二十多年来祝君波先生和原上海市委统战部副部长金闵珠女士对她的深厚友谊；谈起1998年出访“俄罗斯莫斯科国际新闻第47届年会”的事情；谈起名利得失就如浮云一般；谈起她五个儿女的精彩人生。她给我看全家福照片说：“我很庆幸，有这么好的儿女是我的福气。他们也很争气，没花我一分钱读了大学，三个儿子和小女儿都通过自己努力拿了全奖进了美国常春藤大学就读本科、硕士、博士，如美国哈佛、康奈尔、加州伯克利、麻省理工等名校，大女儿也读了台湾大学。他们都很节俭懂事，学业上互相鼓励，不追求名牌奢侈品，平时穿的都是汗衫、牛仔裤，与普通家庭一样。现在他们都事业有成有了各自的追

2018年12月合影
祝君波夫妇（前左一、二），
王安安（中），
余翠雁（前右），
顾林凡、张燕夫妇（后右一、右二），
林玉晴夫妇（后右三、右四），
周艳（后左二）

上　窗　纸本水粉　80cm×55cm　1999年
下　芭蕉　纸本水粉　80cm×55cm　1999年

求，大儿子哈佛大学博士毕业后在哈佛医学院做律师，二儿子是美国凯悦酒店集团大中华区高级副总裁，小儿子斯坦福大学MBA毕业后进了谷歌（google）工作。说到此时，她深情地感慨道：“是上海给了我第二个生命！让我东山再起，拥有一个幸福的晚年生活。然而现在别人怎会想到一个七八十岁的老太太还要画油画呢？当时我对祝君波说想要画油画，他就对朵云轩木版水印的林玉晴老师说去找金国明。因此，吾伲两个人真的蛮有缘分，可以喝茶、画画、聊天。”后来在她徐汇苑的寓所里祝君波先生对我说：“金老师要把王小姐教好，也就是为统战工作立了大功。”她比我母亲小两岁，当然我自然地也就把她当作特别尊敬的长辈看待，交往时间长了就有点像“忘年交”，情义笃深。

2018年9月下旬王安安女士回台湾办事，不久便告诉我说要做个心血管支架手术，并约好时间等回沪后继续画画。10月中旬术后不满一月她就赶到我永嘉路的工作室画画了。我诧异她为何不多休息一阵，她坚持说画画也是一种休养。这种对生活的热爱和如痴如醉忘我的乐观精神深深地感染了我，这就是我常说的对艺术要有一种“飞蛾扑火”的精神。她乐观而爽朗，每当她看到一幅幅油画完成时就会笑得像花儿一样的明媚灿烂。

她一直邀我去她在苏州东山自己造的别墅“安安庐”里坐坐，那可是一个怡神养性的世外桃源。2019年10月我与太太开车去了苏州

2018年12月与王安安女士合影

上　瓶花　纸本水粉　80cm×55cm　2000年
下　静物　纸本水彩　80cm×55cm　2000年

东山，三层楼高的“安安庐”是苏州明清样式风格的建筑，面朝太湖，背靠山丘，竹林深深，风景宜人。那粉墙黛瓦、亭台楼榭、玲珑湖石、小桥流水，好一派精致幽静的江南园林风貌。而这些都是她小女儿整体设计建造的，其居室布置设计风格时尚又不失传统。我们跨进大门便看见上海博物馆副馆长顾祥虞、陈克伦夫妇与王安安女士一起在庭院中赏石观鱼。她说：“每次我来苏州东山过周末，在这里抄念经文，傍太湖烟霞起落，那种境界是安然飘逸的。”东山是一个历史悠久、人文气息浓郁的地方，她选择居住东山，缘由之一是儿女们可以常回故乡，其二是有一个可以静心品茗、写经禅坐、养性修身的寓所。

她常说：“我喜欢在上海和东山，这里有我许多朋友。我是要交朋友的人，心里总是会想着朋友，我对待朋友除了付出还是付出，付出便是福！”一次画完油画后她对我说要去医院看个好朋友，并特地精心备了四个菜肴送去关心下。我问她为何带菜肴？她说朋友生病了，一个人没人照顾，就去送点好吃的小菜吧。这一件小事体现出她的善良和对朋友的真挚情谊。

王安安女士有一颗金子般闪光的心，她画画的动力与激情来自对大自然的热爱和对生命的热情向往，因此她描绘的画面多为表现大自然中美妙变幻的万千气象，色彩丰富亮丽，笔触自然洒脱，肌理质感厚实，艺术表现力较强。她喜欢阳光，所表现的绘画题材大都是她生活和去过的地方，有太湖东山、上海老洋房、阳明山暮日、长白山白桦林、青海湖油菜花、西藏林芝桃花和波士顿郊外、瑞士风情等。在画波士顿郊外时，她说这是她在哈佛医学院工作的大儿子最喜欢的风景；画瑞士风情时，她说那是她小女儿生活过的地方；画阳明山时，她动情地自言自语：“这里是我父母长眠的阳明山，我将来还是会来陪伴父母的。”而这些熟悉的场景又何尝不是她追寻阳光和追求生活的真实写照！

1998年秋，王安安女士在中国香港举办个人画展，并将作品义卖后所获的义款捐给需要帮助的同胞。“能给是福，施比受来得愉快”是她的家训。这几年来她心中一直酝酿着一个暖心大爱的计划：定

上　高顾遐视　纸本水彩　110cm × 80cm　2018年
下　苏州西山　纸本水彩　48cm × 36cm　2020年

于2021年8月7日八十岁寿庆之日举办“吉光片羽——王安安慈善油画展”，并把四年来辛劳创作的四十幅油画作品（100cm × 80cm）和募集款项全部捐给上海市慈善基金会和中国台湾溪水旁关怀单亲家庭协会的失孤弱残儿童，为促进两岸文化艺术交流做一份贡献。手牵手、心连心，两岸一家亲。她说：“我七十岁生日办得红红火火，那是一个感恩宴会，感恩诸多亲友的关爱与帮助。到八十时我要献出一份大爱！要用四年的精力和心血来完成我的心愿，这样就功德圆满了。”为了实现这个计划，她把画画放在首位，锲而不舍、坚持不懈地将按计划逐步完成所有画作。坚持自己的信念是可贵的，何况是已届逾杖朝之年。不论刮风下雨、严寒酷暑，她都坚持作画。这一幅幅精美绝伦的油画作品便是她近年来所付出的全部情感和心血。她做事特别认真执着，早早地便开始筹划出画集和办画展的前期准备工作。我也经常为她鼓劲，出谋划策，提些建议。正因为有此信念和动力，她的生活像调色板一样多姿多彩，始终保持着昂扬饱满的激情，显得健康而开朗。这符合她的人生信条：感恩、惜福、舍得！这也是众所周知的箴言，蕴涵着待人处世的人生哲学。感恩和惜福容易理解，而舍得不是人人可以做到。有舍才有得，道理显见，但是前提是先要得到，而且这一定是舍不得的来之不易的事物，如此才有资本和资格去讲“舍得”二字。《孟子 · 告子上》中云：“鱼，我所欲也，熊掌，亦我所欲也；二者不可得兼，舍鱼而取熊掌者也。生，亦我所欲也，义，亦我所欲也；二者不可得兼，舍生而取义者也。”因此我理解王安安女士所讲的“舍得”二字，她跌宕起伏的人生经历有足够的资本去“舍”，最后她得到的是对生命的真切感悟，其大爱之心和梦想也定会遂心如愿。我非常珍惜与她共处的这一段难忘的美好时光，她的人格魅力和精神品格会时常照耀着我的心灵，从中也获得一些特别的人生感悟和启示。分分秒秒的时光稍纵即逝，点点滴滴的心绪轻轻划过。追逐梦幻时光的空间却越来越大，我相信今天、明天和未来，她将会永远快乐幸福、健康长寿。

上　黄山　纸本水彩　40cm × 30cm　2019年

下　黄山　纸本水彩　36cm × 28cm　2019年

二、居移气，养移体

说我“另类”的原因，是因为上海书画出版社、朵云轩的老编辑大都是以中国书画见长，名家荟萃，都是书画圈内的大腕，而我作为一个油画家身处其中那可真是“特立独行”了。长期浸淫于传统书画圈里，最大的益处就是可以融贯中西、修身养性。通过学习、实践，汲取中西方各种艺术养料，逐渐弥补了自身的不足。对于中国画的相关技法图书、画册等都能游刃有余地编辑加工。直到前两年书法家张伟生、山水画家孙扬退休，邵仄炯调到上海师范大学去做教授后，只留下我这个油画家独守阵地，身边谈画论艺的同事越来越少了，时时感到寂寥而无趣，经常独来独往，惆怅之感不免油然而生。

长期的创作学习与工作实践养成了我独立的思考与行为处事方式，也在不知不觉中逐渐形成阶段性有规律的生活作息，一年四季里几乎都在编辑室、工作室和居处之间穿梭往返，日复一日，年复一年。

2015年我戒了烟，弃车代步，几乎每天早上坚持快走四五十分钟到单位上班，有时晚上到卢湾体育馆快走一小时。2017年3月，我养了一条纯种边境牧羊犬——菲比妹妹，边牧犬是世界上最聪明的犬类之一，成年后可达七八岁儿童的智力水平。因此我的一个眼神、一个动作，它就明白是什么意思了，至于我们说的沪语，它都听得懂，性格温顺又老实。从此每天早晚两次的遛狗任务是逃不掉了，它喜欢奔跑、接飞盘。如此一两个小时的运动量也是蛮消耗体力的，权当是我的健身陪练员。早晚遛遛狗，一是锻炼身体，可以保持良好的精神面貌；二是放松心情，提高

上　徽州黟县宏村　纸本水彩　28cm×36cm　2019年
中　黄山　纸本水彩　28cm×36cm　2019年
下　美丽的西柏坡　纸本水彩　36cm×48cm　2020年

生活情趣；再则是减缓各种压力。这就是所谓的宠物效应吧！天热锻炼的效果最好，满身热汗，燃烧脂肪。想到这里就越走越有劲，长此以往肚皮瘪了，也显年轻精神了，看来锻炼是最好的保健方法。子曰："知者乐水，仁者乐山；知者动，仁者静；知者乐，仁者寿。"（《论语·雍也》）。平时我不太喜欢外出应酬吃喝，不是我不爱吃，管住嘴迈开腿是我坚守的生活律条，健康愉快地活着比什么都好！其他都是次要的，朋友开心投缘就多交往，人际关系适当保持些许距离也未尝不可——每当疾走在喧嚣的环境中时我常常会思考一些问题，不知不觉中既宣泄了情绪，又保持了清醒的头脑和良好的心态。

2012年夏季，我学会了蛙泳，这是必备的求生技能。第一节课我学得很快，除了换气还不行，猛地扎进水里数米竟可以上浮起来了。游泳确实是全身运动，不惑之年学起了"吹打"，教练问我是否做过运动员，他说我的肺活量很大，估计学十次就会了。第二节课游泳教练不在，我一个人在浅水区慢慢摸索，练了一个多小时后有点感觉了，最后干脆在深水区终点向前游，居然推进了近二十米。本以为年龄大了学不会，这就像我小时候把一只猫扔进河里，它居然也会游上岸，是本能。学到第三次，我已可换气游了，教练说我已学会了，是他所有学员中学得最快的一个。这是技术活，主要靠自己多琢磨领悟再多加练习，从此我的梦境中又增添了一个游泳时的"蒙太奇(Montage)"般的情节。

海上书画名家陆康说起他的一位故人，年纪很轻身体很棒的赛车手，罹患一怪病，手术时要把整个脸翻开进行，痛苦万分，结果仍免不了呜呼哀哉！最后临终时他讲了一句肺腑之言——活着真好，能笑就好！海上著名书家刘小晴也有句名言——及时行乐！回味咀嚼觉得其中不无道理。其实人的一生很短暂，我认为生活在当下是幸福的，从来没有哪个时期的艺术家可以像今天这样进行自由创作！上班工作回家有儿女叫声爸妈是幸福的，平时没病没灾身体健康是幸福的，心想事成是幸福的，吃得下睡得着没有烦恼是幸福的，有信仰有追求更是幸福的。有这么多的幸福围绕左右还要奢求什么呢？心平气和就是"幸"，"平安"二字就是福。

上　时差　纸本手稿　39cm×27cm　2015年

下　2012.12.21末日谎言　纸本钢笔淡彩　40cm×30cm　2012年

最近几年里不知为何我会反反复复地做到一个同样的梦，在梦中我离开了工作二十多年的上海书画出版社，醒来后方知这只是一个梦而已。这或许暗藏了什么契机。其实，在内心深处我还是十分留恋的，毕竟二十余年间我在这里留下了不灭的青春年华。时光如梭，人到壮年，再过十年我将至退休，也确实该离开了。当然生活要有个小目标，如此才有激情和动力，我也非常期待在下一个十年中再画出更多的佳作来。直到现在我才感悟到保持纯真的自然心态是多么的愉悦和可贵，我画画纯粹是喜好，有人问我什么时候办展，“画展是一定要办的，这是水到渠成的事”。当下艺术圈流行一句带有自嘲意味的经典妙语：“今天是开幕式，又是闭幕式。”确实如此，有时想想何必要兴师动众劳民伤财呢？南朝梁代刘勰《文心雕龙》有言：“人禀七情，应物斯感，感物吟志，莫非自然。”还是平和自然而轻松自由地去画画，才是最幸福的。

当下艺术风格纷呈，评判标准混乱不堪。创新固然是时代进步所致，但是传统的语境在当下仍是不争的净土。许多不搞艺术的都来凑热闹，都做起了艺术家，连娱乐圈艺人、媒体主持人、玩古玩的、开饭店的、做老家具的、摆水果摊的都自以为是地做起了艺术家、评论家，有些语文老师因为有教师资格证就可以在民办培训机构教美术课、书法课等。想当年学艺术的人非常少，艺术院校一个班级五六人，一个专业年级才十几人，有时好几届学生在几十年后还出不来几

满目青山　纸本水彩　150cm×80cm　2019年

金色之光　纸本水彩　50cm×150cm　2019年

个艺术家。现在我想明白了，绘画本来就是很愉悦的事，随心所欲，不一定都要画得面面俱到。这个社会似乎人人都可以做画家、诗人、歌手、摄影家，人人都可以当梦想家，只要把文字、颜料、手机、情感堆积在相应的媒介上就可以了！这大概比较符合大众普遍的心态，符合当代艺术中那些玩世不恭的波普艺术的审美情趣。因此玩得开心没有任何压力是最主要的，专业和非专业是次要的，身心愉悦了才会乐此不疲长命百岁！在这个信息飞速发展的社会里，能留下让人记得住的毕竟是划时代的伟人和历史事件，其他的都是尘埃，不值得一提。

十七岁时我是一名技术“工匠”，二十几岁时我是教师，三十而立时我成了名副其实的图书编辑，四十岁时的我是“上海文化新人”，五十知天命时我明德笃行，志存高远。我始终认为做任何事都要有门槛和基础，入门要正，起点要高——坚持信念，没有达不到的目标！爱好艺术其实是一种兴趣，把兴趣成就为一种习惯，把习惯演绎为生活的常态。热爱生活与艺术也是一种信仰，信仰美好的事物不是谁都能做到的，因为人们对信仰的诠释是建立在个体的感知与经验上的。一百零五岁的著名作家杨绛先生说：“我和谁都不争，和谁争我都不屑；我爱大自然，其次就是艺术。我双手烤着生命之火取暖；火萎了，我也准备走了。”艺术能陶冶情操，古人能识，然今人未必能得精髓。修养不是一朝一夕能达到的，唯有保持健康美好的信念才能或可实现，成就完美的自己。

三、居处恭，执事敬，与人忠

我的人生哲理就是“做好人”，这里有两层意思：第一要做好一个人；第二要做个好人。现在好人少了，这是道德的缺失。好人的标准不是做老实人，而是要做正派、健康和有正义感的好人；“做好人”不易，要符合社会道德、伦理的范畴，在这两个层面上做好人谈何容易！艺术是修为，做人有标准。现在做什么都有个圈子，朋友见面都会问：最近混得怎么样？其实要看怎么混，这个“混”字含义很多。就个人而言，开开心心过每一天、全家安康就很满足了。有空余的时间玩些爱好，远离所谓的主流

与非主流圈子，让个人仅有的一点品性得以舒展，这样活得才有意义，人性得以健康发展。其意义不在于工作事业，不在于贪图享乐，不在于富有或贫困，而是能拥有一颗健康善良的心，是发自内心的愉悦，是喷薄而出的朝阳，一如阳光般的灿烂与辉煌。

每当我舒心惬意地走在陕西南路、永嘉路和复兴中路上时都会感受到一种浓郁的海派文化气息，所谓的灵感也就因此应运而生了。在这里能找到我来来回回重叠的身影，无数个日日夜夜我都会钻进工作室中静心思索或创作，长此以往习惯成自然，生活有了规律，由此我也非常享受一个人独处时的寂寥和空灵感。每当我面对空白的画布时，我的思绪与灵感似火山爆发般地喷涌而出，在斑斓绚丽的色彩与丰富的情感变幻中找到激情。这种与自我心灵的对白对于我来说显得尤为重要，也是开启艺术人生的钥匙。属于我的青春之歌将永远荡漾在碧海蓝天之间，漫漫人生路中留下的是永恒的青春浪漫的记忆。

当艺术成为生活中不可或缺的状态时，你就拥有了一份强大的内心世界；当独自沉浸在自我的梦幻空间时，你就会从中体味艺术所带来的乐趣；当生活变得纯净而简单有规律时，你就会从容自若地面对来来往往的喧嚣。长久地保持良好的心态谈何容易，唯有在寂静的空间中坚持并咀嚼游艺余情的乐趣，才能获取更为广阔的空间。亚里士多德对于幸福有独到的见解，他认为幸福乃是一生的生活质量，幸福不是每时每刻的愉快经历，它涉及的是一个人会选择何种方式来度过自己的一生。幸福是一个人正在过着和曾经度过的善的生活，终极的幸福来自善的生活的总和。他说：“如果我们能够想出可以超越——譬如——财富和健康的东西，那么，我们选择财富和健康还有什么意义？财富和健康之间有什么关系？”至善是亚里士多德对

上　富士山河口湖町No.1　纸本水彩　28cm × 40cm　2019年
中　富士山河口湖町No.2　纸本水彩　28cm × 40cm　2019年
下　富士山河口湖町No.3　纸本水彩　28cm × 40cm　2019年

绝对幸福状态的阐释，也是给我们带来的重要的人生启示，快乐才是幸福的最佳状态。苏格拉底认为：“知善就是为善。”因此我们在生活中要遵循道德行善的行为准则，做一些力所能及的好事和善事，那么我们的生活就会过得非常充实而有意义。

2019年11月22日“小雪”，上海的初冬似深秋一般满目金色，街头巷尾的梧桐树叶掠过眼帘翩翩飘落，一夜之间便铺满了整条马路。女儿长大了，十四岁身高已一米七左右，俨然是一个美丽快乐的豆蔻少女。她非常有思想和个性，学习能力很强，学习成绩名列前茅。她告诉我喜欢数学和物理，想朝这方面发展，这个想法让我倍感欣慰，经常鼓励她朝着自己的目标前进。这学期开始，女儿住宿于青浦的学校，因此我们每个周末都要驾车往返于50公里外的朱家角镇接送女儿。我对女儿说：“今天父母的辛苦与付出都是希望你有一个美好的前程，现在就像是在放飞雏鸟一般，一收一放，待羽翼丰满时便可高飞远翔了。”当我看到她在体育课上练习赛艇项目时感到高兴；当我听到她在舞台上吹奏的长笛乐曲时为之动容；当我得知她设计的艺术节徽荣获“一等奖”，并被制作成海报张贴于学校礼堂时感到骄傲；当她交出出色的成绩单(GPA4.18)时一阵暖心；当知晓她喜获“2020年澳大利亚国际袋鼠数学银奖”时满心欢愉。每当我送女儿回校后，在回家路上怅然若失，就像英国著名心理学家西尔维亚所说：“这个世界上所有的爱都以聚合为最终目的，只有一种爱以分离为目的，那就是父母对孩子的爱。父母真正成功的爱，就是让孩子尽早作为一个独立的个体从你的生命中分离出去，这种分离越早，你就越成功。”

2020年元月，有时静心独处时我会莫名地心神不定，多愁善感起来，该不会有什么事要发生吧！许是季节变换的原因，或是新旧之年交替之故。真没料到一语成谶，直到庚子新春一场突如其来的“新型冠状病毒病”疫情引起举国震惊和恐慌，让我们对人性有了深刻的认识，对生命意义有所感悟。当我们经历了1988年“甲肝”

上　梧桐树下　纸本水彩　48cm × 36cm　2020年

下　日本神户印象　纸本水彩　40cm × 28cm　2019年

大流行、2003年“SARS”爆发、2009年“甲型H1N1流感”和2013年的“H7N9型禽流感”后，又遇上了这场非常严重的“2019冠状病毒病”（COVID-19）疫情。疫情来势汹汹，发展迅速，席卷全国及海外各地，以致我们在春节期间措手不及。2月上旬，本以为疫情离我们很远，一觉醒来却发现上海市公布的两起确诊病例离我家只有50米和85米。铺天盖地而来的各种信息搅乱了人心，气氛紧张而焦虑不安，令人窒息。我对女儿说：“这是我们遇到的一个正在发生的重大历史事件，要牢记这一时刻，人与自然要和谐相处，要保护自然，从中去体会大自然对人类生存发展和感受生命的意义。”我们知道人类不是没有天敌，面对天灾人祸，人与动物、生灵如何和平共处值得深思。人性虽具有精神灵魂，但善与恶并存；兽性虽源于本能，但其恶不如人。这场灾难的降临爆发，不是无缘无故从天而降的，它源于人类虐杀野生动物和破坏自然环境，纯粹是因为人类管不住自己的心和嘴。日本作家东野圭吾说：“这个世界上，有两样东西不能直视，一个是太阳，另一个是人心。”

面对现实与困境，百姓们听从、配合和执行政府所倡导的科学医疗防御指导等措施，自觉地采取自我居家隔离的物理行为来进行防御阻击，有效地遏制了疫情的扩散发展。相反国外的疫情与日俱增，引起了全球恐慌，涉及美国、英国、意大利、伊朗、韩国、日本、法国、德国、新加坡、西班牙等数百个国家和地区，这是一次严重的全世界、全人类的疫情灾难。3月上旬，上海的疫情基本得到遏制阻断，各行各业开始复工复产，社会生活秩序稳定良好，同时全国各地的疫情也开始好转。因此我们要向无数奋斗在疫区前线的医护战士们致敬，向牺牲的英雄烈士们鞠躬敬礼！

2月1日，我得知由杭州西湖当代美术馆、北京华辰拍卖有限公司、上海云开朵朵公益基金会、北京拍卖行业协会和童雁汝南工作室等共同发起的“艺起扛”慈善拍卖会后积极响应，即刻与主办方之一上海无用空间的著名策展人查海蓝女士联系，并捐赠了一幅油画作品《国明的世界——梦云系列No.208》，由北京华辰拍卖有限

上　荷韵　纸本水彩　80cm×55cm　2014年

下　观沧海　纸本水彩　110cm×80cm　2018年

公司进行义拍，义拍所得1.7万元全部捐赠。善款不多，但我也尽自己绵薄之力，献出一份爱心。参加义拍的还有范迪安、朱塞佩·拉·贝鲁纳、俞晓夫、高孝午、霍波洋、童雁汝南、李继开、何文玦、洪浩、袁文彬、邵琦、樊枫、陈文令、林岗等二三百位艺术家。筹集的义拍善款272.4万元第一时间用于购买医疗物资和其他所需物质，捐给重点疫区武汉的一线医疗机构。

与此同时，我们中国工合国际委员会的华东联络处也积极向各地委员发出倡议进行驰援武汉抗疫情的捐款活动，短短一周时间筹集了4.25万元交给工合国际总部，然后全部捐给上海瑞金医院，指定款项用于瑞金医院驰援武汉一线医院的医疗队。

现今我们又一次经历和体验了现实社会中的全球性特大突发事件，每个人都应该有所反思和感悟。英国首相丘吉尔有句名言："不要浪费一场危机。"每遇大事，起哄者多，静心者少。每逢危机，盯住风险的多，看到机会的少。一场重大危机让我们切身感受到一个时代的陨落和另一个时代的开启。21世纪20年代的开启是不寻常的，未来我们或许要面对更多的危机。然而危机可以促使我们重新审视自己，及时调整方向，危机也许就是新生。生命是脆弱的，也是强大的。在灾难面前，个体的力量往往显得非常渺小，微不足道，面对险峻危情，我们的内心是多么脆弱，流露出各种惊慌失措和焦虑不安的负面情绪和行为。而那些冲锋在重点疫区一线的医护战士和牺牲的英雄烈士们是一个强大的集体，他们都拥有一种舍生取义的伟大精神，我们今天的安居乐业正是得益于他们无私无畏的奉献精神，令世人所敬仰。

庚子新春伊始也是我知天命之年的开端，在特别的日子里如何规划未来的人生是值得思考的。许多事物都存在辩证关系，有利有弊。关于正邪相争的辩证关系在《伤寒论》中有概述："邪气因入，与正气相搏，结于胁下，正邪分争，往来寒热。"我比较认同传统中医对于病毒的理解，正如《黄帝内经》中所说：

2019年12月8日 女儿在学校前与家人合影

2019年在金国明工作室接受闫美杉女士采访

永嘉路35号金国明工作室

“正气存内，邪不可干，邪之所凑，其气必虚。”我相信只有充满正能量，才能避免感染邪毒之气。孟子曰：“亲亲而仁民，仁民而爱物。”因此，爱护动物、保护自然是全人类共同的目标和使命，人与自然应和谐共荣，从而达到天人合一、道法自然的圆满境界。

人生无常，对于生命而言，要珍惜时间做些有意义的事情；对于健康而言，修身养性成为首要；对于事业而言，养精蓄锐是明智之举，厚积而薄发；对于家庭而言，亲情和睦才是幸福。

我庆幸通过这几年的积累和梳理把藏在心中的感悟都说了出来，并使酝酿已久的画集顺利出版。五十知天命，因此近两年来我的体悟比过往更为自然和深刻。随着社会历史的发展，我的人生就像曲线图表一般也经历了无数个高低起伏的周期，有坎坷与困顿，有彷徨和徘徊，有激情和展望，有灿烂和辉煌，有欢乐和幸福。借此书对我的上半生做一个真实客观的回顾，梳理出一些宝贵的人生经验和教训，同时也作为一条承上启下连接我艺术人生的纽带和一把打开艺术之门的金钥匙，为我后半生的艺术生涯打下了扎实的基础。我更期待的是下一个属于我的人生辉煌点，虽然我不知道它在何方，但我知道它离我并不远，艺术之路依旧向前方延展……《吕氏春秋·士容》云：“夫骥骜之气，鸿鹄之志，有谕乎人心者，诚也。”

人至壮年，对生命的感悟不自觉地油然而生。生命是什么？哈姆雷特说：“生存还是毁灭？这是个问题。”“我们的本质原来也和梦一般，短短的一生，就在睡梦中度过。”莎士比亚如是说。西班牙剧作家卡德隆在他的《人生如梦》中描绘：“生命是什么？是疯狂的。生命是什么？是幻象、是影子、是虚构之物。生命中至美至善者亦微不足道，因为生命只是一场梦境。”三十岁后我画了十年“梦云”系列，四十岁后又画了十年“时差”系列，两个十年承载着我的成长和梦想：十年一画，十年一梦；十年耕耘，十年树木；十年练心，十年结晶；十年坚守，十年成长。我的艺术之梦源于青春的理想，人生半百后我又将做起另一个梦——梦从这里开始。2020年注定是一个被人类历史所记载的重要年份，又是一个新时代的开端。展望新时代、新十年，我坚信今后的艺术人生将会更为精彩和辉煌。

2015年4月15日四十五岁生日时女儿吹笛祝福

2020年4月15日在上海思南公馆晶浦会与王安安女士合影

2020年4月15日五十岁生日

时差No.51　布面油画（双联画）　40cm×30cm×2　2017年

时差No.1　布面油画
50cm × 40cm　2012年

时差No.2　布面油画
50cm × 40cm　2012年

时差No.3　布面油画

50cm × 40cm　2012年

时差No.4　布面油画
50cm × 40cm　2012年

时差No.5　布面油画
50cm×40cm　2013年

时差No.6　布面油画
50cm × 40cm　2013年

时差No.7　布面油画
50cm × 40cm　2013年

时差No.8　布面油画
50cm × 40cm　2013年

时差No.9　布面油画
50cm × 40cm　2013年

时差No.10　布面油画
50cm × 40cm　2013年

时差No.72　布面油画

50cm × 40cm　2018年

时差No.13　布面油画

50cm × 40cm　2013年

时差No.14　布面油画
50cm × 40cm　2014年

时差No.15　布面油画
50cm × 40cm　2014年

时差No.17　布面油画
50cm × 40cm　2014年

时差No.16　布面油画
50cm × 40cm　2014年

时差No.12　布面油画
50cm × 40cm　2013年

时差No.18　布面油画
50cm × 40cm　2014年

时差No.19　布面油画　100cm × 80cm　2014年

时差No.20　布面油画　100cm×100cm　2014年

时差No.21　布面油画

57cm × 40cm　2014年

时差No.22　布面油画
57cm × 40cm　2015年

时差No.23　布面油画　81cm × 65cm　2015年

时差No.27　布面油画　100cm × 100cm　2015年

时差No.25　布面油画　100cm × 100cm　2015年

时差No.26　布面油画　100cm × 100cm　2015年

时差No.24　布面油画　160cm×50cm　2015年

时差No.28　布面油画　160cm×50cm　2015年

时差No.29　纸板油画
50cm × 40cm　2015年

时差No.30　纸板油画
50cm × 40cm　2015年

时差No.31　纸板油画
50cm × 40cm　2015年

时差No.32　纸板油画
50cm × 40cm　2015年

时差No.33　纸板油画

40cm × 28cm　2015年

时差No.34　布面油画　120cm×120cm　2015年

时差No.35　布面油画　100cm × 100cm　2015年

时差No.36　布面油画　120cm × 120cm　2016年

时差No.38　布面油画　120cm×120cm　2016年

时差No.37 布面油画 100cm×200cm 2016年

时差No.39　布面油画

60cm × 40cm　2016年

时差No.40　布面油画

60cm × 40cm　2016年

时差No.41　布面油画　120cm×120cm　2016年

时差No.42　纸板油画　40cm×38cm　2016年

时差No.43　布面油画
30cm × 26cm　2016年

时差No.44　布面油画
50cm × 40cm　2017年

时差No.45　布面油画
50cm×40cm　2017年

时差No.46　布面油画
50cm × 40cm　2017年

时差No.47　布面油画

50cm × 40cm　2017年

时差No.48　布面油画
50cm × 40cm　2017年

时差No.49　布面油画

50cm × 40cm　2017年

时差No.50　布面油画
50cm × 40cm　2017年

时差·游弋　布面油画　40cm × 50cm　2013年

时差No.52　布面油画（双联画）　40cm×30cm×2　2017年

时差No.53　布面油画　30cm × 30cm　2017年

时差No.54　布面油画　60cm × 50cm　2017年

时差No.55　布面油画　60cm × 50cm　2017年

时差No.56　布面油画　120cm×120cm　2017年

时差No.57　布面油画
60cm×50cm　2017年

时差No.58　布面油画
60cm × 50cm　2017年

时差No.59　布面油画　100cm×100cm　2017年

时差No.60　布面油画　60cm × 50cm　2017年

时差No.61　布面油画

60cm × 50cm　2017年

时差No.62　布面油画
60cm × 50cm　2017年

时差No.63　布面油画
60cm × 50cm　2017年

时差No.64　布面油画
60cm × 50cm　2017年

时差No.65　布面油画　100cm × 100cm　2017年

时差No.66　布面油画　60cm × 50cm　2017年

时差No.67　布面油画
100cm × 70cm　2017年

时差No.68　布面油画

120cm × 70cm　2018年

时差No.69　布面油画

120cm×60cm　2018年

时差No.70　布面油画
50cm × 40cm　2018年

时差No.71　布面油画
50cm × 40cm　2018年

时差No.73　布面油画
40cm × 30cm　2018年

时差No.74　布面油画
40cm × 30cm　2018年

时差No.75　布面油画
40cm × 30cm　2019年

时差No.77　布面油画
40cm × 30cm　2019年

时差No.78　布面油画
40cm×30cm　2019年

时差No.79　布面油画　100cm × 100cm　2019年

时差No.80　布面油画

55cm×35cm　2019年

时差No.81　布面油画
55cm × 35cm　2019年

时差No.82　布面油画
70cm × 50cm　2019年

时差No.83　布面油画　40cm × 50cm　2019年

时差No.84　布面油画
50cm × 40cm　2019年

时差No.85　布面油画　40cm × 50cm　2019年

时差No.86　布面油画
50cm × 40cm　2019年

时差·偶遇　布面油画
60cm × 50cm　2020年

时差 · 鸟缘　布面油画
60cm × 50cm　2020年

时差 · 离殇　布面油画
200cm × 100cm　2020年

国明的世界——梦云系列No.207　布面油画（双联画）　65cm × 54cm × 2　2012年

梦云

2002年–2014年

国明的世界——梦云系列No.232　布面油画　100cm × 80cm　2013年

国明的世界——梦云系列No.219　布面油画　120cm×120cm　2012年

国明的世界——梦云系列No.230　布面油画　100cm × 80cm　2014年

国明的世界——梦云系列No.235　布面油画　100cm × 80cm　2014年

国明的世界——梦云系列No.214　布面油画　92cm×73cm　2011年

国明的世界——梦云系列No.231　布面油画　100cm × 80cm　2013年

国明的世界——梦云系列·幽会　布面油画　50cm × 40cm　2014年

国明的世界——梦云系列 · 后院　布面油画　50cm × 40cm　2013年

国明的世界——梦云系列No.220　布面油画　65cm × 54cm　2012年

国明的世界——梦云系列No.150　布面油画　81cm×65cm　2007年

国明的世界——梦云系列No.216　布面油画　65cm × 54cm　2012年

国明的世界——梦云系列No.218　布面油画　65cm×54cm　2012年

国明的世界——梦云系列No.225　布面油画　50cm×40cm　2012年

国明的世界——梦云系列No.227　布面油画　65cm × 54cm　2012年

国明的世界——梦云系列No.217　布面油画　65cm × 54cm　2012年

国明的世界——梦云系列No.228　布面油画　65cm × 54cm　2012年

国明的世界——梦云系列No.222　布面油画　65cm×54cm　2012年

国明的世界——梦云系列No.229　布面油画　50cm×40cm　2013年

国明的世界——梦云系列No.224　布面油画　50cm × 40cm　2012年

国明的世界——梦云系列·红云　布面油画　50cm×40cm　2012年

国明的世界——梦云系列No.226　布面油画（双联画）　50cm × 40cm × 2　2012年

国明的世界——梦云系列No.223　布面油画（双联画）　65cm × 54cm × 2　2012年

国明的世界——梦云系列No.214　布面油画（双联画）　65cm×54cm×2　2012年

国明的世界——梦云系列No.221　布面油画（双联画）　65cm × 54cm × 2　2012年

国明的世界——梦云系列No.208　布面油画　65cm×54cm　2011年

国明的世界——梦云系列No.209　布面油画　65cm×54cm　2012年

国明的世界——梦云系列No.215　布面油画（双联画）　65cm × 54cm × 2　2011年

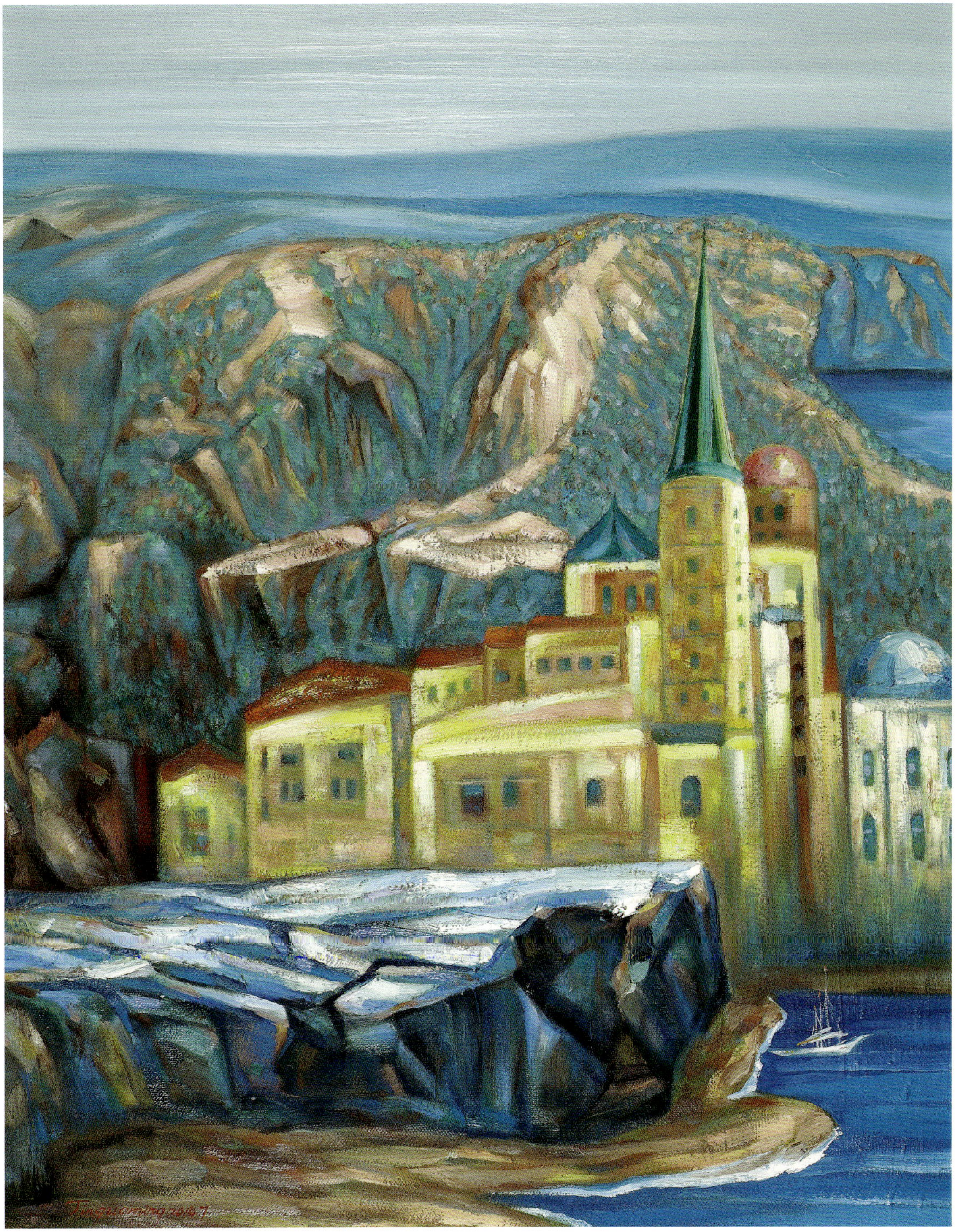

国明的世界——梦云系列No.238
布面油画　100cm × 80cm
2014年

梦云桥　布面油画

100cm × 80cm　2014年

欧陆风情——德国国王湖　布面油画　50cm × 80cm　2011年

人物 · 风情

1990年—2019年

我的女儿No.4　布面油画

200cm × 100cm　2018年

自画像　布面油画

100cm × 80cm　2018年

自画像　木板蛋彩画（坦培拉）　40cm × 30cm　2003年

篆刻家茅子良　布面油画　60cm × 50cm　2013年

中国人民的老战士、老朋友、老同志——路易·艾黎　布面油画　120cm×200cm　2012年

路易·艾黎　布面油画
81cm×62cm　2015年

乔治·何克　布面油画　110cm × 46cm　2015年

纪锡雯像　布面油画
83cm × 66cm　2011年

余亦舒像　布面油画
50cm × 40cm　2007年

海上名士——陆康　布面油画

60cm×50cm　2013年

周艳像　纸板油画

74cm × 52cm　1999年

美院女生李佳　布面油画
65cm × 54cm　2005年

画坛名士——江宏　布面油画　65cm × 54cm　2005年

画坛名家——孙扬　布面油画　50cm × 40cm　2006年

女模特　布面油画　65cm×54cm　2008年

老包像　布面油画　45cm × 30cm　1990年

女模特　布面油画

80cm×56cm　2005年

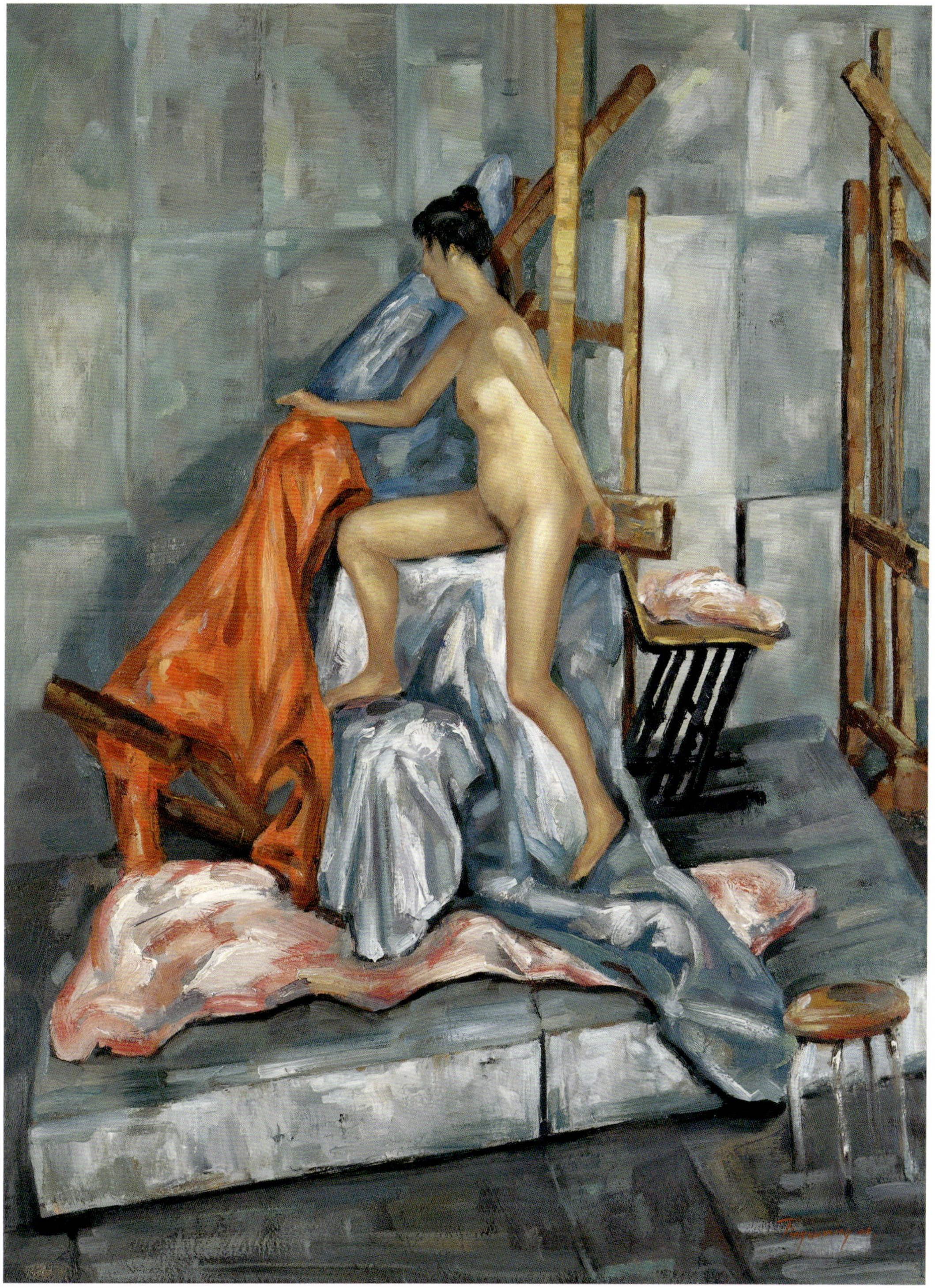

女模特　布面油画

80cm × 60cm　2004年

女模特　布面油画

75cm × 65cm　1991年

女模特　布面油画

100cm × 80cm　2004年

女模特　布面油画　60cm×40cm　2004年

欧陆风情——法国安纳西　布面油画　40cm × 50cm　2012年

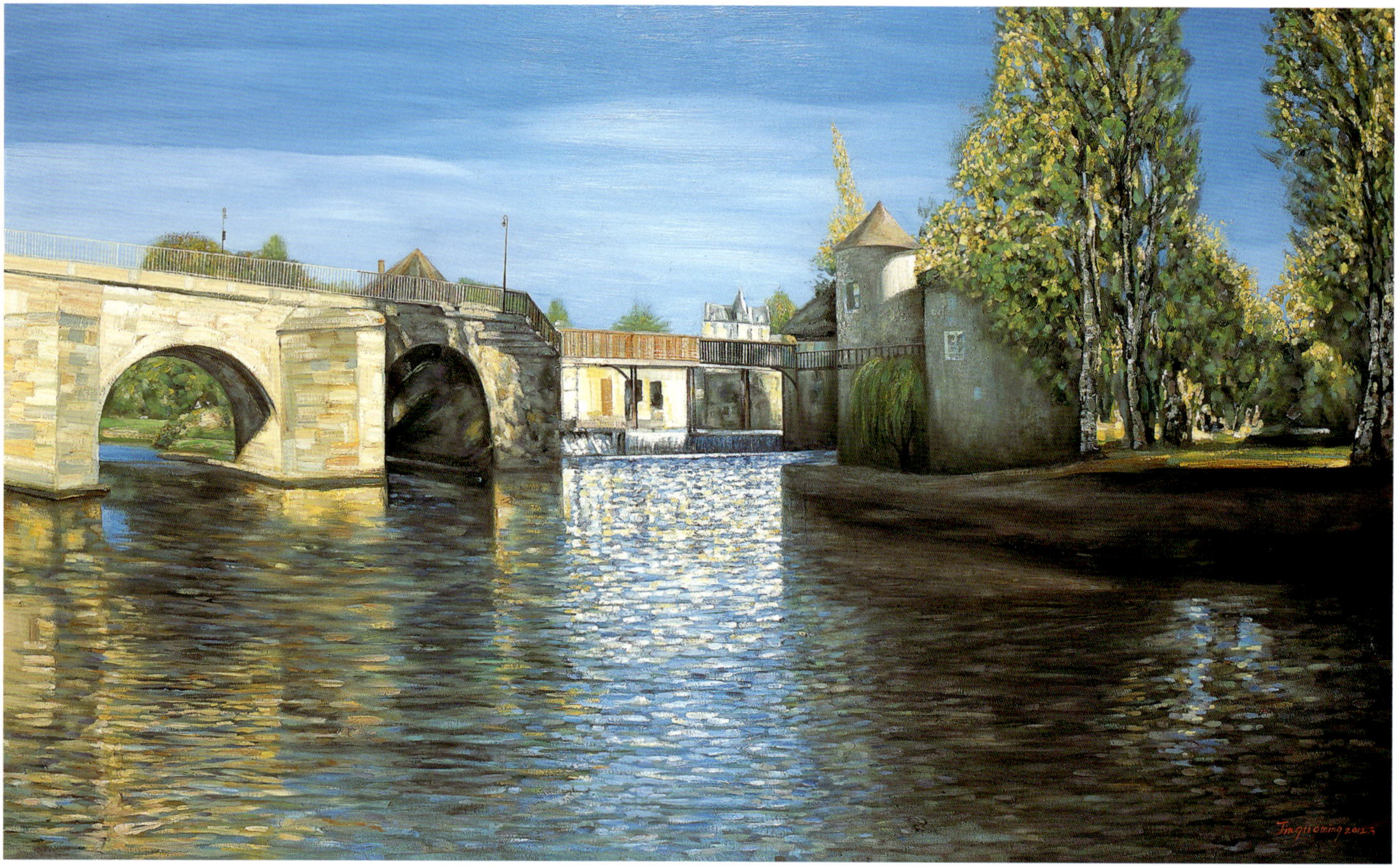

欧陆风情——法国巴比松 · 罗恩　布面油画　130cm × 220cm　2012年

水乡物语　布面油画　80cm × 100cm　2010年

欧陆风情——意大利威尼斯　布面油画　65cm × 54cm　2010年

欧陆风情——西班牙巴塞罗那　50cm × 40cm　2012年

欧陆风情——比利时布鲁日　布面油画　54cm×65cm　2012年

炊烟　布面油画　40cm × 50cm　2012年

意大利西西里岛埃特纳火山
布面油画
100cm × 80cm　2014年

欧陆风情——西班牙　布面油画　40cm × 50cm　2012年

美国白山印象No.1　布面油画　50cm × 40cm　2012年

出淤泥而不染　布面油画　50cm × 40cm　2012年

欧陆风情——法国巴比松·罗恩小镇　布面油画　40cm × 50cm　2012年

乌镇西栅印象　布面油画　40cm × 50cm　2012年

欧陆风情——西班牙　布面油画　54cm × 65cm　2012年

浦江新姿　布面油画　50cm × 60cm　2012年

欧陆风情——德国No.6　布面油画　65cm × 81cm　2007年

欧陆风情——德国No.1　布面油画　73cm × 92cm　2006年

老屋　布面油画　100cm×100cm　2014年

欧陆风情——西班牙安达鲁西亚　布面油画　100cm × 100cm　2010年

上海永嘉路35号　布面油画

50cm × 40cm　2016年

冬至　布面油画　40cm×27cm　2016年

上海田子坊风情　布面油画（双联画）　50cm×40cm ×2　2013年

五针松　布面油画　38cm × 51cm　2016年

岁旦迎春　布面油画　40cm × 50cm　2017年

菖蒲　布面油画　40cm × 50cm　2016年

时光　布面油画　40cm × 30cm　2014年

葵花　纸板油画
50cm × 40cm　2015年

翰墨馨香　布面油画

50cm × 40cm 2017年

四月记梅　布面油画
65cm × 54cm　2011年

金泽古镇No.1　纸板油画
40cm×30cm　2015年

金泽古镇No.4　纸板油画　30cm × 40cm　2015年

金泽古镇No.3　纸板油画　30cm × 40cm　2015年

金泽古镇No.2　纸板油画　30cm × 40cm　2015年

上海小南门　布面油画　50cm×30cm 2016年

禅　布面油画　40cm×30cm　2015年

白桦林No.2　布面油画　57cm × 71cm　2006年

延安　布面油画　40cm × 40cm　2018年

秋风萧瑟　布面油画　40cm × 30cm　2018年

南京栖霞山　布面油画　40cm × 40cm　2018年

敦煌鸣沙山　布面油画　50cm × 60cm　2019年

上海永嘉路风情　布面油画　55cm×35cm　2019年

小伙伴　布面油画　40cm × 90cm　2016年

欧陆风情——德国小镇　布面油画　50cm × 160cm　2014年

附：

一个永远的追梦人

丁旭光

法国是世界各国艺术家推崇的艺术中心，也是艺术家的摇篮。“法国艺术家沙龙”“法国秋季艺术沙龙”，是世界美术史上著名的历史悠久的艺术展览，许多艺术大师都是从这里开始名扬世界。作为当代中国艺术家，金国明能在巴黎作为法国区参评画家入选参展，荣耀无比！

2005年，初出茅庐的金国明以《国明的世界——梦云系列No.14》参加著名的“法国艺术家沙龙”，展方评价：金国明的作品青春浪漫，反映了中国“70”后生人的艺术和艺术理想。

2012年，金国明的《假面》参加著名的“法国秋季艺术沙龙”。《假面》创作于1994年，其寓意是：人性中美好与丑恶并存，人际交往中，每个人都有不同形色的面具。有人看似鬼脸，但却是心地善良；有人面如桃花，但内心虚伪冷酷。

金国明说能有幸参加法国的两个著名画展，是幸运女神的恩泽。

走向世界艺术中心，是金国明的梦寐以求。

一年一度的“法国秋季艺术沙龙”是在法国雕塑家罗丹和画家雷诺阿等人的倡导下，于1903年10月31日创办的，其最初目的是为落选法国官方绘画展览的艺术家提供展示作品的机会，后来成为推动法国现代艺术和发现艺术人才的重要活动，一百年来，成为各种风格和流派的艺术家展示作品的舞台。由三十七位著名艺术家组成的评审团，以无记名投票方式，从全世界数千名候选人的作品中选定展品，入选展品

以马内利　布面油画　90cm × 40cm　2016年

基本反映了世界现代艺术的水平。

尽目望去，在金国明枝繁叶茂的大树上，我们看到的是累累硕果：

1992年，时年二十二岁的金国明的油画《何叔衡——还看今朝》参加了“纪念毛泽东延安文艺座谈会上的讲话发表五十周年暨上海美术作品大展”（上海美术馆）。

1993年，油画《世纪惊星》入选“第四届上海青年美术作品大展”（上海美术馆）。油画《大红气球飘呀飘》参加了“’93上海油画大展”。

1999年，油画《火跃》参加了“’99上海青年美术作品大展”。上海教育电视台《诗情画意》栏目专门采访、拍摄并播出了金国明的第一部纪录片《西方技术 · 东方之魂——金国明绘画作品》，记录了金国明二十岁至三十岁间的青春岁月和艺术人生的启程。

2006年，金国明在顶层画廊举办了个人画展，为此上海教育电视台《诗情画意》栏目播出《追梦者——金国明油画展》专题片，并接受中国台湾东森电视台采访。

自从1999年上海教育电视台《诗情画意》（436期）播放了《西方技术 · 东方之魂——金国明绘画作品》后，上海教育电视台和上海电视台又拍摄了金国明的四部纪录片，完整地记录了金国明十几年里的心路历程。

2010年3月27日《美术报 · 画家》周刊刊登2009年度中国优秀艺术家排行榜，金国明非常荣幸地入选其中。

2011年9月，金国明的新书《梦云——金国明油画集》《梦云——薰衣草采风札记》由上海书画出版社出版发行。2011年8月28日下午在上海思南路107号1009室举行新书发布会，嘉宾云集。

2012年，在刘海粟美术馆举办大型个展。金国明作为“上海文化新人”参加了由市委宣传部指导的“上海艺术新人大展”。

2019年4月4日，上海市浦东新区广播电视台直播专题《专访金国明：做一个永恒的追梦人》。

上海永嘉路39弄　布面油画　90cm × 40cm　2016年

在中华人民共和国的历史上，“70后”的一代，是十分幸运的。作为1970年生人的金国明，历经了从工人、艺术院校的学生再到出版社编辑、油画家的历程。这一路走来，金国明的角色虽然在转换，但方向却始终如一。正因为如此，金国明的艺术风帆，才能抵达成功的彼岸。

生活中的金国明，与艺术家的形象相距甚远。

一次，某大报记者采访金国明。采访收工时，记者问金国明：“是不是有人说过，你不像画家？”

是的，金国明给人的第一眼，确实不像画家，更不像一个艺有所成的艺术家。2001年我和金国明同住在徐汇区的一个新小区。而且，还住在同一个门洞。当年的我住三楼，他住六楼。其时，彼此只是邻里之交。金国明给我的感觉就是一位稳重厚实、衣着朴素的邻家男孩。我经常看到金国明在来来回回地搬运一幅幅油画和一个个的画框。看到他进进出出地倒腾，我一直以为他是一个做框卖画的画商。2011年的某月某日，在《文汇报》的头版上看到了金国明的大名。当时的我，竟然没有把报纸上的金国明和邻居金国明对号入座。又过了几天，看到《新民晚报》用了半个版面介绍金国明。过了几天，又在《解放日报》读到了有关金国明的报道。这个时候的我，才想起来碰到金国明时应该问一问；这个时候，我才知道，金国明是一位油画家。他和陈逸飞的弟弟陈逸鸣一起，在田子坊各有一间工作室。那油画和一个个的画框，就是在家和田子坊之间来来回回的。

金国明虽然不像艺术家，但在生活中却追求完美，绝对艺术。有好几次了，他在小区里看到遛狗的我，会非常详细地了解狗事。后来，他也养起狗来。一养，就是名种。他那条才几个月大的边牧，是国际飞盘比赛冠军边牧犬的女儿。

金国明非常喜欢小动物，金国明的非常喜欢，源自童年情结。不管是白天，抑或黑夜，面对画布，他常常会突然想起过去发生的一个片段、一个情景。那场景恍然如梦。

恍惚中的金国明，又见到了小溪边上的那只五彩斑斓的

冬日情怀　布面油画　90cm × 40cm　2016年

锦鸡，待他俯身捕捉时却突然发出“噗”的一声响，直射天空，飞向远方……

朦胧中的金国明，又见到了他最喜欢的小伙伴——陪伴他度过难忘的童年时光的那只小黑猫。有一次，邻家的一只大公鸡站在大树旁的粪缸沿口上，调皮的小黑猫蹑手蹑脚地撅起屁股上前蹲下，然后扑了上去。这个时候，意想不到的事情发生了：鸡飞走了，小黑猫却掉进了粪缸。金国明见状，冲过去捞起了小黑猫。正因为曾经是一个钟情于一望无际的麦浪中追逐阳光的少年，因此，金国明一直在追寻着儿时的梦境。

幼年的金国明，已经有爱美之心和收藏爱好。五六岁时，已经热衷于收藏塑封年历卡片。塑封年历卡片，当年都是在新华书店里出售，一二分钱一张。金国明收藏的塑封年历卡片，有1977年的《我爱北京天安门》、1978年的《少数民族》《十大元帅》等。

金国明出生在嘉道年间建造的老屋里。小时候的他，就喜欢沿着院子的篱笆围墙，种上向日葵、蓖麻和丝瓜等植物。种子撒下后，他就开始观察起小苗的发芽。秋天，葵花籽成熟时，他会和父亲一起，把颗粒饱满的葵花籽摘下来。随后，他看着父亲支起大铁锅，放些粗盐粒、糖精片，用铁铲开始哗啦啦哗啦啦地炒起葵花籽。不久，葵花籽特有的清香，弥漫在空气中。而一旁的金国明，会迫不及待地抓一把新鲜喷香的葵花籽，倚在墙角，享受着一个春夏的劳动成果。

因父母的呵护，金国明童年，是阳光灿烂。

从小，金国明就梦想成为一个画家。小时候的他，会到处涂抹，四处刻画。他会用小刀在粉笔头上刻出各式脸谱，会用铅笔在客堂间的石灰墙壁画上卧牛。

20世纪80年代初，还是在金国明上初中时，上美

上海杭州路　布面油画　100cm × 50cm　2016年

术课的国画家陈辉老师说："我发现你们中间有一个绘画新秀！"听到老师对他的肯定，金国明暗暗立志，此生欲与艺术相伴。从此，他四处拜师学艺。上海大世界青年宫、青少年艺校、工人文化宫，都留下了金国明拜师求艺的足迹。以后，他又有幸得益于上海大学美术学院油画系主任步欣农教授和上海戏剧学院李玮教授的教诲和指导，由此打下了坚实的绘画基础。金国明非常喜欢走街串巷写生，深扎在清新芬芳的乡野中，享受与大自然融为一体的美妙。江、浙、沪等地的常熟、无锡、周庄、绍兴、西塘、柯桥、南汇、嘉定以及朱家角，都留下了他的写生足迹。

是大自然赐予他灵感，是大自然铸就了他的质朴灵动。

1987年，十七岁的金国明到绍兴柯桥写生时，适逢浙江美术学院（现中国美术学院）的一位老师也在现场速写。金国明凑上去欲以请教，没想到对方却客气地请他走开。受到刺激的金国明，立志要从"业余"转为"专业"。第二年，金国明毅然决

欧陆风情——法国尚堤城堡　布面油画　50cm × 160cm　2015年

然地辞去了技工的岗位去考大学，是某万人大型钢铁厂第一个辞职的职工。为此，他还向钢铁厂付出了近三千元的培养费，而当时，他一个月的工资也就一百元出头。

1989年，金国明考进上海师范大学美术系。美术系的数年寒窗，为金国明的梦想打下了扎实的基础。

20世纪90年代的金国明，是以一系列怪诞、现代、超现实的形象入“梦”，并赢得最初的声名。对金国明而言，空白的画布，有一种亲切感和神秘感。画布上稍纵即逝的形象，金国明会快速地勾描下来。金国明习惯即兴起画，慢慢建构，渐渐成形，密疏点染，意象往来。

从步入而立至不惑之年间，金国明创作的“梦云”系列油画的基调，是温馨浪漫抒情的，入画的少女、风景抑或建筑，都罩染上了一层梦幻般的色彩。金国明以他纯熟而丰富的艺术语汇，准确地把幸福感传递给观众。这种幸福感，既属于他过往的

青春，也属于渐入佳境的今天。金国明的“梦云”系列油画作品，是以青春岁月为题材，放笔画去，却是内敛、纯粹，冷静而不矫情。著名评论家张立行先生说：“金国明在艺术上懂得收了，真正地开始成熟了。”

系列作品的创作，过程是漫长而寂寥的，必须在纷繁嘈杂的空间里，保持一颗静谧之心。每一件作品所阐述的主题内容不一，必然耗费心机。

何谓“梦云”？

仰望碧空，风月无边。纸鸢飞翔，魂牵梦萦。阳光灿烂的秋日，金黄闪烁的光斑，摇曳多姿的梦幻……云里看云，雾中梦云，即是“梦云”。

战国楚宋玉在《高唐赋》里有所涉及。后也以“梦云”指美女，也指幽会之事。

金国明说他的“梦云”，是眷恋当下的美好，也是回望曾经的青春。

海岛风情　布面油画　50cm×160cm　2014年

2006年至2008年，金国明的“梦云”系列连续参加了中国美术家协会主办的“第一届‘风景·风情’全国小幅油画展”“第二届‘风景·风情’全国油画展”“第三届‘风景·风情’全国油画人物展”。为此，上海市美术家协会的卢金德先生为金国明写了数篇评论文章。他说：“金国明的油画‘梦云’系列几度入选‘风景·风情’全国油画展，这是十分令人欣喜的。中国油画经历了开放三十年，人的心境随着社会的开放与发展越来越亮堂。金国明的油画色彩与题材十分和谐，十分现代。金国明描绘了人们所关注的本性的和谐主题，现代人追求的艺术化的美在金国明的作品中得到了体现。”

面对一片赞誉之词，金国明没有停下追梦的脚步，继续在生活中捕捉灵感。

2012年10月，金国明在游历了美国纽约、波士顿等东部地区回沪后的第二天，又马上飞赴法国巴黎参加第105届“法国秋季艺术沙龙”。反复交替的时差切换，把金国明拉回到了20世纪的90年代。时差引起了生理上的反应，时差也升华了他的艺术精神。青春浪漫的梦境，在冥冥之中纷至沓来。

2012年10月，金国明“时差”系列的第一幅作品诞生了。随之，第二幅、第三幅“时差”也应运而生。

从数百幅“梦云”中走出，金国明重拾起20世纪90年代的青春梦想。新表现主义的图式，开辟了金国明新的艺术旅程。对他来说，“时差”不仅仅是一个梦境，是他追梦路上从此岸到彼岸的一次重要实践，是实现艺术梦想的一次升华。

“时差”系列里的每一幅画都不尽相同，表现形式手法多元，随性所致，是画家在不同时间不同心境里的景象。

一路艰辛、一路梦想；一路曲折、一路风光。

金国明的每一次前行，每一步路，每一个脚印，都蓄满了他勤奋付出的汗水。

金国明深知：作为艺术家，自身所要表达的思想一定要符合社会与普罗大众的审美取向。因为，没有深厚的文学艺术修养与深刻的生活积淀，是出不了作品的；没有良好的道德品行，更是出不了佳作的。在陶醉于成就时，或许就是下坡路的拐点。

欧陆风情——巴黎　布面油画　50cm×160cm　2014年

时常拥有一颗感恩之心，真正的成功也就不太遥远。

纵观金国明的艺术历程，我们可以从中看到，“追梦”是一个关键的词汇，是一个重中之重。一路画来，金国明画的都是梦。

金国明的追梦之路，让我想起了20世纪最经典的三句名言：

我有一个梦（马丁·路德·金）

永不放弃（丘吉尔）

享受生活（爱因斯坦）

2019年4月11日在永嘉路35号金国明工作室接受著名作家丁旭光先生采访。文章《一个永远的追梦人——油画家金国明和他的“梦云”“时差”系列作品》刊于2019年《徐汇文脉》杂志总第20期。

拉斯普金的预言　布面油画
50cm × 40cm　2013年

存在与虚无　皮宣彩墨　100cm × 100cm　2000年

水彩篇

风景 · 风情

2000年—2020年

青山浴女　纸本水彩　80cm × 55cm　2000 年

喀什阿娜尔古丽　纸本水彩　110cm × 80cm　2002年

伟大的国际主义战士理查德·傅莱和他的妻子江国珍　纸本水彩　40cm × 55cm　2018年

魔王松鼠　纸本水彩　34cm × 40cm　2016年

龙猫（南美栗鼠） 纸本水彩
55cm × 40cm 2015年

灵犬菲比　纸本水彩
110cm × 80cm　2017年

守望　纸本水彩

80cm×50cm　2015年

惊蛰　纸本水彩

48cm × 36cm　2020年

苍翠虬劲　纸本水彩　153cm × 153cm　2016年

云山秋霭　纸本水彩　153cm × 153cm　2016年

江南春来早　纸本水彩　80cm × 110cm　2017年

探春　纸本水彩　80cm × 110cm　2017年

早春初霁　纸本水彩

80cm × 76cm

2017年

春山　纸本水彩

110cm × 80cm　2017年

金光璀璨　纸本水彩　80cm × 110cm　2017年

牧牛　纸本水彩　80cm × 110cm　2016年

烟波浩渺太平湖　纸本水彩
110cm × 80cm　2017年

芳春　纸本水彩　80cm×55cm　2016年

齐云山情　纸本水彩
110cm × 80cm　2017年

德国吕德斯海姆的天空　纸本水彩

110cm×80cm　2017年

太湖澄影　纸本水彩
110cm × 80cm　2017年

上海新浜镇　纸本水彩

110cm × 80cm　2016年

高飞远举　纸本水彩
110cm × 80cm　2017年

千峰万壑　纸本水彩
110cm×80cm　2016年

春江水暖鸭先知　纸本水彩　55cm × 80cm　2015年

山明水秀　纸本水彩　80cm × 110cm　2017年

峭壑松影　纸本水彩　80cm×110cm　2016年

华灯初上——今日上海　纸本水彩　80cm × 110cm　2016年

微风　纸本水彩　80cm×110cm　2016年

百草园　纸本水彩　125cm×153cm　2016年

壮丽河山　纸本水彩

153cm × 121cm　2016年

硕果满枝头　纸本水彩

110cm × 80cm　2016年

锦溪五保湖　纸本水彩　80cm×110cm　2016年

青山秀水　纸本水彩　80cm×110cm　2016年

上海 · 上海　纸本水彩　80cm × 55cm　2016年

暮光之恋　纸本水彩　110cm×80cm　2016年

踏春　纸本水彩　110cm × 80cm　2016年

惊雷　纸本水彩　110cm × 80cm　2016年

紫霞　纸本水彩　80cm × 110cm　2016年

上海崇明湿地公园　纸本水彩　80cm×110cm　2016年

飞翔　纸本水彩
110cm × 80cm　2019年

清风　纸本水彩　55cm × 80cm　2016年

芦荡深处有人家　纸本水彩　80cm × 110cm　2017年

新西兰米弗峡湾　纸本水彩　80cm × 110cm　2017年

上海瑞金宾馆　纸本水彩

80cm × 55cm　2015年

上海复兴西路　纸本水彩

80cm × 55cm　2015年

江山如此多娇　纸本水彩　80cm × 55cm　2015年

御花园　纸本水彩　80cm × 55cm　2015年

西子湖畔　纸本水彩　80cm × 110cm　2016年

一江春水向东流　纸本水彩　55cm × 80cm　2015年

上海老洋房　纸本水彩　80cm × 55cm　2016年

向日葵　纸本水彩　80cm × 55cm　2014年

湖光秋月　纸本水彩　80cm × 110cm　2017年

上海后滩公园　纸本水彩　80cm × 110cm　2017年

新西兰皇后镇　纸本水彩　80cm × 110cm　2018年

梦乡　纸本水彩　80cm × 110cm　2016年

惊蛰No.2　纸本水彩　80cm × 110cm　2017年

梦幻临冬城　纸本水彩　80cm × 110cm　2016年

暴风雨No.1　纸本水彩　55cm × 55cm　2015年

新西兰基督城No.5　阿卡罗阿港

纸本水彩　110cm×80cm　2017年

日暮　纸本水彩

110cm × 80cm　2018年

皖西风情　纸本水彩

110cm × 80cm　2018年

上海霞光　纸本水彩
110cm × 80cm　2018年

金波秋光　纸本水彩
110cm×80cm　2018年

五针松　纸本水彩　55cm × 80cm　2016年

红云　纸本水彩　80cm × 110cm　2019年

太湖碧水　纸本水彩　80cm×110cm　2019年

太湖渔舟　纸本水彩　80cm × 110cm　2019年

雪地松鼠　纸本水彩　80cm×110cm　2017年

雪域童话　纸本水彩　80cm × 110cm　2017年

日本白川村　纸本水彩　80cm×110cm　2017年

塞北的雪　纸本水彩　80cm × 110cm　2017年

苍鹰傲雪　纸本水彩　80cm × 110cm　2017年

雪域雄鹰　纸本水彩　80cm×110cm　2017年

林海雪原　纸本水彩　80cm×110cm　2017年

雪村木屋　纸本水彩　80cm × 110cm　2017年

冰雪少女　纸本水彩　80cm × 110cm　2018年

雪屋　纸本水彩　110cm × 80cm　2017年

雪域仙山　纸本水彩　40cm × 55cm　2019年

雪山孤村　纸本水彩　40cm×55cm　2019年

太湖烟水　纸本水彩　55cm × 80cm　2019年

冬至　纸本水彩

110cm × 80cm　2018年

东山太湖　纸本水彩　36cm × 48cm　2020年

林间雪屋　纸本水彩　36cm × 48cm　2020年

雨雪霏霏　纸本水彩

48cm × 36cm　2020年

大漠冬雪　纸本水彩

80cm × 50cm　2019年

雪山万里　纸本水彩

80cm × 40cm　2019年

男青年　雕塑写生　树脂　56cm × 48cm × 23cm　2003年

习作篇

手稿

男青年　素描写生　77cm × 53cm　1992年

顾银根像　素描写生

54cm × 39cm　1989年

老人像　素描写生　54cm × 39cm　1989年

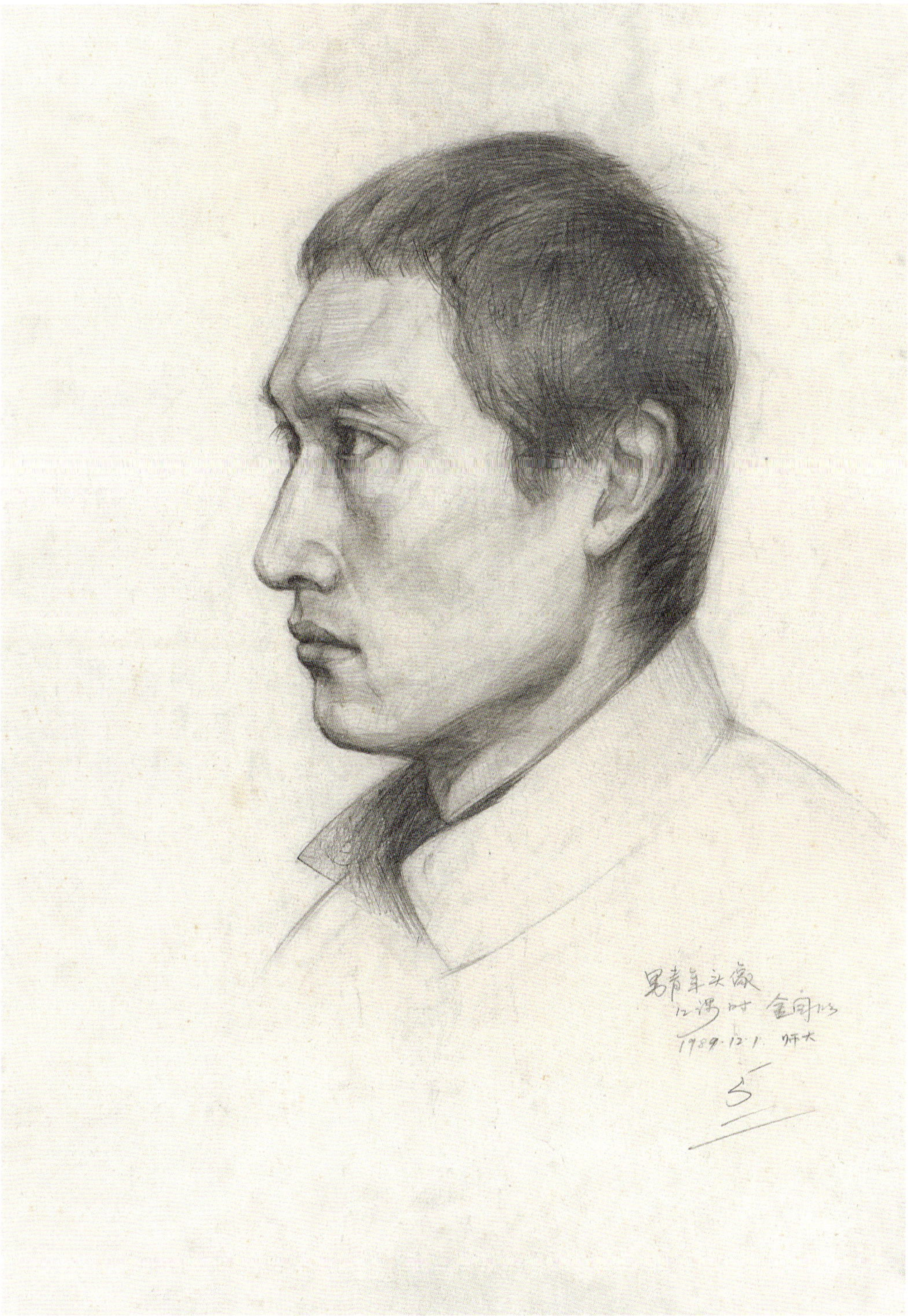

男青年　素描写生　54cm × 39cm　1989年

老包像　素描写生　54cm×39cm　1989年

女青年　素描写生　54cm × 39cm　1989年

背影　素描速写　90cm × 58cm　1992年

女青年　素描写生　77cm × 53cm　1992年

女人体No.1　素描写生　77cm × 53cm　1992年

女人体No.2　素描写生　77cm × 53cm　1992年

女人体No.3　素描写生　77cm × 53cm　1992年

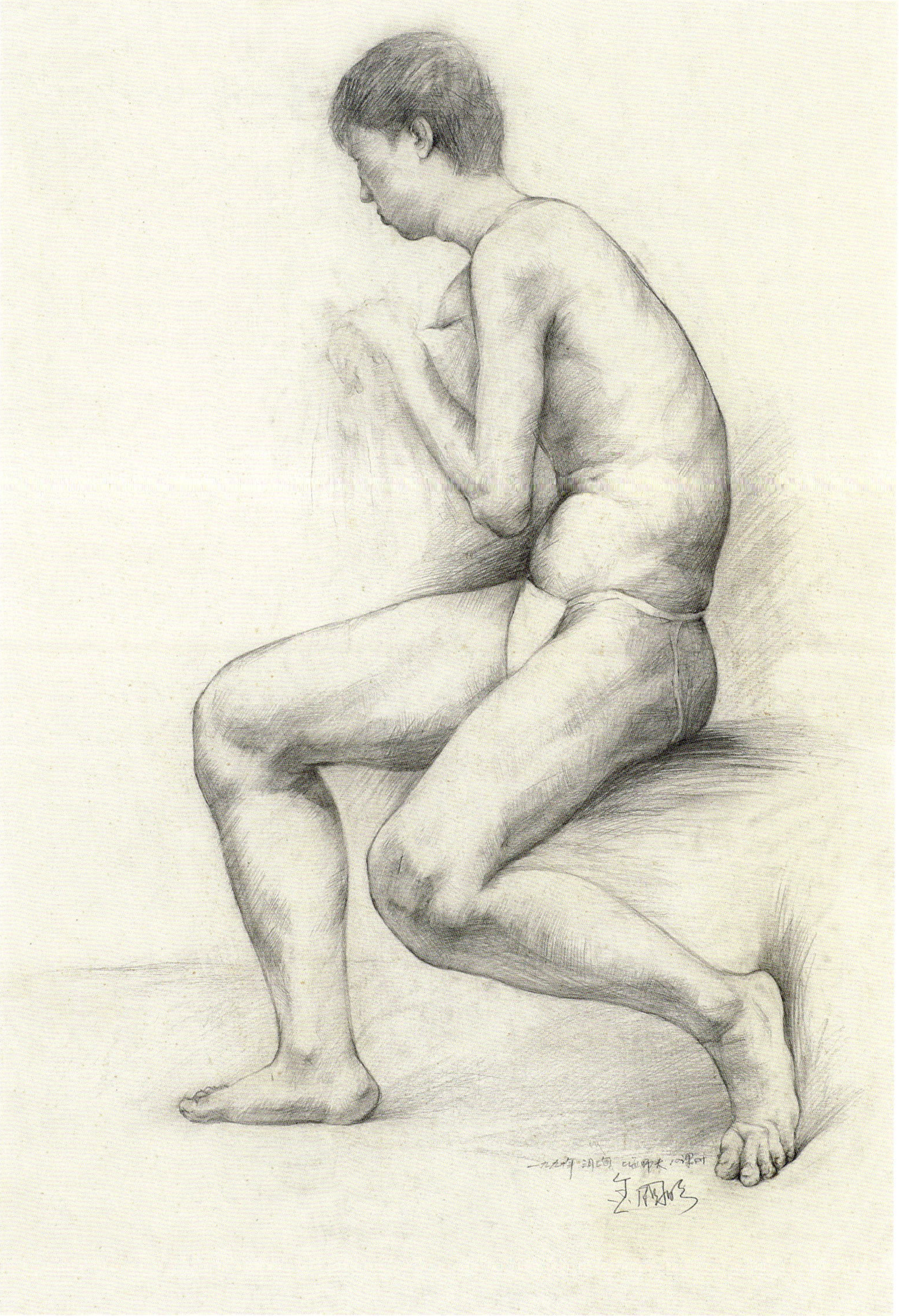

男人体　素描写生　77cm × 53cm　1990年

女人体　素描写生　77cm × 53cm　2004年

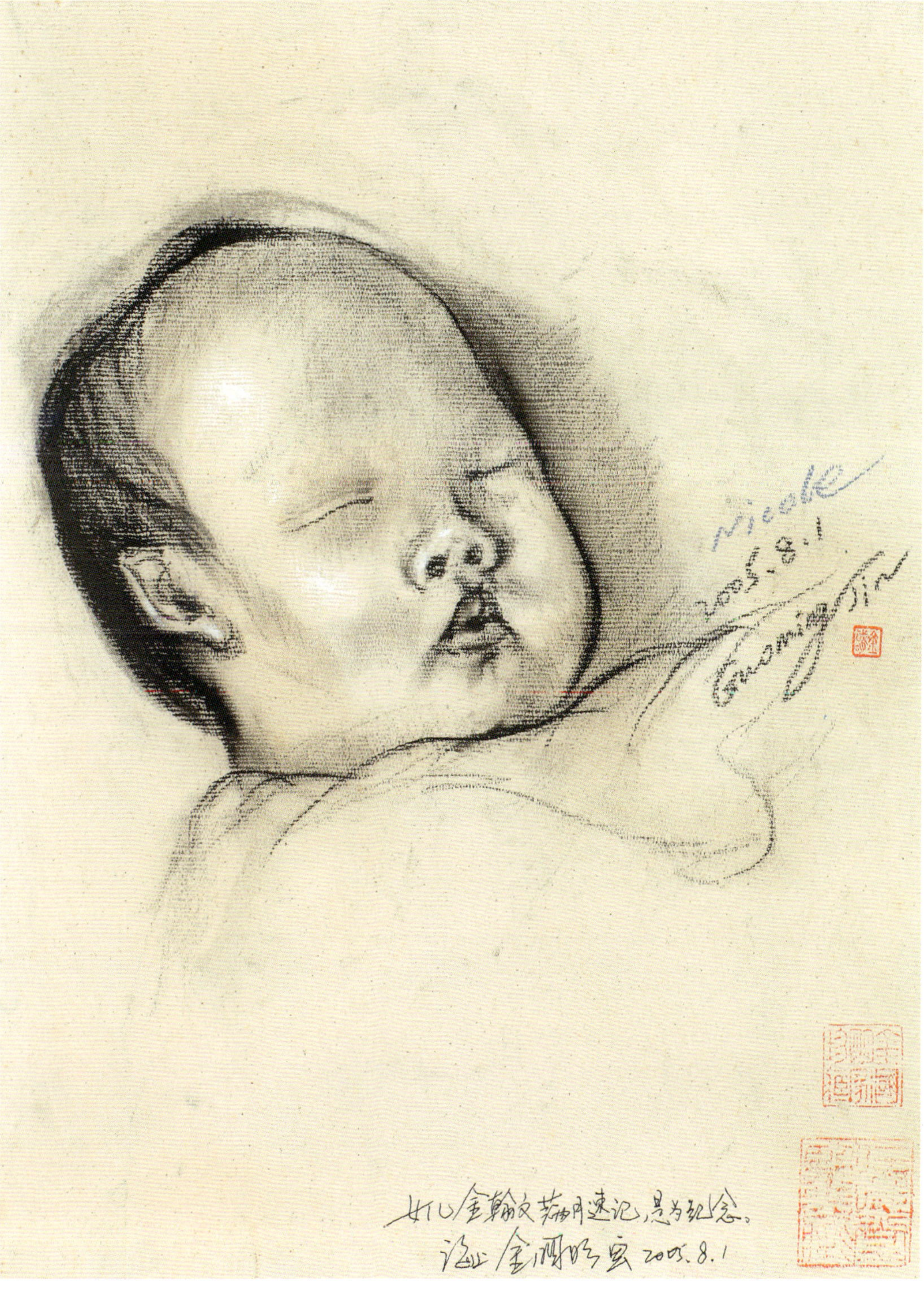

爱女金翰文满月像　炭笔速写

38cm×28cm　2005年

男青年No.2　素描写生

108cm × 78cm　2002年

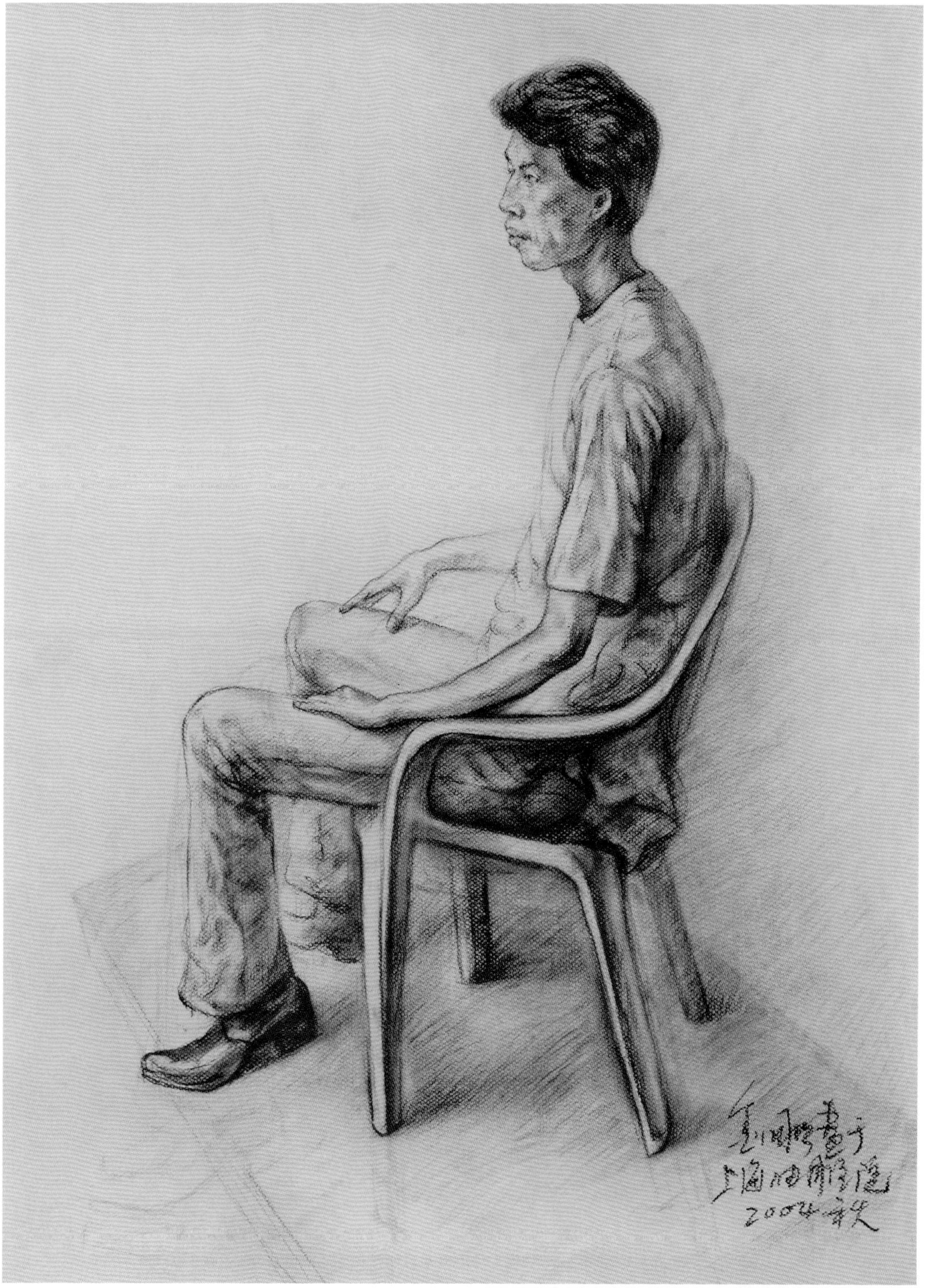

男青年No.1　素描写生

77cm × 53cm　2004年

女模特　素描写生

108cm × 78cm　2002年

男青年No.3　素描写生

77cm × 53cm　2002年

黄鲜像　素描　73cm × 53cm　1996年

黄鲜像　速写　39cm×27cm　1994年

马赛　素描写生　77cm × 53cm　1990年

斗士　素描写生

77cm×53cm　1989年

静物　素描写生　53cm × 77cm　1989年

拉奥孔　素描写生　77cm×53cm　1988年

大卫　素描写生　87cm × 57cm　1990年

《花雕》书影 2004年 学林出版社

海飞著 金国明绘

1998年10月12日《文汇报》整版刊登

"'98上海旅游节"宣传漫画　金国明绘

学林出版社出版 海飞著小说 《花雕》插图原稿 30cm×21cm　2004年

《花雕》插图原稿　2004年

上左　27cm × 28cm

上右　22.5cm × 19cm

下　　20cm × 30cm

《花雕》插图原稿　2004年

上左　27cm × 25cm

上右　27cm × 20cm

下左　27cm × 28cm

下右　26.5cm × 19cm

《花雕》插图原稿　2004年

上左　27.5cm × 20cm

上右　27cm × 20cm

下左　28cm × 17.5cm

下右　28cm × 16.5cm

凡·高像　纸本水墨

220cm×155cm　1989年

简历

金国明，男，1970年4月生于上海。上海师范大学美术学院油画系研究生毕业，先后于上海大学美术学院、中央美术学院和上海油画雕塑院进修。2005年参加第216届“法国艺术家沙龙”，2006—2008年连续参加三届中国美术家协会主办的“风景·风情”全国油画展，2011年荣获“上海文化新人”称号，2012年参加第105届“法国秋季艺术沙龙”。代表作品与简历被编入由上海市美术家协会主编、上海人民美术出版社出版的《上海现代美术史——油画卷》（2013年版）。现为中国工合国际委员会常务执行委员、上海书画出版社副编审、上海市美术家协会会员。

个人展览

2016年—2018年
青春·记忆——金国明油画展（中金公司）
青春·梦呓——金国明油画展（上海禾新医院）
2014年 青春·青春——金国明油画展（上海翎艺馆）
2012年 金国明油画展（外滩22号）
2011年 青春的记忆·梦云——金国明油画展（刘海粟美术馆）
青春的记忆·梦云——金国明油画预展（上海御华山）
2006年 追梦者——金国明油画展（上海顶层画廊）
1994年 金国明油画展 德国

作品参展

2019年 “我和我的祖国”庆祝中华人民共和国成立七十周年上海宣传系统职工书画展（上海市委宣传部、市文联主办，市书法家协会、市美术家协会、上海图书馆承办。水彩作品《瑰丽上海》获优胜奖）
2018年 灵犬献瑞——金陵美术馆跨年大展（金陵美术馆）
上海世纪出版集团“庆祝改革开放四十周年”职工书画摄影展（《浦江新姿》获一等奖 朵云轩美术馆）
2017年 翰墨光影百十年：同济经管文创艺术展（同济大学）
2015年—2016年
直面冲击——长三角地区当代油画作品学术提名展（刘海粟美术馆、宁波美术馆、昆山侯北人美术馆、亚明艺术馆巡回展）
2014年 上海艺术博览会（上海世茂中心）
2013年 上海艺术博览会（上海世茂中心）
2012年 法国秋季艺术沙龙（法国艺术家协会主办 巴黎大皇宫）
上海艺术新人大展（上海市委宣传部主办 刘海粟美术馆）
上海艺术博览会（上海世茂中心）
对话与共振——首届全国九省市艺术联展（成都、广州、西安、上海、济南、武汉等）
上海书画名家作品展（虹桥当代艺术馆）
2011年 上海美术家写生作品展（上海市美术家协会）
上海艺术博览会（上海世茂中心）
赴意大利中国艺术展
光荣的使命：全国新闻出版行业书画大展（中国美术馆）
2010年 笔迹——2010上海小幅油画作品展（上海市美术家协会主办）
2009年 岁月如歌——上海师范大学美术学院校友作品展（上海师范大学美术学院无形画廊）
上海出版界庆祝解放六十周年美术展（上海市委宣传部主办）
上海书画出版社同仁书画展（朵云轩）
2008年 第三届“风景·风情”全国油画人物展（中国美术家协会主办）
2007年 第二届“风景·风情”全国油画展（中国美术家协会主办）
思绪·印证——全国油画家作品展（上海三象画廊）
上海春季艺术沙龙（上海世茂中心）
金爵迎春当代油画名家作品展（上海金爵艺术沙龙）
2006年 首届“风景·风情”全国小幅油画展（中国美术家协会主办 上海美术馆）
上海春季艺术沙龙（上海世茂中心）
具象上海2006——聚焦70（上海大学美术学院、刘海粟美术馆）
新锐上海2006——青年艺术家作品邀请展（上海多伦现代美术馆）
2005年 法国艺术家沙龙（法国艺术家协会主办 巴黎大皇宫）
上海春季艺术沙龙（上海世茂中心）
上海艺术博览会（上海世茂中心）
上海书画出版社·朵云轩书画展（上海美术馆）
2004年 2004中国新视觉——中国当代青年艺术家作品展（上海中信泰富画廊）
中国美术出版界美术家作品展（中国美术家协会主办 中国美术馆）
具象上海2004（上海大学美术学院主办 刘海粟美术馆）
2003年 上海青年美术大展（上海市美术家协会主办 刘海粟美术馆）

首届上海春季艺术沙龙——上海青年新视觉展
（上海光大会展中心）
2002年 上海市宣传系统纪念建党八十周年书画大展
（上海市委宣传部主办 上海书城）
上海书画出版社·朵云轩同仁书画作品展（朵云轩）
1999年 '99上海青年美术作品大展
（上海市美术家协会主办 刘海粟美术馆）
时代风采——纪念上海解放五十周年美术作品大展
（上海市美术家协会 刘海粟美术馆）
1994年 '94上海首届中华艺术博览会（上海展览中心）
1993年 第四届上海青年美术作品大展
（上海市美术家协会主办 上海美术馆）
上海第二届体育作品大展
（上海市美术家协会主办 上海美术馆）
'93上海油画展（上海市美术家协会主办 上海美术馆）
1992年 上海美术作品大展
（上海市美术家协会主办 上海美术馆）
1988年 第二届上海美育节美术、书法展览（上海美术馆）

媒体介绍

《中国油画市场》《画刊》《艺术当代》《美术文献》《大美术all》《上海美术》《美术之友》《美术天地》《东方艺术》《东方航空》《点金周刊》《上海家居》《that's shanghai》《缤纷家居》《移居上海》《青年社交》《环球市场》《新民晚报》《美术报》《文汇报》《解放日报》《新闻晨报》《新闻晚报》《新闻午报》《市民周刊》《中国文化报》《劳动报》《钱江晚报》《青年报》《上海证券报》《上海日报》《上海商报》《联合时报》《东方早报》《人才市场报》《新闻报》《现代消费导刊》《羲之书画报》《M2F5金报》《读者导报》《徐汇文脉》及美国《侨报》等几十家新闻报刊、媒体数百次专题报道。

2019年4月4日在上海市浦东新区广播电视台FM106.5东上海之声9:00–10:00直播《舒曼的CD》栏目《专访金国明：做一个永恒的追梦者》。

2015年8月8日在上海东方广播中心FM94.7经典947《智慧妈妈》栏目，接受陈洁一小时访谈，探讨关于少儿美术的启蒙教育。

2012年上海电视台纪实频道《收藏》栏目播放《十年一梦·金国明的油画世界》30分钟纪录片。业绩被编入上海人民出版社出版的《上海文化新人榜》一书。

2009年经世界艺术品网推荐提名和《美术报》报道，荣登中国优秀艺术家排行榜油画前五百名。

2008年上海电视台纪实频道《收藏》栏目播放《艺术殿堂里的梦游者金国明》20分钟纪录片。

2006年上海教育电视台《诗情画意》栏目播放《追梦者——金国明油画》10分钟专题片。
2006年台湾东森电视台采访介绍。

2003年、2004年、2005年上海教育电视台《诗情画意》栏目播出10分钟专题片《永远的荆棘鸟——金国明的油画》。

1999年上海教育电视台《诗情画意》栏目播出5分钟专题片《西方技术·东方灵魂——金国明的油画》。

图书著作

1.《时差——金国明随艺录》，上海书画出版社，2020年9月出版，金国明著。

2.《梦云——薰衣草采风札记》《梦云——金国明油画集》上海书画出版社，2011年9月出版，金国明著，获"第六届上海印刷大奖精装画册出版物铜奖"。

3.《国明的世界》，上海人民美术出版社，2004年6月出版，金国明著。

4."青年美术家"丛书——《金国明油画选》，上海画报出版社，2003年4月出版。

5.《全国美术考级专用教材》——《素描考级7—8级》，上海书画出版社，2012年7月出版，金国明撰文（撰写第一章：考纲阐述；第二章:练习与应试指导）。

6.《全国美术考级专用教材》——《漫画考级1—3级》，上海书画出版社，2012年7月出版，金国明撰文（撰写第一章:考纲阐述；第二章:练习与应试指导）。

7.《西方大画家奇闻轶事》，上海科学技术文献出版社，2000年出版，金国明编文。

8.《少女服饰搭配技巧》，上海科学技术文献出版社，2002年出版，金国明主编。

9.《少女云发梳理技巧》，上海科学技术文献出版社，2002年出版，金国明主编。

10.《校园海报设计100例》，上海科技教育出版社，2003年出版，金国明主编。

另编著有“实用美术设计”丛书、“现代装饰图案设计”丛书等十余种美术类图书及编辑策划美术类图书近五百种。

撰写论文

1.《海派美术中的选题资源开发》，发表于《编辑学刊》杂志（中国出版类核心期刊），2016年第二期，总第166期，第113页－115页。

2.《璀璨之中国古琉璃》，发表于《上海工艺美术》杂志（中国工艺美术类核心期刊），2010年第二期，总第104期，第38页－41页。

3.《中西方绘画中的素描》，发表于《梦云——金国明油画集》，上海书画出版社，2010年出版。

4.《借鉴与“不求甚解”》，发表于《上海美术》，2010年4月，总第107期，第90页。

5.《程门雪书论墨迹鉴赏》，发表于《书与画》杂志，2010年第二期，总第209期，第36页－37页。

图书获奖

1．“大师艺术教育经典”丛书（10册）荣获“第二十一届优秀美术图书金牛杯铜奖”。其中任责任编辑的有五本图书：《陈汉民》《全山石》《潘鹤》《布华顿》《佩希柯夫》。

2.《海派百年代表画家系列作品集》（18卷）荣获“第二十二届优秀美术图书金牛杯银奖”“2014年上海图书奖银奖”“上海世纪图书奖提名奖”“第八届上海印刷大奖出版商业印刷类大奖”。其中任责任编辑的有五本图书：《颜文樑》《丰子恺》《刘海粟》《吴大羽》《周碧初》。

3.任责任编辑的《今日上海》（明信片）获“上海市第八届银鸽奖（出版类）三等奖”。

4.任责任编辑的《大男孩·韩巨良油画集》获“上海书籍设计艺术奖最佳封面设计奖”。

5.任责任编辑的《银坤油画集》获“第八届上海印刷大奖一等奖”。

6.任责任编辑的《水墨新纬度——纪念“’93批评家提名展”举办20年》获“第八届上海印刷大奖一等奖”。

7.任责任编辑的《在恰当与不恰当之间——何曦水墨画集》获“第八届上海印刷大奖一等奖”。

8.任责任编辑的《彭小佳画集》获“第八届上海印刷大奖铜奖”。

9．任责任编辑的《朱新昌画山海经》《丁筱芳画世说新语》获“上海市第十四届银鸽奖（出版类）三等奖”。

10.任责任编辑的《巡回展览画派——俄罗斯国立特列恰科夫美术馆珍品》获“2018年美国印制大奖（艺术书籍类铜奖）”。

11.任责任编辑的《赵冷月墨迹大成》获“2019年美国印制大奖(艺术书籍类银奖)”。

作品选编

绘画作品选入《SALON D’ AUTOMNE2012》2005法国秋季艺术家沙龙画册、《Le Salon 2005》2005法国艺术家沙龙画册、《上海现代美术史·油画卷》《直面冲击——长三角地区当代油画作品学术提名展作品集》《2006年首届“风景·风情”全国小幅油画展作品集》《2007年第二届“风景·风情”全国油画展作品集》《2008年第三届“风景·风情”全国油画人物展作品集》《中国美术出版界美术家作品展图录》《2003上海青年美术大展作品集》《’99上海青年美术作品大展图录》《艺缘》《中国油画市场》《画刊》《美术之友》《上海美术》《艺术当代》《美术文献》、2003年—2014年《上海春季艺术沙龙图录》《上海艺术博览会图录》和学林出版社出版的海飞著《花雕》（插画）等百余种图书、杂志。

作品收藏

作品多次于朵云轩、荣宝斋、西泠、博古斋、驰翰、华辰等拍卖公司拍卖，并为美国艺术品交易和研究在线平台Artnet门户网站收录，英国萨奇画廊网页宣传。英国剑桥大学李约瑟研究所、新西兰总督帕齐·雷迪爵士、新西兰前总理珍妮·希普利、波兰国家审计工会合作社帕斯考基主席、日本朝日美术馆和宋庆龄同志故居、刘海粟美术馆、浦东新区政府、上海多伦现代美术馆、上海刚泰美术馆、中国艺术品网等机构，以及其他海内外知名人士等收藏艺术作品数百幅。

附表：1999年—2020年 担任责任编辑的图书出版书目

1999年	2000年	2001年	2002年
1–6．“新世纪黑板报”丛书 《版式设计》 《报头设计》 《黑板画设计》 《黑板报精粹108例》 《美术字设计》 《题花设计》 7．《金纪发油画集》 8．《杜荣尧画集》 9．《龙凤图案》 10．策划《上海家居》杂志 11．策划《茶馆店》杂志	1．《植物装饰图典》 2．《动物装饰图典》 3．《怎样出黑板报》 4．《广告招贴设计》 5．《版式大全》 6．《校园海报设计》 7．《艺术字体500例》 8．《会场布置与指示标识设计》 9．《中小学美术教材（甘肃版）》上册（1–6）和下册（1–6） 10．《中学美术教材（上海版）》1–3册、教辅1–3册 11．《2000年少儿六社图书订货会目录》	1．《电脑编报版式设计》 2．《电脑编报图像设计》 3．《电脑编报入门》 4．《创意与表现——设计高考必修》 5．《欧美庭园设计》1–4册 6．《欧美建筑设计》1–4册 7．《上海大学美术学院广告装潢设计系2001年毕业生年鉴》 8．《研究与超越——中国小幅油画作品大展作品集》 9．《上海十大新景观》明信片3套 10．《少儿手工陶艺》	1．《毛绣花样DIY》 2．《娃娃制作DIY》 3．《立体纸艺DIY》 4．《泥塑玩具DIY》 5．《美体美纹DIY》 6．《岁月如歌——政协上海市第九届委员会回顾摄影集》 7．《花卉彩色装饰图案设计基础》 8．《黑白装饰图案设计基础》 9．《风格·形式与平面设计》 10．《中小学美术全国通用版教材》2–16册 11．“上海漫步”丛书7–12册 12．《上海摄影10月》
2003年	**2004年**	**2005年**	**2006年**
1．“上海漫步”丛书1–12册 2．《上海摄影》1–6册 3．《流光溢彩》 4．《浓郁风情》 5．《上海摄影》7–12册 6．《海上风情》 7．《时尚魅力》 8．“当代芬兰室内设计家”丛书1–4册 9．《余石画集（二）》 10．《陆春涛花卉作品集》 11．《设计色彩搭配手册》	1．“上海漫步”丛书《热血传奇》8册 2．“房产漫步”丛书 3．《飞翔的空间·2003年上海室内设计大展作品集》 4．“美术技法指导”丛书6册 5．《两方世界·两方设计》 6．《黑板报大全》 7．《上海经理人》1—2册 8．《大城市北京》1—20册 9．《大城市上海》1–20册	1．《大城市中国》1–20册 2．《黑板报图库》 3．《黑板报版式设计图库》 4．《设计色彩教程》 5．《设计素描教程》 6．《春花秋实——2005上海花鸟画艺术展作品集》 7．《中国千年传世珍宝》（明信片）：《金器》《大阿福》等5册 8．《今日上海》（明信片） 9．《黄达聪作品集》 10．《孙君良画集》 11．《陈鹏举画集》	1．《瞿建宛速写集》 2．《苏局仙墨迹选》 3．《丁荣魁油画》 4．《恒动：当代艺术对话》 5．《清人书画便面集锦》 6．《入境：中国美学——上海当代艺术馆文献展》 7．《2006中国设计论坛丛书论文集》 8．《2006设计之星——全国大学生设计作品集》 9．《新潮墙报设计》

2007年	2008年	2009年	2010年
1.《上海市普通高校招生美术类专业统一考试试卷点评》 2.《遥控·当代艺术展作品集》 3.《张充仁》 4.《校园栏板布置设计》 5.《遥控媒体与互动艺术展》 6.《校园环境布置设计》 7.《朱膺油画艺术》	1.“大师艺术教育经典”丛书《陈汉民》 2.《校园环境装饰设计》 3.《校园新创意POP设计》 4.《大男孩·韩巨良油画集》 5.《上海市普通高校招生美术类统一考试评析》 6.《大时代之光——上海青年美术30年回顾展》 7.《中小学美术教材（甘肃版）》上册（1–6）(改版) 8.《中小学美术教材（甘肃版）》下册（1–6）(改版)	1.《喻晓燕油画集》 2.《陈人力画集》 3.《校园环境设计》 4.《校园橱窗设计》 5.《新编校园小报设计》 6.《中小学美术教材（甘肃版）》上册（1–6）(修订) 7.《中小学美术教材（甘肃版）》下册（1–6）(修订) 8.《徐怀玉画集》 9.《孙信一画集》 10.《曼翁书画艺术》 11.《豫园馆藏书画集（第二辑）》	1.《上海师范大学美术学院教师作品集》 2.《创意儿童画》 3.《畅想儿童画》 4–6.“上海美术类高考辅导”丛书《素描》《速写》《色彩》 7.《速写世博辅导教材》 8.《上海戏剧学院舞台美术系教师作品集》 9.《浦江揽胜》 10.“大师艺术教育经典”丛书《佩希科夫》 11.《黑板报主题设计》 12.《黑板报版式设计》

2011年	2012年	2013年	2014年
1–4.“阶梯素描”丛书 《石膏像写生》《素描人物头像》 《静物写生》《石膏几何体写生》 5–7.“大师艺术教育经典”丛书 《全山石》 《布华顿》 《潘　鹤》 8.《上海世博会场馆大全印谱》 9.《申城新瑞图卷》 10–13.《全国美术考级专用教材》16册 《速写考级1–10级》4册 《漫画考级1–10级》4册 《素描考级1–10级》4册 《色彩考级1–10级》4册 14.《学校校外艺术教育活动课程探析》 15.《汪观清书画精品》 16.《刘文西画集》 17.《顾文彬画集》 18.《色彩阶梯——静物写生》 19.《速写阶梯——人物与风景》	1.《中国帛画——穆益林》 2.《心月妙相——观音菩萨法相》 3.《藏书票——书签设计作品集》 4.《褚立民画集》 5.《翰墨丹青精品集》 6.《缺席30年——彭小佳雕塑集》 7.《翰墨抒怀——吕松宪扇面作品集》 8.《银坤油画选集》 9.《银坤油画集》	1.《柳凤居藏书法选》 2.《行走集——彭小佳作品选》 3.《上海十佳青年书法家作品集》 4.《海派百年代表画家评论集》 5.《上海美术进京展作品集》 6–10.《海派百年代表画家系列作品集》 《刘海粟》 《丰子恺》 《周碧初》 《颜文樑》 《吴大羽》 11.《字韵悠悠：上海市高校、中学（中职校）学生汉字文化传播和创意设计大赛优秀作品选》 12.《水墨新纬度——纪念“’93批评家提名展”举办20年》 13.《王志画集》 14.《在恰当与不恰当之间——何曦水墨画集》	1.《瞿春伟画集》 2.《海上印坛百年——近现代海上篆刻名家印选》 3.《澄怀观道——陈翔、庄艺岭、邵琦画集》 4.《李厚水墨作品集》 5.《陈无忌书集》 6.《昆仑堂藏书画集·人物卷》 7.《奚树祥建筑画》 8.《彭鸣亮油画、水墨、线条》

2015年	2016年	2017年	2018年
1．“人文设计系列”丛书 《无界与无限》 《梦想与未来》 《再现与重构》 《理想与现实》 《关于我们》 《观察与实验》 2．《李项鸿山水画集》 3．《物体系》 4．《2014中国·上海静安国际雕塑展》 5．《林泉高致——江宏山水画选》 6．“薪火相传·上海油画雕塑院艺术家系列”（第一辑）全十册 《吴大羽》 《周碧初》 《张充仁》 《陈道坦》 《富　华》 《顾士本》 《张一波》 《鄂圭俊》 《夏葆元》 《周加华》 7．《许韵高山水画集》 8．《船厂耕耘30年——丁仪新美术作品集》	1．《天衡书画作品集》 2．《刘亨画集》 3．《陈无忌作品集》 4．《万水千山·中国大型玉雕艺术传世珍品》 5．“图说传统风俗”丛书 《图说二十四节气》 《图说二十四民风》 《图说二十四孝》 6．“海上掇英——名家名作(一)”丛书（全十册） 《陈佩秋》 《林曦明》 《韩　敏》 《韩天衡》 《杨正新》 《萧海春》 《韩　硕》 《张培成》 《卢甫圣》 《马小娟》 7．《新东方表现主义画派名家研究——石墨》 8．《船厂耕耘30年——达明成美术作品集》 9．《船厂耕耘30年——倪明美术作品集》 10．《何所示·丁乙》 11．《丁筱芳画水浒传一百零八图》 12．《虹口百景》 13．《和光同尘——侯伟作品集》 14．《中国画牡丹集萃》 15．《天真地画徒——南方作品集》	1．《丁筱芳画世说新语》 2．《万紫千红》 3．《朱新昌画山海经》 4．《巡回展览画派——俄罗斯国立特列恰科夫美术馆珍品》 5．《上海油画雕塑院2015—2016年鉴》 6．《隐秘的图像——曹跃、韩子仲画集》 7．《不锈宝钢——全国艺术院校主题创作作品集》 8．“中国画技法有问必答”丛书 《写意牡丹技法有问必答》 9．《第十九届江南之春——上海美术作品展》 10．《我们心中的神话故事；大师从这里起步——上海少儿美术书法大赛》 11．《安东尼·葛姆雷——静止中移动》	1．《具象·抽象余友涵画集》 2．《哈定文献》 3．《汲古涵新》 4．《百荷图——张军的油画作品》 5—10．“中国画技法有问必答”丛书 《写意草虫技法有问必答》 《写意山水技法有问必答》 《写意荷花技法有问必答》 《写意水乡技法有问必答》 《写意花鸟技法有问必答》 《写意兰竹技法有问必答》 11．《绘画中的色彩运用》 12．《跟我学丙烯画》 13．《手把手教你画水彩画》 14．《色粉画创作技法》 15．《艺用人体解剖大全》 16．《手把手教你画油画》 17．《丙烯画创作技法》 18．《水彩画创作技法》 19．《户外水彩画技法》 20．《油画创作技法》 21．《用水彩技法画水景》 22．《手把手教丙烯画》 23．《赵冷月墨迹大成》

2019年	2020年	
1.《路易丝·布尔乔亚：永恒的丝线》 2.《上海博物馆展陈设计》 3.《云山集》 4–6.“中国画技法有问必答”丛书 《水墨山水技法有问必答》 《写意梅菊技法有问必答》 《工笔仕女技法有问必答》 7.《用水彩技法画天空》 8.《用水彩技法画冬景》 9.《丙烯画风景写生创作》 10.《油画和丙烯画的肌理表现》 11.《用水彩技法画山景》 12.《101个水彩画创作技法》 13.《用水彩技法画玻璃、金属和水面》 14.《用水彩技法画花卉》 15.《油画风景表现技法》 16.《解剖名作：世界名作中的美术解剖图》 17.《原画师羽山淳一的人体动态速写》 18.《水彩画进阶教程》 19.《色粉画的光与影》 20.《水彩画也能这样玩》 21.《人物草图表现技法：通过火柴人学画画》 22.《风景画的透视原理》 23.《创意绘画入门：综合材料的实践与表现》 24.《西方绘画实用宝典》 25.《博物馆与文明交流互鉴：上海博物馆文化交流成果汇编》 26.《昆仑之西——平山郁夫藏丝路文物精粹》	1.《用水彩画法画树木》 2.《用水彩和彩铅手绘可爱的小动物》 3.《从零开始画丙烯画》 4.《用丙烯技法画船和港口》 5.《星空中的水彩画》 6.《绘画中的光与影》 7.《透视基础与光影素描》 8–10.“中国画技法有问必答”丛书 《设色山水技法有问必答》 《工笔牡丹技法有问必答》 《水墨花鸟技法有问必答》 11.《跟着大师学画画：凡·高》 12.《跟着大师学画画：透纳》 13.《用水墨技法画动物》 14.《无尽意——赵朴初书法艺术精粹》 15.《用三种颜色画山景》 16.《手绘幻想中的魔法森林》 17.《一学就会的4步水彩画》 18.《用三种颜色画海景》 19.《轻松画生活——纸玩艺术》 20.《梦回江户——浮世绘艺术之旅》 21.《庄万里家族捐赠上海博物馆两涂轩书画集》 22.《壮牛堂撷英》 23.《跟着大师学画画：雷诺阿》 24.《用三种颜色画花卉》 25.《像摩西奶奶那样画插画》	